ケース・スタディー

戦後日本の企業家活動

法政大学イノベーション・
マネジメント研究センター ［編］

宇田川　勝

文眞堂

と日向方斉（第2章），家電と自動車という耐久消費財のリーディングインダストリーの発展に不可欠な流通経路の組織化・系列化を推し進めて，高度成長期の大衆消費社会を創出した松下電器の松下幸之助とトヨタ自販の神谷正太郎（第3章），浜松地域で先行産業の自動織機・楽器製造を通じて獲得した技術的蓄積を利用して，自動車・オートバイ製造事業に進出を果たしたスズキの鈴木道雄とヤマハ発動機の川上源一（第4章），第2次大戦以前に創業した町工場を戦後中堅企業に発展させ，オンリーワン製品であるフリーホイール自転車部品とファスナーで世界市場に橋頭堡を築いたシマノの島野庄三郎とYKKの吉田忠男（第5章），マイノリティのハンディーを旺盛な起業家精神で乗り切り，呉学園とソフトバンクを創業した呉永石と孫正義（第6章），安定成長期において，大企業の脱成熟化戦略と組織革新を断行し，企業パラダイムの変革に成功したアサヒビールの樋口廣太郎とソニーの大賀典雄（第7章），高度成長・安定成長期の成功体験の足枷と長期ワンマン政権の弊害によって，破綻の道程を歩んだ長銀の杉浦敏介とそごうの水島廣雄（第8章），高度成長期から安定成長期にかけての技術，経済，市場，社会の変化の中で新しいサービス産業のシーズを見出し，それを独創的な手腕で開花させたヤマト運輸の小倉昌男とセコムの飯田亮（第9章），ベンチャー企業の旗手として脚光を浴びながら成長の踊り場を乗り越えることができなかったカンキョーの藤村靖之と勧電の須藤充夫（第10章），の10テーマ・20企業家を取り上げることにした。

　最後に，私たちの企業家史研究会を全面的にサポートし，今回も出版助成していただいたイノベーション・マネジメント研究センターとスタッフの皆さん，出版に際して適切なアドバイスと支援を賜った文眞堂，特に企画部長前野隆氏に感謝の意を表します。

2004年1月

執筆者を代表して

宇田川　勝

はしがき

　本書は，法政大学イノベーション・マネジメント研究センター（前 産業情報センター）に設置されている研究プロジェクト「企業家史研究会」の「日本の企業家活動シリーズ」の第3ケース集である。私たちは，これまで第1ケース集（『ケースブック 日本の企業家活動』有斐閣，1999年3月）と第2ケース集（『ケース・スタディー 日本の企業家史』文眞堂，2002年3月）を刊行した。今回の第3ケース集も日本経営史の主要なテーマに即して2人の代表的な企業家を取り上げ，両者の企業家活動の対比を通して，テーマの究明と解説を行うという，執筆スタイルを踏襲している。

　このケース集はもともと法政大学社会人大学院（通称：法政ビジネス・スクール）の「企業家史」のテキストとして編纂され，第2ケース集から「企業家史」の受講修了者が執筆に加わっている。授業中，受講生から第2次大戦後，特に最近のテーマと企業家をもっと取り上げて欲しいという要望をしばしば聞いた。そこで，第3ケース集ではテーマを戦後経営史の中から選ぶことにした。そして，復興・高度成長期と安定成長・バブル経済期に分け，各期を特徴づけたテーマを大企業セクターと企業家セクターの双方から選定し，カップリングした企業家たちの共通点や相違点を分析した。また，「成功のケース」よりも「失敗のケース」からの方が学ぶべきことが多いという指摘もあったので，今回は失敗の2ケース・4企業家を取り上げた。

　テーマと企業家の選定に当たっては，この「日本の企業家シリーズ」ケース集で日本経営史上の主要テーマをできるだけ多くカバーすることと，これまでの研究史が必ずしも十分でなかった企業家に光を当てることに心掛けた。その結果，第3シリーズでは，財閥解体後，三菱系企業と三井系企業の再結集による戦後型企業集団の形成に主導的役割を果たした石黒俊夫と江戸英雄（第1章），戦後鉄鋼業の厳しい初期制約条件の下で富士製鉄と住友金属の経営革新と両社の八幡製鉄所へのキャッチアップ戦略を担った永野重雄

目　　次

はしがき

I　戦後復興期・高度成長期 …………………………………1

【大企業セクター】

1　戦後型企業集団の形成活動 ……………………………3

石黒俊夫 ………………………………………………5
──三菱グループのリーダー──
1. 財閥指定時の三菱 ………………………………6
2. 三菱グループの再結集 …………………………8
3. 三菱グループの特質 ……………………………11

江戸英雄 ………………………………………………16
──三井グループのリーダ──
1. 財閥指定時の三井 ………………………………17
2. 三井グループの再結集 …………………………19
3. 三井グループの特質 ……………………………24

2　戦後鉄鋼業の革新者 ……………………………………31

永野重雄 ………………………………………………33
──先発鉄鋼メーカーの革新者──
1. 専門経営者への道程 ……………………………34
2. 永野重雄の戦略構想と革新 ……………………36
3. 永野重雄の企業家活動の特徴 …………………42

日向方斉 ………………………………………………45
──後発鉄鋼メーカーの革新者──

1. 専門経営者への道程……………………………………………46
　　　2. 日向方斉の戦略構想と革新……………………………………48
　　　3. 日向方斉の企業家活動の特徴…………………………………54

3　戦後の大衆消費社会を創出した企業家活動………………………59

松下幸之助………………………………………………………………61
　　　――家電王国の形成者――
　　　1. 松下電気器具製作所の創業……………………………………62
　　　2. 創業命知と水道哲学……………………………………………63
　　　3. 流通の系列化……………………………………………………64
　　　4. 系列販売と流通革命……………………………………………67

神谷正太郎………………………………………………………………71
　　　――販売の神様――
　　　1. 神谷正太郎の事業遍歴…………………………………………72
　　　2. 自動車流通と神谷正太郎………………………………………73
　　　3. トヨタ自販の創設とモータリゼーション……………………75
　　　4. 系列販売網の形成と競争優位…………………………………80

【企業家セクター】

4　事業ドメインを転換した企業家活動………………………………85

鈴木道雄…………………………………………………………………87
　　　――自動織機からオートバイ・軽自動車を生み出した企業家――
　　　1. 織機メーカーとしての革新性…………………………………88
　　　2. 幻の自動車開発計画……………………………………………91
　　　3. オートバイメーカーとしての復活……………………………93
　　　4. 鈴木自動車工業の発足…………………………………………95

川上源一…………………………………………………………………99
　　　――楽器からオートバイを生み出した企業家――
　　　1. 戦前のヤマハ……………………………………………………100
　　　2. 川上源一の社長就任……………………………………………101

3. オートバイメーカーへの始動 ………………………………102
　　　4. ヤマハ発動機の設立 …………………………………………105

5　「中堅企業」形成者の企業家活動 ……………………………………111

　島野庄三郎…………………………………………………………………113
　　　──シマノの創業者──
　　　1. 創業まで ………………………………………………………114
　　　2. 島野鉄工所の創業 ……………………………………………115
　　　3. 戦災と戦後の再出発 …………………………………………117
　　　4. 経営の再建 ……………………………………………………120
　吉田忠雄…………………………………………………………………124
　　　──YKK の創業者──
　　　1. 創業まで ………………………………………………………125
　　　2. サンエス商会の創業 …………………………………………126
　　　3. 大量生産体制の確立 …………………………………………129
　　　4. 販売組織の近代化と製造工程の垂直統合 …………………132

6　マイノリティ新世代の起業者活動 ……………………………………137

　呉　永　石…………………………………………………………………139
　　　──学校法人呉学園の創業者──
　　　1. 起業者資質の生成──在日二世の環境要因 ………………140
　　　2. 異質な起業者活動──チャーム・スクールでの再起 ……141
　　　3. 専門学校経営の起業者活動 …………………………………143
　　　4. マイノリティ新世代・「二世」の起業家精神………………147
　孫　正　義…………………………………………………………………149
　　　──ソフトバンクの創業者──
　　　1. 起業者資質の生成──在日三世の環境要因 ………………150
　　　2. 起業資金調達 …………………………………………………152
　　　3. パソコン・ソフトウェア流通業における異質な起業者活動 ……154
　　　4. マイノリティ新世代・「三世」の起業家精神………………156

Ⅱ 安定成長期・バブル期 ……………………………………163

【大企業セクター】
7 企業パラダイムの変革者 …………………………………165

樋口廣太郎 ………………………………………………………167
――アサヒビール再建の立役者――
1. アサヒビールの低迷 ……………………………………168
2. 村井勉の再建活動 ………………………………………170
3. アサヒビールの経営革新 ………………………………172

大賀典雄 …………………………………………………………178
――ソニーの組織改革者――
1. 「ソニー神話」の崩壊 …………………………………179
2. ソニーの経営革新 ………………………………………181

8 大企業経営の「失敗」………………………………………191

杉浦敏介 …………………………………………………………193
――長銀の長期政権者――
1. 長銀移籍まで ……………………………………………194
2. 長銀の拡大戦略 …………………………………………196
3. 破綻への道程 ……………………………………………201

水島廣雄 …………………………………………………………204
――そごうのワンマン経営者――
1. そごう入社まで …………………………………………205
2. そごうの拡大戦略 ………………………………………207
3. 没落への道程 ……………………………………………211

【企業家セクター】
9 新しいサービス産業の開拓者 ……………………………217

小倉昌男 …………………………………………………………219
――宅配便サービス産業の開拓者――

1. ヤマト運輸の設立 …………………………………………220
   2. 新事業開発 …………………………………………………223
   3. 事業の拡大 …………………………………………………226
飯田　亮………………………………………………………………229
　　——セキュリティーサービスの産業の開拓者——
   1. 創業 …………………………………………………………230
   2. 機械警備への転換 …………………………………………232
   3. 新事業開発 …………………………………………………235

10　破綻ベンチャーの企業家活動 ……………………………241

須藤充夫………………………………………………………………243
　　——勧業電気機器の創業者——
   1. 勧業電気機器の創業 ………………………………………244
   2. ホール素子事業の展開 ……………………………………246
   3. 精密シートコイル事業の展開 ……………………………248
   4. 板倉工場の完成と倒産 ……………………………………253
藤村靖之………………………………………………………………255
　　——カンキョーの創業者——
   1. ピーエス環境技研の創業 …………………………………256
   2. 「クリアベール」の事業展開 ……………………………258
   3. 製品・販売体制の拡充 ……………………………………260
   4. 「クリアベール」依存症 …………………………………263
   5. 会社更生法の申請 …………………………………………265

肖像写真の典拠・提供先一覧

Ⅰ-1	（ 5頁）	石黒俊夫：	『丸の内百年のあゆみ　三菱地所社史(下巻)』
〃	（ 16頁）	江戸英雄：	『三井不動産四十年史』
Ⅰ-2	（ 33頁）	永野重雄：	『炎とともに』
〃	（ 45頁）	日向方斉：	『住友金属工業最近十年史』
Ⅰ-3	（ 61頁）	松下幸之助：	『松下電器五十年の略史』
〃	（ 71頁）	神谷正太郎：	『世界への歩み　トヨタ自販30年史』
Ⅰ-4	（ 87頁）	鈴木道雄：	『四十年史』
〃	（ 99頁）	川上源一：	『私の履歴書　狼子虚に吠ゆ』
Ⅰ-5	（113頁）	島野正三郎：	『島野工業60年史』
〃	（124頁）	吉田忠雄：	『YKK三十年史』
Ⅰ-6	（139頁）	呉永石：	『セヌリ』No.5
〃	（149頁）	孫正義：	ソフトバンク株式会社
Ⅱ-7	（167頁）	樋口廣太郎：	アサヒビール株式会社
〃	（178頁）	大賀典雄：	ソニー株式会社
Ⅱ-8	（193頁）	杉浦敏介：	『日本長期信用銀行二十五年史』
〃	（204頁）	水島廣雄：	『創業百五十年史　株式会社そごう小史』
Ⅱ-9	（219頁）	小倉昌男：	『大和運輸五十年史』
〃	（229頁）	飯田 亮：	セコム株式会社
Ⅱ-10	（243頁）	須藤充夫：	須藤充夫
〃	（255頁）	藤村靖之：	(有)高橋幸生写真事務所

戦後復興期・高度成長期

I

【大企業セクター】

1 戦後型企業集団の形成活動
　　——石黒俊夫／江戸英雄

2 戦後鉄鋼業の革新者
　　——永野重雄／日向方斉

3 戦後の大衆消費社会を創出した企業家活動
　　——松下幸之助／神谷正太郎

【企業家セクター】

4 事業ドメインを転換した企業家活動
　　——鈴木道雄／川上源一

5 「中堅企業」形成者の企業家活動
　　——島野庄三郎／吉田忠雄

6 マイノリティ新世代の起業者活動
　　——呉永石／孫正義

富士製鉄株式会社　広畑高炉群

シマノの自転車部品とその広告

戦後型企業集団の形成活動

石黒俊夫／江戸英雄

はじめに

　1945（昭和20）年時点で，三井，三菱，住友，安田の4大財閥傘下企業は全国会社払込資本金合計額の24.5%を占めており，これに6財閥（鮎川＝日産，浅野，大倉，古河，中島，野村）を加えると，その比率は35.2%に達した。連合国軍最高司令官総司令部（GHQ）は財閥を日本の軍国主義と封建主義の経済的支柱とみなし，日本政府に財閥解体を命じた。
　1946年9月，三井，三菱，住友，安田の本社および富士産業（旧中島飛行機）が持株会社に指定された。以後，4回の追加指定が行われ，1947年9月までに計83社が持株会社の指定を受けた。持株会社は所有株式を持株会社整理委員会に提出し，財閥本社は清算手続に入った。この過程で，三井，三菱両財閥の経済力の中枢とみなされた三井物産と三菱商事は解散命令を受けた。つづいて1947年3月，10大財閥の56家族が財閥家族の指定を受け，資産凍結と所有株式の持株会社整理委員会への提出が命じられた。
　この間，経営者の追放も並行して実施された。まず1945年11月，財閥傘下企業の役員を兼務していた財閥家族と本社役員の辞任が命じられた。ついで1947年1月，大企業283社の常務取締役，常任監査役以上の役員約2000名が財界追放措置を受けた。さらに1948年1月，財閥同族支配力排除法が制定され，財閥関係会社の常務取締役以上の役員辞任が強行された。
　しかし，1952年4月にGHQの占領統治が終了すると，いったん解体された三井，三菱，住友の旧3大財閥系企業の再結集の動きが始まり，住友，三菱，三井の順で社長会を結成し，社長会メンバー企業が相互に株式を持合う方式で企業集団を形成した。そして，1965年前後には，資本の自由化措置への防衛策として，3大企業集団以外の大企業も融資系列のメインバンクである富士，三和，第一勧銀の各行を中心に株式相互持合いを進める一方，社長会を結成した。
　本論の課題は，三菱，三井両グループの再結集プロセスと，その中でリーダー的役割を演じた石黒俊夫と江戸英雄の経営行動を比較・検討することにある。

石 黒 俊 夫
——三菱グループのリーダー——

石黒俊夫 略年譜

1892(明治25)年	0歳	愛知県知多の素封家の家に生まれる
1917(大正6)年	24歳	東京帝国大学法学部卒業，三菱合資入社
1939(昭和14)年	46歳	三菱銀行三宮支店長に就任
1942(昭和17)年	49歳	三菱社社長秘書役，のち総務部長兼務
1945(昭和20)年	52歳	三菱本社常務取締役
1946(昭和21)年	53歳	三菱本社の代表清算人（1950年8月まで）
1952(昭和27)年	59歳	陽和不動産事件解決に尽力
1953(昭和28)年	60歳	三菱地所会長に就任　『三菱商標に関する報告書』刊行
1954(昭和29)年	61歳	三菱系社長会「金曜会」発足，世話役代表に就任
1964(昭和39)年	71歳	死去

（年齢＝満年齢）

1. 財閥指定時の三菱

　財閥指定時の三菱財閥は持株会社三菱本社の下に分系会社11社，関係会社16社，傍系会社129社を有していた。これら三菱系会社の払込資本金合計額は27億351万円で，全国会社のそれの8.3％を占めた。三菱本社に対する岩崎同族の持株比率は47.8％であり，三菱本社および岩崎家の分系会社，関係会社に対する持株比率は，それぞれ32.1％と18.4％であった。これらの持株比率は三井，住友両財閥に比べて，低かった。それは三菱が資本集約度の高い重化学工業中心の財閥であり，早い時期から分系会社と本社の株式を公開して社会的資本の導入を図った結果であった。そして，そのことを反映して，三菱本社および分系会社間の相互株式持合比率も低く，財閥指定時点で岩崎家を含めた分系会社の総株式数に占める相互持合比率は36.4％であった（三菱では直系会社を分系会社と呼んだ）。

　三菱財閥は社会的資本の動員にもかかわらず，財閥指定時まで三菱本社による集権的管理体制を維持した。三菱の分系各社は本社の直営事業から分離独立したという経緯もあって，本社によるガバナンス体制に抵抗が少なかった。それに加えて，三菱は創業以来，財閥所有経営者の陣頭指揮の下で運営されており，特に4代目社長の岩崎小弥太のリーダーシップに分系各社のトップマネジメントが全幅の信頼を寄せていたからである。事実，1945年時点で，三菱本社社長の岩崎小弥太は分系会社9社の取締役を兼務しており，副社長の岩崎彦弥太も7社のそれを兼務していた。また，この時点で両所有経営者を含む本社役員17名が分系・関係19社の役員のうち，96ポストに就任していた。本社の専門経営者役員15名は分系会社のトップマネジメント出身者や兼任者であった。彼らは三菱合資（1937年株式会社三菱社に改組，43年株式会社三菱本社に社名変更）によって一括採用され，合同研修を経て各分系会社に配属された。そして，彼らの中には分系会社間の人事異動を経験した者も少なくなかった。そのため，彼らには「同じ釜の飯を食った」仲間意識が濃厚であった（平井［1994］）。

　岩崎小弥太はGHQの自発的な三菱の解散要求に強く反対した。しかし，

GHQの方針に抵抗することは許されず，三菱本社は，1945年11月1日，解散を決議し，12月2日，病床の小弥太は死去した。

　三菱では三菱本社以外に，三菱電機，三菱化成工業，三菱鉱業，三菱重工業，三菱商事の5社が持株会社の指定を受けた。このうち，三菱鉱業と三菱重工業は過度経済力集中排除法の適用を受け，前者は石炭部門の三菱鉱業と金属精錬部門の太平鉱業の2社に，後者は地域別に東日本重工業，中日本重工業，西日本重工業の3社に分割された。また，三菱商事は三井物産とともにGHQから直接解散命令を受け，約120社に細分割された。

　財閥家族の指定を受けた岩崎家は所有株式1億7349万円を持株会社整理委員会に提出した。この間，2回にわたって発令された公職追放令と財閥同族支配力排除法によって，1945年9月から11月の時点で役員に就任していた三菱系の分系・関係会社のトップマネジメントはほぼ全員辞任した。

　経営陣のパージ後，三菱系各社の経営を担当した新経営者は支店長，工場長，部長クラスから一気にトップマネジメントに昇格した人たちであった。彼らの最大の任務は自社の再建と労働攻勢から経営権を守り抜くことであった。彼らは日常業務に忙殺され，三菱系企業の再結集を考える余裕はなかった。また，パージされたシニア経営者はGHQの監視もあって表立った行動をとることはできなかった。

　そうした状況の中で，財閥解体時から，三菱グループの再結集を予想し，そのための地ならしに取り組んだ人がいた。石黒俊夫である。石黒は1917年に東京帝国大学法学部を卒業後，三菱合資に入社し，銀行部に勤務した。三菱銀行の三宮支店長などを歴任した石黒は岩崎小弥太に見い出されて三菱社に転籍して，1942年から小弥太の秘書役となり，45年には総務部長に就任した。戦後，石黒は三菱本社常務に昇進し，1946年から50年まで本社の代表清算人を務めた。清算業務のかたわら，石黒は自立化と分散化傾向を強める三菱系各社をいかに結束させるかについて腐心した。そして，その手段として，1937年の三菱合資の株式会社三菱社への改組に伴い発足した三菱協議会とその下部組織の総務部部課長打合せ会に着目した。しかし，三菱財閥の「社長会」たる三菱協議会は，1946年6月，解散を余儀なくされた。その後，旧分系会社の社長は非公式の「金曜午餐会」を続けたが，GHQに対する配

慮と相次ぐ経営者のパージによって，具体的な行動をとることはできなかった。そこで，石黒は，1946年9月，総務部部課長打合せ会を「火曜会」と改称の上，自らその幹事役に就任し，同会を三菱系会社間の実質的な連絡・情報交換機関およびGHQと持株会社整理委員会の交渉窓口とした。しかし，財閥時代の統轄組織を継承した「火曜会」に対しては現役経営者の反発もあり，同会は石黒の意図通りには機能しなかった。

2．三菱グループの再結集

(1) 商号・商標保全問題

1949（昭和24）年9月，GHQは旧3大財閥の三井，三菱，住友の商号と商標の使用禁止を指令した。この指令に基づき，日本政府は，翌1950年1月，同年7月以降7年間にわたって旧3大財閥の商号および商標の使用を禁止する政令を発布した。

財閥系企業の多くはGHQの指導や，過度経済力集中排除法による会社分割などを機に社名を変更した。しかし，それでも1950年当時，三井では鉱山など3社，三菱では電機など8社，住友では電工など3社が旧財閥商号と商標を使用していた。「ブランド」，「のれん」である商号・商標は貴重な経営資産であり，解体された財閥系企業が再結集を果たす上で必要不可欠であると考えられた。

事態を憂慮した三井不動産取締役の江戸英雄は三菱，住友関係者に財閥商号・商標使用禁止に反対する共同戦線の結成を提案した。江戸から連絡を受けた石黒俊夫はただちに旧分系会社のトップマネジメントに諮って了解を得ると，同期入社の高杉晋一（当時，三菱電機社長）と連絡を取り合いながら，共同戦線に参加した。

共同戦線は住友電工の顧問弁護士ハッチンソンを介しての対米国政府工作と，吉田茂首相を介してのマッカーサー最高司令官への働きかけの2つのルートを通じて行われた。そして，このうち後者の吉田＝マッカーサールートへの働きかけが奏効して，商号・商標禁止政令は2回の実施延長ののち，1952年4月のサンフランシスコ講和条約の発効と同時に失効した。

石黒は，1952年6月，三菱系各社の「商号・商標に関する会議」を主宰し，その成果を翌53年1月，「三菱商標に関する報告書」にまとめた。同報告書で，石黒は商標管理を当該会社に移管する一方，商号については三菱系企業で共同管理することを提案した。そして同時に，今後発生する商号・商標問題に対処するために，三菱系各社の連携と情報交換を緊密にし，あわせて連絡機関設置の必要性を強調した。要するに，石黒は「商号・商標の管理保全問題を媒介として」，三菱グループの再結集を促進させようと考えたのである（平井［1997］）。

(2) 陽和不動産事件

　財閥コンツェルン組織は，株主安定システムであった。戦時体制に移行するまで財閥本社の資本金は財閥家族によって，また，直系会社の資本金は本社からほぼ排他的に出資されていた。直系会社の事業計画は本社の承認を得れば，所要資金は財閥内部の「資本市場」を通じて供給された。それゆえ，財閥本社，直系会社を問わず，財閥の専門経営者は資金調達方法や株主対策について十分な訓練を受けぬままトップマネジメントに就任した。

　1949（昭和24）年に入ると，持株会社整理委員会は財閥本社や財閥家族などから提出された財閥系企業株式を順次証券市場に放出し始めた。そして，その前後から，放出された財閥系企業株式が外国人や投機集団によって買い占められるという事件がしばしば発生した。三菱においても，三菱本社解散後の第二会社の1つである陽和不動産の株式が買い占めに遭った。1950年1月，三菱本社は解散に先立ってGHQと交渉し，所有不動産の受け皿会社として，陽和不動産と開東不動産の2社を発足させた。両社とも資本金は3600万円で，所有する東京・丸ノ内のビジネスセンター街の資産に比べて過少であった。この過少資本に目を付けた投機集団は，1952年1月から陽和不動産株式の買い占めを開始した。しかし，陽和不動産の経営者は株式に関する知識に疎く，自社株式の買い占めに有効な対策をとることができなかった。その結果，陽和不動産の株価は1952年1月から8月の間に323円から1600円台に高騰し，同社株式の15～16万株（発行株式数の約20%）が投機集団によって買い占められてしまった。そして，投機集団は「1株1600円で買い取って

欲しい」と要求してきた（平井［1994］）。株式買い取りには約2億5000万円の資金が必要であった。しかし，陽和不動産，開東不動産，そして，両社の親会社である三菱地所の3社ではその資金を調達できなかった。この問題を協議した三菱系各社の「社長懇談会」は，投機集団と闘うべきであると主張する強硬派と，彼らの要求に応じて株式を買い戻し，即時解決を図ろうとする現実派に分かれた。

　三菱系各社の再結集の機会をうかがっていた石黒俊夫は，この陽和不動産事件を再統合のための好機と捉えて，現実派側に立って事態の早期解決を主張し，実力シニア経営者である加藤武男（元三菱銀行頭取）の出馬を要請した。そして，石黒は加藤に「高値のまま買い戻す以外にない。そのかねは三菱銀行が三菱系各社に融資し，各社が買い戻し，保有する形としたい。加藤さんから銀行に頼んでいただけないか」と相談した（菊地［2000年］）。三菱グループの再結集に強い関心をもっていた加藤は石黒の意見に同意し，三菱銀行のトップマネジメントに協力を要請した。その結果，加藤の指示を受けて三菱系各社を廻って同意を取り付けた石黒の努力もあって，1952年10月までに三菱関係8社が三菱銀行から融資を受けて，投機集団から陽和不動産株式を買い戻し，それを保有した。

　かくして，陽和不動産事件は石黒と加藤の迅速な連携プレーによって早期に解決をみた。この事件は三菱系各社の現役経営者に株主安定の重要性を強く認識させ，三菱系企業の再結集と各社による株式相互持合いの契機となった。

(3)　**三菱商事の大合同と金曜会の発足**

　サンフランシスコ平和条約発効後，財閥の商号・商標が自由に使用されるようになると，旧財閥系企業の多くは旧社名に復帰した。この間，細分割された旧三菱商事の再編も進み，1952（昭和27）年8月までに不二商事，東京貿易，東西交易と旧三菱商事清算後の第二会社・光和実業の4社に集約された。そして，1954年8月，光和実業は「三菱商事」の商号を登記した。当時，三菱系各社から4社合同による総合商社再建が強く求められていた。その理由の第1は戦前から三菱商標（スリーダイヤモンド）の大半は三菱商事

が関係会社との共有も含め，所有・管理していたが，同社の解散過程で，商標登録の失効と侵害事件が多発していたからである。理由の第2は「旧三菱商事の細分化によって生じた原材料購入と製品販売の両面での取引コスト増大や取引範囲の縮小を解消しよう」としていたからである（橘川［1996］）。

上記4社の現役経営者は再統合の進め方や各社の資産評価をめぐって対立したが，田中完三，服部一郎，高垣勝次郎の旧三菱商事社長経験者の強力なバックアップと加藤武男，石黒俊夫らの4社対等合併の主張もあって，1954年7月，三菱商事（旧光和実業）が不二商事，東京貿易，東西交易を吸収合併する形で大合同を実現した。

三菱商事の再統合は三菱グループの形成に連動し，1954年秋，三菱各社の「社長懇談会」は毎月第2金曜日に開催される社長会・「金曜会」に改組改称された。当初の金曜会メンバー企業は財閥時代の分系会社と"三菱"の商号を冠した12社であり，これらの三菱系企業間の株式相互持合い比率は12.3%，三菱銀行のこれら会社に対する融資比率は平均33.1%であった。

こうして発足した金曜会は三菱の商号・商標についての最終権限を保有し，同会の世話人代表には三菱地所会長の石黒俊夫が就任した。

3．三菱グループの特質

三菱グループの再結集のプロセスには，三菱独自の特徴がみられた。その第1は，現役経営者とシニア経営者の協力関係と両者による連携プレーである。シニア経営者の公職追放によってトップマネジメントに昇進した現役経営者は自社の利益を第一義的に目指した。これに対して，三菱財閥時代にトップマネジメントの経験をもつシニア経営者は，グループ全体の利益と結束を志向した。現役経営者は短期間に経営能力を向上させた。しかし，彼らはグループ企業間の調整，グループ全体にかかわる事項の処理，政府交渉などの対外折衝については経験不足であった。そうした仕事は，通常，シニア経営者が先導的に，あるいは現役経営者と協力しながら処理した。そして，その際，石黒俊夫が「シニア経営者と現役経営者の両者を結ぶ連結ピン的な」役割を果たした（平井［1996］）。シニア経営者が企業間調整で先導的役

割を果たしたケースとしては，先にみた陽和不動産事件の処理や商号・商標保全問題などをあげることができる。また，シニア経営者と現役経営者の協力のケースとしては，1952年10月，石油化学工業進出に際して，三菱系各社の調整機関として設置された三菱石油委員会があげられる。同委員会メンバーは加藤武男，田中完三らのシニア経営者と三菱化成，旭硝子，三菱石油，三菱鉱業，三菱金属鉱業（当時大平鉱業）などの現役経営者から構成されており，旧四日市海軍燃料廠の払下げの対政府折衝，シェル石油との提携交渉，上記企業間の石油精製・化学事業分野調整などを行った。

　シニア経営者と現役経営者の協力関係と両者の連携プレーは，前述したような三菱財閥時代に形成された彼らの仲間意識，同質的キャリア，そして人的ネットワークを基盤としていた（図1）。また，三菱において，財閥解体後もかつての財閥所有者である岩崎家と専門経営者の関係は良好であった。石黒は三菱本社清算人代表として，あるいは対GHQ交渉窓口として，絶えず岩崎家と連絡をとっており，また必要に応じて，岩崎家当主岩崎彦弥太，加藤武男，田中完三らのシニア経営者と現役経営者の会合をセットしていた。そして，公職追放解除後，岩崎隆弥（久弥の次男）を三菱製紙の会長，岩崎彦弥太（同長男）と岩崎恒弥（同三男）をそれぞれ三菱地所，東京海上火災保険の取締役に迎えた。

　第2の特徴は三菱銀行，三菱信託，東京海上火災保険，明治生命保険などの系列内金融機関が大きな役割を果たしたことである。三菱系企業再結集のきっかけとなった陽和不動産株式の買い戻しは，前述のように，各社が三菱銀行から融資を受け，前者株式を共同購入したことによって実現した。陽和不動産株式買い戻しと前後して，三菱銀行は，1950年1月，三菱重工業が東日本重工業，中日本重工業，西日本重工業に3分割された際，三菱重工業の大口債権者として分割新会社株式の割当権を行使し，これら3社の株式を大量に取得した。ついで1950年2月から4月にかけて旭硝子が株式公開を行った際，予約売買段階で同社の株価が高騰すると，三菱銀行は証券会社に融資して，同社株式の買取り・保有工作を行わせた。さらに1958年の「スターリンショック」後の株価下落の中で，三菱海運の増資株式に大量の失権株が出ると，三菱銀行は三菱系各社に融資を行い，共同して三菱海運新株式を取得

させた。そして，1957年7月の三菱商事の再統合後の増資に当たって，三菱銀行は東京海上火災保険などの系列内金融機関と協議し，縁故割当方式で三菱商事増資新株式を共同保有した。

こうした三菱銀行による関係会社株式の取得，あるいは同行の融資・仲介による関係各社株式の共同保有に当たって，当時「三菱グループの頂点に立つ存在」であった加藤武男が果たした役割も大きかった（平井［1996］）。加藤は三菱グループの再結集の必要性についてつぎのように語っている。

「今日財閥は解体せられ，長年支配しておった本社はなくなり，その財閥的援助は勿論，支配力も全然なくなってしまった。しかし財閥が永年苦心惨憺して築き上げた事業だけは残っている。この事業の中に残っている莫大な資産，技術，人間，組織力等は二度と出来ない国家的存在である。これを如何にして保存するか。国家のためにも是非これ等を維持育成せねばならぬと思うのである。幸い多年にわたり結集育成した多数の人材があるので，これを離散させずに努力せねばならぬと思っている」（岩井［1995］265-266頁）。

そして，三菱グループの再結集を先導していた石黒俊夫，高杉晋一を筆頭に，この時期，多くの三菱銀行出身者が関係会社の役員に就任しており，「元頭取の加藤の意見が銀行を通じて（グループ各社）によく浸透する状況にあった」のである（平井［1996］，表1参照）。

また，加藤が三菱銀行頭取の職にあった1943年から44年にかけて，同銀行が東京中野銀行，第百銀行を吸収合併した意義も大きかった。第二次大戦後，これらの吸収合併銀行から引き継いだ支店網は大衆預金の獲得に大きな力を発揮し，三菱銀行の資金力アップに貢献したからである。

しかし，もちろん三菱銀行の資金力のみで三菱グループ各社の金融をまかなうことは不可能であった。その結果，グループの拡大の中で，三菱銀行は主として系列融資，三菱信託，明治生命保険，東京海上火災保険は主として系列企業の株式保有を行うという，金融機関内の役割分担が形成されていった。ちなみに1954年と1964年の間で，三菱系会社の株式持合い比率は11.5％から20.2％に上昇したが，その比率の約半分は三菱信託，明治生命，東京海上の株式保有によるものであった（後掲の表2参照）。

第3は重化学工業にけん引された高度成長の出現が同工業を中核とする三菱グループの拡大に適合的であったことである。社長会の金曜会結成とそのメンバー企業の株式相互持合いの進行によって株主安定化を実現した三菱グループ各社は，高度成長期に取引コストの削減，リスクシェアリング，情報交換など企業集団の形成によって獲得したメリットを享受する行動をとった。まず取引コスト削減のケースとして，三菱銀行と三菱商事の協力と調停によって進められた，1964年の三菱造船（旧西日本重工），三菱日本重工業（旧中日本重工），新三菱重工業（旧東日本重工）の3社合同による三菱重工業の設立があげられる。この三菱重工業の大合同によって，三菱銀行は重複投資の回避，三菱商事は取引範囲の拡大とコスト削減を実現したのである。

　後者のリスクシェアリングのケースとしては，1954年の三菱セメントの設立があげられる。石炭産業の先行きを危惧した三菱鉱業はセメント事業進出を計画し，旭硝子との事業調整とグループ各社の共同出資によって三菱セメントを設立した。そして，エネルギー革命の進行によって炭坑の閉山が相次ぐと，三菱グループ各社は三菱鉱業の従業員を共同して引き受けたのである。また，共同出資によるリスキーな新興産業進出のケースとしては，三菱原子力工業（1958年），三菱レイノルズアルミニウム（1962年），三菱石油開発（1972年）などの設立をあげることができる。

　三菱グループは高度成長期に金曜会メンバー企業数を増し，1974年にはその数は27社となった。公正取引委員会の調査によれば，この27社の日本全体の会社に占める比率は資本金，総資産とも4.4％である。そして，この27社が10％以上の株式を所有する企業を加えると，その数字は資本金比で8.3％，総資産比で5.9％となった。

表1　1959年における主な三菱系企業トップマネジメント層のキャリア

社　名	役　職	氏　名	出身大学	キャリア
三菱金属鉱業	社長	古村　誠一	東京高商	三菱合資－三菱商事－三菱鉱業◆－三菱金属鉱業 T6　　　　T7　　　　T13　　　　S25
	常務	鈴木　厚	東大法	三菱鉱業－三菱化成－三菱金属鉱業◆ S2　　　　S20　　　　S26
三菱セメント	社長	山中　正夫	東大工	三菱鉱業◆－三菱セメント T14　　　　S29
三菱造船	副社長	野村　義門	東京高商	三菱合資－三菱銀行◆－三菱造船 T7　　　　S22　　　　S25

1　戦後型企業集団の形成活動

企業名	役職	氏名	学歴	キャリア
三菱日本重工業	社長	桜井　俊記	東大工	三菱造船（―旧三菱重工業◆）―三菱日本重工業 T8　　　　　　　　　　　　　　S25
	副社長	河野　文彦	東大工	三菱内燃機（―三菱航空機・旧三菱重工業）―三菱日本重工業 T10　　　　　　　　　　　　　　　　　　　　　S25
	常務	岡田　栄一	東京高商	三菱合資―三菱銀行―三菱日本重工業◆ T8　　　　　　　　　　　S29
新三菱重工業	常務	牧田与一郎	東大経	三菱商事―旧三菱重工業―新三菱重工業◆ T14　　　S13
三菱電機	会長	高杉　晋一	東大法	三菱合資―三菱銀行―三菱電機◆ T6　　　　　　　S18
	社長	関　義長	東大工	三菱合資―三菱造船―三菱電機◆ T4　　　　　　T12
三菱化工機	社長	長田清治郎	神戸高商	三菱合資―三菱造船（―旧三菱重工業）―新三菱重工業◆―三菱化工機 T4　　　　　T7　　　　　　　　　　　　　　　　　　　　　S27
三菱製鋼	会長	李家　孝	東大工	三菱造船（―旧三菱重工業◆）―三菱日本重工業―三菱製鋼 T8　　　　　　　　　　　　　　　　　　　　　　　S28
	常務	片岡鶴四郎	東大経	三菱銀行―三菱製鋼◆ T13　　　　S30
三菱鋼材	常務	高場市太郎	早稲田理工	三菱造船―旧三菱製鋼―三菱鋼材◆ T8　　　　　S17
三菱化成工業	社長	柴田　周吉	東北法	三菱合資―三菱鉱業―三菱化成◆ S3　　　　　S7　　　　S25
	副社長	佐藤止戈夫	東大工	旭硝子（―旧三菱化成）―三菱化成◆ S3　　　　　　　　　S19
旭硝子	社長	森本　貫一	九州大理	旭硝子◆（―旧三菱化成）―旭硝子 T4　　　　　　　　　　　　S26
三菱レイヨン	社長	古川　尚彦	東大経	三菱銀行◆―三菱レイヨン T12　　　　　S31
三菱油化	社長	池田亀三郎	東大工	三菱合資―三菱鉱業―日本タール（―旧日本化成・旧三菱化成）―三菱油化 M42　　　　　　　　　　S9　　　　　　　　　　　　　　　　　　　　S31
三菱地所	会長	石黒　俊夫	東大法	三菱合資―三菱銀行―三菱本社◆―三菱本社清算人―三菱地所 T6　　　　　T8　　　　S18　　　　　S21　　　　　　　　S28
	社長	渡辺武次郎	東京高商	三菱合資―三菱地所◆ T7　　　　　T12
三菱商事	副社長	荘　清彦	東大経	三菱合資―三菱造船―三菱商事◆ T9　　　　　　　　S7
	常務	谷　清訓	東京高商	三菱製鉄―三菱造船―三菱商事◆ T8　　　　　　　　　　T12
三菱石油	社長	竹内　俊一	東京高商	三菱合資―三菱商事―三菱石油◆ T6　　　　　　　　　　S16
三菱海運	社長	谷田　敏夫	東京高商	三菱合資―三菱商事―三菱汽船―三菱海運◆ T7　　　　　　　　　　S21
	専務	永島　忠雄	東大法	三菱合資―三菱銀行◆―三菱海運 T7　　　　　　S24
三菱信託銀行	社長	甘粕　二郎	東大法	三菱商事―三菱合資―三菱銀行―三菱信託◆ T8　　　　T10　　　T15　　　　S2
	常務	千頭　暎臣	東大法	日本郵船―三菱信託◆ S3　　　　　　S4
東京海上火災保険	会長	田中徳次郎	東京高商	三菱合資―三菱海上火災保険―東京海上火災保険◆ T6　　　　　T8　　　　　　　　　　　S19
麒麟麦酒	社長	川村音次郎	東京高商	三菱合資―三菱商事―麒麟麦酒◆ T4　　　　　T7　　　　　S18

注：①1959年12月時における三菱系企業常務以上のトップマネジメント層で，特徴的なキャリアをもつ人を記載した。
　　②企業名の下のアルファベットは，Mが明治，Tが大正，Sが昭和を示し，数字は上記企業に入社もしくは移籍した年を表す。
　　③◆は，取締役に就任した時の企業を示す。
　　④戦後の商号変更した企業については，商号変更後の企業名を使用し，キャリアでの記載を略している。
出所：平井［1994］。

江 戸 英 雄
——三井グループのリーダ——

江戸英雄 略年譜

1903(明治36)年	0歳	茨城県筑波山麓の地主の家に生まれる
1927(昭和2)年	23歳	東京帝国大学法学部卒業,三井合名入社
1940(昭和15)年	36歳	三井総元方総務部長代理となる
1945(昭和20)年	41歳	三井本社の清算人となる
1947(昭和22)年	43歳	三井不動産に転出,業務部長に就任
1950(昭和25)年	46歳	三井系企業の「月曜会」結成に尽力
1952(昭和27)年	48歳	三井不動産常務取締役
1955(昭和30)年	51歳	三井不動産社長
1961(昭和36)年	57歳	三井系社長会「二木会」発足,代表幹事に就任
1982(昭和57)年	78歳	勲一等瑞宝章受賞
1997(平成9)年	93歳	死去

(年齢＝満年齢)

1. 財閥指定時の三井

　財閥指定時の三井財閥は持株会社三井本社の下に直系会社10社，準直系会社12社，関係会社209社を擁していた。三井本社を含む三井系企業232社の払込資本金は30億6113万円で，これは全国会社のそれの9.4％に相当した。三井本社に対する三井同族11家の持株比率は63.6％であり，三井本社および三井同族の直系会社，準直系会社に対する持株比率はそれぞれ63.4％，47.4％であった。

　1945年8月時点で三井同族は，総領家の三井高公が三井本社の社長に就任している以外，誰も本社・直系・準直系会社の役員になっていなかった。これは，1934年以来，「財閥転向策」の一環として進められてきた三井同族の本社・傘下企業役員からの退陣の結果であった。また，三井高公を含む三井本社15名の役員は直系・準直系会社の役員のうち，30ポストしか占めていなかった。本社役員の直系・準直系会社役員兼任件数は1名5社が最高で，以下，1名4社，2名3社，6名2社，3名1社であった。三井本社と直系・準直系会社間および後者会社間の役員兼任件数が少なかったのは，三井財閥では直系・準直系会社の独立性が強く，会社間の人的交流が希薄であったからである。

　三井財閥の中核企業は三井銀行，三井物産，三井鉱山の3社であり，三井の多角的事業経営はこの3社を起点に展開されてきた。そして，この3社は三井家の事業統轄組織の法人化＝三井合名会社設立（1909年）以前に創業された，独自の長い歴史を有する各事業分野の指導的存在であった。それゆえ，三井合名の設立後も，3社の独立意識は強く，3社間の意見調整は容易ではなかった。

　日本の敗戦を三井財閥では平和経済への転換によるビジネス・チャンスの到来と捉えた。三井本社は，1945年9月，資本金1億円の三井復興事業会社を設立して，①3年間で簡易組立住宅20万戸建設，②年産20万トンの食塩を生産する塩田1000町歩の開拓，③年産100万石の米を収穫する海岸・湖沼35万町歩の干拓，という3事業計画を立案した。しかし，もちろん，この復興

事業計画は GHQ には認められず，三井財閥は，1945年11月6日，自発的解散を決定した。

　三井財閥は最大財閥であっただけに，解体も広範囲にわたって実施された。三井系会社で持株会社の指定を受けたのは三井本社のほか，三井鉱山，北海道炭鉱汽船，三井化学工業，三井物産，三井船舶，王子製紙，東京芝浦電気，鐘淵紡績の8社であった。また，過度経済力集中排除法の適用を受けたのは王子製紙，大日本麦酒，東京芝浦電気，三井鉱山の4社であった。このうち三井物産は三菱商事とともに GHQ によって解散を命じられた。

　持株会社の指定を受けた83社が持株会社整理委員会に提出した所有株式の合計額は64億5269万円に達したが，そのうちの8億5923万円は三井本社の提出分であった。また，三井同族11家は持株会社整理委員会に1億7821万円の保有株式を提出した。これは，財閥家族の指定を受けた56家族が提出した4億9341万円の約37％に相当した。三井同族は資産の総有的所有に基づいて，資産を一括して三井本社に出資していたので，財閥家族の中で最も大きな打撃を受けたのである。

　資本の所有・支配関係を基軸に成立していた三井財閥は財閥解体によって財閥同族・本社の持株所有構造が消滅すると，求心力を急速に失い，直系・準直系会社の自立化と分散化が進んだ。そして，三井同族と専門経営者の関係悪化，同族間の対立も三井系企業の分散化に拍車をかけた。三井合名の設立によってコンツェルン体制を確立した三井財閥は，1914年に三井合名理事長に就任した団琢磨のリーダーシップの下で事業網を拡大し，黄金時代を迎えた。三井総領家当主で三井合名社長でもある三井高棟と団は同年齢で相互に信頼し合い，良好な関係を有していた。しかし，1932年に団が暗殺され，翌33年に高棟が引退し，長男高公が三井合名社長に就任して以後，三井同族と専門経営者および同族間の意見不一致がしばしば生じた。同族の中には相続問題を抱えている家が数家あり，祖先伝来の三井家の資産総有制に疑問をもつ者も現われた。また，団の死後，三井のリーダーとして「財閥転向策」を進めた池田成彬が「自分の三井合名生活の中で過半のエネルギーは三井家対策のために費した」と語っているように，専門経営者の経営政策に介入する同族も出始めた（江戸［1994］）。

三井本社の清算完了後,後述する江戸英雄は三井家に返還される残余財産のうち,三井系各社が秘かに保有していた三井不動産株式を買い戻し,三井家の共同資産とすることを提案した。しかし,この提案に対しては三井家の総有的財産管理復活に反対する同族の中から強い異論が出て,不調に終わった。そこで,次善の策として,江戸は財閥解体関係法令の廃止後,三井同族11家当主を関係会社の役員に迎えることを計画したが,シニア,現役経営者の支持がえられず,結局,総領家当主を三井不動産の名誉相談役に就任させただけに終わった。

2. 三井グループの再結集

(1) 商号・商標保全問題

　1949 (昭和24) 年9月に GHQ から発表された三井,三菱,住友旧財閥の商号・商標禁止指令は,分散化傾向を強めていた三井系各社でも深刻に受け止められた。この指令直後,三井不動産の江戸英雄は三井化学総務部長の宮崎基一から,同社の顧問弁護士で,対日占領政策変更検討委員会(通称「5人委員会」)のメンバーであるハッチソンが商号・商標問題について米国政府に救済措置を働きかける用意があると言っているという情報を入手した。江戸は,宮崎,三井不動産総務部長の永室捷爾と手分けして,旧三井の商号を使用している三井鉱山,三井化学,三井造船,三井船舶などのトップマネジメントを説得し,ハッチソン提案の受け入れを決めた。そして同時に,上記会社のトップマネジメント会議で,この商号・商標問題については三菱,住友関係者を誘って共同戦線を組むことと,三井系各社の情報交換・連絡機関を設置することを確認した。

　ハッチソン提案に対しては当初から疑問視する声があった。そこで,江戸はハッチソンによる対米国政府工作を進める一方,吉田茂首相を通じてマッカーサー最高司令官に直接働きかけることを提案し,三菱,住友関係者の了解をえた。江戸は同郷で水戸高等学校後輩の塚原俊郎衆議院議員に事情を話し,吉田首相への取次を依頼した。そして,1950年4月,江戸は山川良一(三井鉱山社長),高杉晋一(三菱電機社長),花崎利義(大阪住友火災海上

保険社長）と一緒に吉田首相を訪問し，①財閥解体作業は1949年9月時点で終了しており，新たに商号・商標使用禁止政令を出すことは理解に苦しむこと，②商号・商標変更については総計150億円という巨額の費用が必要であるが，今日，それをただちに調達することは容易でないこと，の2点を中心に反対意見を述べ，善処を求めた。吉田首相は江戸らの要求に理解を示し，マッカーサーと協議することを約束した。

その結果，吉田首相のマッカーサーへの働きかけが解決の糸口となり，商号・商標使用禁止政令は2回の施行延期措置を経て，1952年4月のサンフランシスコ対日平和条約の発効とともに失効した。なお，ハッチソンの対米国政府工作がこの問題の解決にどの程度の効果をもったのかは明らかではない。

三井系各社の情報交換・連絡機関については，三井鉱山の山川社長，帝国銀行常務の石河幹武の意を受けて，江戸が各社間を奔走し，1950年2月，三井系19社の常務取締役以上の役員をメンバーとする懇親会組織の「月曜会」を発足させた。

ここで，三井グループの再結集に主導的役割を果たすことになる江戸英雄の略歴を簡単に紹介しておく。茨城県筑波山麓の地主の家に生まれた江戸は1927年に東京帝国大学法学部を卒業して三井合名会社に入社し，不動産課，文書課に勤務した。そして，1940年に三井合名の株式会社改組の手段として，前者が子会社の三井物産に吸収合併され，「三井総元方」が設置されると，その総務部長代理（文書担当）となった。敗戦後，三井本社（1944年に三井総元方が改組）の清算業務と三井家資産の整理を担当した。そして，1947年に三井家所有の不動産管理を目的として設立された三井不動産（1941年設立）の管理部長に転出し，49年には取締役業務部長に昇進した。その後，江戸は1952年に常務，55年に社長，74年に会長に就任した。

(2) **三井不動産事件**

三井不動産は三井同族11家の納税資金確保と自社の再建整備のため，GHQと持株会社整理委員会の了解の下に，1947（昭和22）年2月に資本金を500万円から5000万円に10倍増資した。そして，増資新株式90万株のうち，72万

株は旧株主である三井同族11家に，6万株は会社役員・従業員・縁故者に額面（50円）で割当てられ，残りの12万株は1株400円で公募した。当時，新たな株式所有を禁じられていた三井同族は，72万株を証券処理調整協議会を通じて1株400円で一般公開した。そして，1949年9月には，持株会社整理委員会に移管してあった三井不動産の旧株式10万株も公募された。

　当時，前述のように，財閥系企業の株式公開に際して，外国人，投機集団らによる買い占め事件が頻発していた。不動産会社の場合，株式買い占めは不動産自体の支配に直結する恐れがあった。そこで，三井不動産では，株式の一般公開に当たって，約30％の株式を9名の役員で留保することにした。株式留保には約1億円の資金が必要であった。当初，帝国銀行（1954年，三井銀行に行名復帰）から資金を借入れる予定であった。しかし，同行の佐藤喜一郎社長はGHQ指令違反になるとして，融資を拒絶した。そこで，役員が手分けして資金集めを行い，常陽銀行から3000万円，千代田銀行（1953年，三菱銀行に商号復帰）から3000万円，そして，帝国銀行から2000万円を借入れた。自社株留保はGHQの指令違反になるばかりか，商法の自社株式取得禁止条項にも抵触した。それゆえ，役員間で株式保有形態について慎重な検討が行われ，最終的に代表取締役の山尾忠治，取締役の日下清，三井不動産の子会社三信建物社長の林彦三郎の3者の個人所有という形態をとることにした。そして，1955年以降は3人の和という意味で三和会という組合をつくって，その名義を使用した。

　ところが，3人の中で千代田銀行からの融資を斡旋した林彦三郎の発言力が強まり，その上，留保した株式の勘定処理を林の個人会社南邦興業の帳簿を借りて行っていたという事情も加わり，三井不動産株式が林個人の財界活動や政治活動のための借入金の担保として利用されるという，事態が発生した。その上，林は三井不動産の了解を得ないで三信建物の無償増資を行い，同社株式の過半を自分名義としてしまった。林の行動は三井不動産にとって，放置できない問題であった。しかし，自社株式の保有自体が違法行為であり，しかも役員間の足並みが揃わず，解決の糸口は容易にみつからなかった。そのため，三井不動産は1950年代に東京市街地に沢山あった有望な業務用地の確保・開発もままならず，不動産会社としての発展のチャンスをつか

むことができなかった。

1953年に入り、林の行動が雑誌などに出始めた。事態を懸念した江戸英雄は、この際、三井不動産の留保株の実態を明らかにするよう、山尾社長に求めた。しかし、山尾はそれに応えず、また、林は外部勢力と組んで江戸を威嚇する行動をとった。当初、静観していた社内の若手・中堅社員、そして、労働組合が江戸を支持する姿勢を鮮明にし、さらに三井系各社もスキャンダルの早期解決を要求した。その結果、1955年11月、三井不動産は役員人事を刷新し、三和会メンバーの山尾社長の退任と江戸常務の社長昇格を決めた。江戸は社長権限で事態の早期解決を図る方針を固め、いま1人の三和会メンバーである日下常務を三井建設会長に転出させた。そして、林も1957年末、三信建物社長辞任を発表し、翌58年5月に辞任した。

この間、江戸は腹心の河田為也経理部長（のちの常務）と一緒に三和会保有株式の回収を行う一方、新たな株主安定工作を開始した。三和会関係株式は1957年3月末時点で284万株に膨張していたが、そのうち1959年夏までに151万株を回収した。そして、1959年12月、三和会を解散した。

他方、三井不動産は、1959年7月、株主割当の半額無償増資と320万株の株式公募を実施した。その際、三和会関係の株式は旧株を新株に代えた上で、三井物産の48万株所有を筆頭に三井系各社に引き受けてもらった。その結果、三井系各社で三井不動産株式の25％を所有した。

かくして、1949年以来の懸案事項であった株主安定化問題を解決した三井不動産は、以後、高度経済成長の波に乗って展開された浚渫埋立事業への進出、住宅事業への参入、超高層ビル建設事業などの経営戦略によって急成長を開始した。そして1962年には売上高で三菱地所を上回り、不動産業界のトップ企業に躍進した。

(3) 三井物産の大合同と二木会の発足

1951（昭和26）年に入り、GHQの三井物産、三菱商事の解散指令が事実上失効すると、約170社に細分割された旧物産系各社は合併合同運動を繰り返し、翌52年3月までに第一物産、互洋貿易、第一通商、三信貿易、極東物産、日本機械貿易、国際物産交易、大洋、東邦物産、室町物産の10社に集約

された。1952年7月，向井忠晴（三井物産元会長），松本季三志（同元筆頭理事）らのシニア経営者と物産系14社の社長が会合を開き，「現在この名前を承継するにふさわしい会社はまだない」として，旧三井物産の倉庫部門を引き継いだ日東倉庫建物に「三井物産」の商号を預けた（三井物産［1976］）。そして同時に，今後，「三井物産」の社名を名乗る場合は，向井，松本および14社の社長の合議の上決定することを確認した。

　ところが，鉄鋼専門商社として急成長を遂げた室町物産は旧物産系各社再統合のイニシアティブを取るため，1953年8月，「三井物産」の商号をもつ日東倉庫建物の社名を「三井物産」に変更させた上で，同社を合併して「三井物産」を名乗ってしまった。第一物産などの反室町物産各社は約束違反であると強く抗議したが，法律上の瑕疵はなく，後の祭であった。

　1954年7月の三菱商事の再統合後，旧三井物産マンと三井系各社首脳の間で，物産系商社の大合同を求める声が強まった。そうした中で，1955年7月，第一物産は第一通商，日本機械貿易を合併して，新社名を「新三井物産」とすると発表した。「三井物産」と「新三井物産」という，類似の2つの商号の出現に困惑した三井系各社は，東洋レーヨンの田代茂樹会長（物産OB），三井造船の加藤五一社長（物産OB），三井金属の佐藤久喜社長を中心に「三井系社長有志会」を発足させ，物産大合同に向けての斡旋活動を開始した。

　しかし，斡旋活動は難航した。第一物産と「三井物産」は共に自社が存続会社になることを主張して譲らず，また，第一物産の不良債権処理，「三井物産」の無償増資発表などをめぐって対立し，1956年末には両社の合同交渉は長期中断を余儀なくされた。これ以後，第一物産は大合同をにらんで，国際物産交易，大洋，東邦物産などの有力会社を次つぎに合併して商権の拡大につとめた。一方，「三井物産」は間近に迫った貿易の自由化後の専門商社経営に限界を感じ始めた。それに加えて，三井系各社間でも次代の産業たる石油化学，原子力事業，都市開発事業などに共同して取り組むために，オルガナイザー機能をもつ総合商社の成立を求める声が出始めた。

　そうした動きを大合同の好機と捉えた「三井系社長有志会」は再度斡旋に乗り出し，1958年6月，第一物産と「三井物産」に対して，①一対一の対等

合併，②第一物産を存続会社とする，③第一物産は合併期日までに半額増資を行う，④合併期日は1959年2月15日とする，⑤第一物産は「三井物産」の全従業員を継承する，⑥代表取締役会長に平島俊朗（「三井物産」社長），社長に新関八州太郎（第一物産会長），副社長に水上達三（第一物産社長）が就任する，という6項目の提案を行い，両社とも了承した。そして，1959年2月15日，三井物産は念願の再統合を実現したのである。

しかし，合同交渉が難航したこともあって，ゼネラル物産，東京食品，名古屋交易産業などの有力会社が三井物産再統合に参加せず，また，白洋貿易は日商，互洋貿易は住友商事と合併する道を選んだ。

ただいずれにしても，三井物産の再統合は三井系会社の結束気運を高めた。江戸英雄はそうした気運の高まりを三井系各社の社長会結成のチャンスと捉え，「同じ明治26年生まれで作っている『うさぎ会』のメンバーである三井物産社長の水上達三，三井生命社長の井上八三，三井船舶の進藤孝夫，それに東洋高圧副社長の野村東一に呼びかけ，（さらに）長老格の佐藤喜一郎（三井銀行），田代茂樹（東洋レーヨン）の両会長を説得し」，1961年10月，三井系18社による社長会・「二木会」を結成させた（菊地 [2000]）。

二木会の世話役会社は三井銀行，三井物産，三井不動産の3社で，代表幹事には三井不動産社長の江戸英雄が就任した。「二木会」発足時点での三井系会社の株式相互持合い比率は11.7％であった（月曜会メンバー企業も含む，表2参照）。

3．三井グループの特質

三井グループの再結集は三菱，住友両グループに比べて遅れ，再結集自体も「難産」であり，グループとしての地盤沈下もみられた。それは，以下の要因によっていた。第1は三井系各社間の人的結合の弱さである。三井財閥では，本社と直系会社，直系会社とその子会社間の資本的所有・支配関係は強固であった。しかし，その反面，直系・直系子会社同士の連携は脆弱であった。それゆえ，財閥解体措置によって，本社，直系会社との資本的所有・支配関係が断絶されると，グループとしての求心力は急速に失われ，各

社の自立化が進行した。そして，三井の場合，現役経営者に代わって，グループ全体の結束や各社間の調整機能を担うシニア経営者も独立意識の強い合理主義者が多く，グループの再結集に否定ないし消極的行動をとった。戦後，三井グループ内で最も影響力を行使できる立場にいたのは三井銀行の社長を長く務めた佐藤喜一郎であった。佐藤は1917（大正6）年に東京帝国大学法学部卒業後，三井銀行に入行し，主要ポストを歴任したのち，46（昭和21）年8月，帝国銀行常務に昇進し，同年12月社長となり，59年までその地位にあった。佐藤は三井グループの再結集には一貫して否定的な立場を取り続けた。佐藤は三井不動産の自社株保有や三井系各社の株式相互持合い策に協力的ではなく，また，三井物産の再統合のために「三井系社長有志会」が結成された時も，「銀行は公共性の強い企業だから，そのような運動に参加することは出来ぬ」（菊地［2000］）と，当初，参加を断った。三井系企業の再結集に意欲を燃していた江戸英雄は，佐藤についてつぎのように語っている。

「佐藤氏は企業の提携，結集というものを嫌い，徹底した自由競争こそが進歩の途であると考えていた。三井銀行がグループ内のすべての企業の面倒をみる必要はないし，それぞれの企業が自主的にやればよい，銀行は銀行としての経営の健全性を図るべきであるとの考えであった。私などは機会あるごとに，物産や三井各社の結集の必要性を訴えても『もう財閥は解体されたのだし，いまそんな時代じゃないよ。財閥の復活など考えるのは時代錯誤だ』と常に消極的な発言をしていた。佐藤氏は当時，三井グループの中心的存在であっただけにその発言には重みがあった」（江戸［1994］175-176頁）。

また，佐藤と並ぶ三井グループのもう1人の「長老」であった向井忠晴も徹底した自由主義者で，出身母体の三井物産の大合同に際して，リーダーシップをとることはなかった。そして，向井は三井物産の再統合後，合同に参加しないゼネラル物産の相談役になってしまった。

第2は系列内金融機関の資金力が弱体であったことである。1975年9月時点で，グループ結成の要に位置する三井銀行の預金量，貸付量はともに都市銀行中第8位であった。三井銀行の預金量が低位であったのは大衆資金を吸収する店舗数が少なかったからである。その原因は2つあった。1つは優良

企業を多く有していた戦前の三井財閥において，三井銀行が財閥内企業に出資・融資する割合は少なく，そのため一貫して少店舗主義をとってきたことである。もう1つは1943年4月に三井銀行は店舗数の多い第一銀行と合併し，帝国銀行となったが，戦後，両行の融和に失敗し，1948年3月，旧第一銀行を分離したことにあった。

　三井銀行の資金力不足はグループ内企業に対して，メインバンクの座を守っても，第2位融資銀行との差が小さく，また，資金力豊富な他の銀行に食い込まれる場合も少なくなかった。さらに三井銀行の融資先企業の多くが，戦後，労働争議，体質改善の遅れ，海外投資の失敗などで業績を悪化させていた。そのため，同行の融資金は固定化され，追加融資を求められる状態が長く続いた。三井銀行の場合，系列企業への融資が預金増として跳ね返り，それが新たな融資のための原資となるという，好循環をつくり上げることができなかったのである。そしてさらにいえば，三井生命保険，大正海上火災保険，三井信託などの資金力も十分ではなく，三井系企業の株式相互持合い比率を高めることができなかった（表2）。

　第3は重化学工業分野進出に出遅れたことである。三井財閥は三井銀行，物産，鉱山の3社を事業経営の中核としており，重化学工業分野への進出は三菱，住友両財閥に比べて遅れていた。また，三井財閥の重化学工業経営は化学工業が主力で，三井鉱山を母体として出発した石炭化学工業が中心であった。

　しかし，戦後，石炭産業はエネルギー革命の嵐の中で構造不況業種となり，三井鉱山も相次ぐ労働争議の後始末に追われ，斜陽の一途を辿った。そして，三井系化学会社も石油化学工業への転換が遅れた上に，独立主義の弊害もあって，三井化学，東洋高圧（この2社は1968年に合併），東洋レーヨン，三井石油化学の4社間の分野調整が容易に進まなかった。さらに三井鉱山の三池炭坑をはじめとして，東京芝浦電気，日本製鋼所，王子製紙などは戦後労働史に残る大争議に見舞われ，復興と多角化活動に遅延をきたしてしまった。

　三井グループにおいても，二木会結成後，各社の協力と共同出資によって衰退産業からの撤退と新興産業への進出が図られた（1963年の三井鉱山の主

力炭坑閉山,三井セメント,69年の三井アルミニウム製造,71年の三井石油開発,73年の日本イラン石油化学の設立など)。そして同時に,グループ全体の地盤沈下を阻止するため,1970年代に入ると,三井財閥時代の関係会社である日本製粉,東京芝浦電気,王子製紙,三越,トヨタ自動車などを二木会あるいは月曜会のメンバー企業とした。こうした有力企業の参加によって,三井グループの地盤沈下はとまった。しかし,その一方で,グループとしての共同意識と結束力は一層希薄にならざるを得なかった。

ちなみに1974年の公正取引委員会の調査によれば,二木会メンバー22会社の日本全体の会社に占める比率は,資本金で3.0%,資産で3.3%であった。また,この22社が10%以上の株式を所有する企業を加えた数字は,それぞれ6.6%と4.7%であった。

表2 三菱系・住友系・三井系の株式持合い比率(1951〜64年)

(単位:%)

年次(上期末)			1951	1952	1952	1953	1954	1955	1956	1957	1958	1959	1960	1961	1962	1963	1964
三菱	株式持合い比率		(2.7)	(8.6)	9.8	10.6	11.5	11.1	11.6	13.2	14.1	19.1	20.2	20.0	17.9	19.5	20.2
	株主別内訳	銀行	(0.6)	(0.7)	1.5	1.9	1.8	1.6	2.1	2.3	2.5	2.5	2.6	2.7	2.7	2.9	2.8
		信託	(1.0)	(2.5)	2.7	2.6	3.0	2.1	1.0	2.8	3.7	3.7	4.0	4.0	3.8	4.3	3.9
		生保	(0.3)	(2.0)	2.3	2.2	2.5	2.8	3.4	3.0	3.0	3.2	3.2	3.3	3.0	3.2	3.5
		損保	(0.4)	(2.9)	2.8	3.0	3.4	3.5	3.4	3.4	3.2	3.1	3.2	2.9	2.3	2.4	2.5
		その他	(0.3)	(0.5)	0.6	0.9	0.9	1.1	1.5	1.6	1.8	6.7	7.0	7.3	6.1	6.6	7.5
住友	株式持合い比率		0.3		9.5	11.2	14.0	14.0	14.7	15.5	17.1	21.1	23.7	24.7	26.8	27.6	26.5
	株主別内訳	銀行	0.0		2.0	1.8	2.7	2.8	2.9	3.2	3.7	3.6	3.9	4.4	5.5	5.5	5.2
		信託	0.2		3.3	3.6	4.0	3.8	2.1	2.5	3.1	3.2	3.5	4.3	5.5	5.6	5.7
		生保	0.0		1.6	1.0	2.0	2.4	2.7	2.8	3.1	3.1	3.3	3.3	3.5	3.4	3.3
		損保	0.0		1.0	1.0	1.3	1.3	1.4	1.1	1.4	1.3	1.4	1.4	1.5	1.4	0.8
		その他	0.1		1.6	3.3	4.1	3.7	5.6	6.0	5.8	9.9	11.4	11.3	10.8	11.9	11.5
三井	株式持合い比率		1.9		4.0	5.2	5.8	5.2	6.2	6.1	6.7	12.1	11.8	11.7	13.3	12.6	13.3
	株主別内訳	銀行	0.2		0.5	0.9	1.0	1.0	1.1	1.3	1.3	2.6	2.5	2.5	2.7	2.5	2.6
		信託	0.3		0.7	0.6	0.5	0.6	0.1	0.4	0.8	0.9	0.9	1.0	1.0	1.3	1.8
		生保	0.0		0.2	0.0	0.0	0.1	1.0	1.1	1.3	1.7	1.7	1.6	1.9	2.0	2.1
		損保	0.5		0.9	1.5	1.5	1.3	1.6	1.1	1.0	1.3	1.3	1.1	1.3	1.2	1.2
		その他	0.9		1.7	2.3	2.8	2.1	2.3	2.2	2.3	5.4	5.4	5.1	6.4	5.6	5.6

注:1951年の三菱系の( )内は東日本重工,中日本重工,西日本重工の3社を除いた数値。
出所:橘川[1996]。

おわりに

　財閥解体後，いったん分散化の方向を歩み始めた三菱，三井両財閥系企業が再結集し，戦後型企業集団形成を目指した契機は，財閥商号・商標保全問題と陽和不動産事件，三井不動産事件に端を発する株主安定化問題であった。両問題とも，単独企業で解決できる問題ではなく，その対応・解決には系列企業が結集して当たらなければならなかった。三菱系，三井系企業とも，その解決方法として，戦前の財閥時代の直系会社とその後継会社を中心に社長会を結成し，社長会メンバー企業が株式を相互に持合う方式での企業集団形成を目指した。第二次大戦後，純粋持株会社の設立は禁止されており，しかも各企業が戦後確保した経営政策の自由度を保障する必要があったからである。

　しかし，三菱系企業と三井系企業の間には，企業集団形成に取り組む姿勢・情熱とそのスピードにかなりの「温度差」があった。そして，その差の多くは両者の財閥時代の組織的・制度的遺産に起因していた。その第1は両財閥の形成の相違であった。三菱の場合，各分系企業が三菱合資の直営事業から分離独立したという経緯もあって，両社間の組織的凝集性は高かった。そして，その特質は「組織の三菱」と評されるように，戦後の三菱系企業に継承された。これに対して三井の場合，直系企業，とくに三井銀行，三井物産，三井鉱山は三井合名設立以前に創業されており，独立意識が旺盛であった。そして，他の直系会社の大半は実質的にはこれら中核3社の子会社，関係会社であった。三井合名は資本的所有・支配に基づいて直系会社を統轄管理した。しかし，戦後，本社が消滅すると，三井系企業は独立化傾向を一段と強めた。第2は両財閥の人事政策の相違であった。三菱の場合，戦後パージされたシニア経営者はほぼ全員三菱合資で一括採用され，その後，本社・分系会社間を人事異動しながらトップマネジメントに昇進した。彼らは同質的キャリアの持ち主であり，「仲間意識」が強かった。他方，三井の場合，学卒者採用は会社単位で行っており，本社・直系企業間の人事異動はほとんどなかった。特に三井物産の場合，実績本位の人事政策を採用したことも

あって，社員間の競争意識は強烈であった。第3は両財閥の所有者と専門経営者の関係の相違である。三菱の場合，財閥所有者は2家しかなく，両家の当主が交互に陣頭指揮する形態をとっていたこともあって，財閥所有経営者と専門経営者の役割分担は明確で，両者の関係も良好であった。そして，良好な関係は，財閥解体後も続いた。これに対して，三井の場合，財閥所有者は11家あり，所有者同士の意思調整が容易でなかったばかりでなく，所有者は専門経営者の経営政策にしばしば介入した。そのため，戦後，専門経営者の中には三井同族との接触を嫌う者も少なくなかった。

　以上のような財閥時代に形成された組織的・制度的遺産は，三菱グループの再結集にとっては「プラス」の要因として，三井グループのそれには「マイナス」の要因として作用したのであった。

　最後に両グループの再結集を先導した石黒俊夫と江戸英雄の経営行動についていえば，石黒はグループ全体の利益を志向するシニア経営者と自社の利益を第一義的に考える現役経営者の間を取りもつ「調停者」としての役割を果たした。他方，江戸は「マイナス」の遺産の中で孤軍奮闘して三井不動産を三井グループの「御三家」の1つに引き上げ，その実績を背景に同グループの再結集をリードしたのであった。

参考文献
○テーマについて
　E.M.ハードレー著，小原敬士・有賀美智子訳［1973］『日本財閥の解体と再編成』東洋経済新報社。
　持株会社整理委員会編［1974］『日本財閥とその解体』（復刻版）上・下，原書房。
　奥村　宏［1976］『日本の六大企業集団』ダイヤモンド社。
　橘川武郎［1996］『日本の企業集団』有斐閣。
　安岡重明［1998］「財閥所有者と専門経営者の関係」同『財閥経営の歴史的研究』岩波書店。
　菊地浩之［2000］「六大企業集団の社長会について（上）」『証券経済研究』第23号。
○石黒俊夫について
　平井岳哉［1994］「シニア経営者によるグループ企業間調整」『経営史学』第28巻第4号。
　平井岳哉［1997］「三菱財閥から三菱グループへの移行過程」『経営史学』第32巻第2号。
　石黒俊夫［1953］「三菱商標に関する報告書」（未刊行）東京大学経済学部図書館所蔵。
　岩井良太郎［1955］『各務鎌吉伝・加藤武男伝』日本財界人物伝全集第9巻，東洋書

館』。
　　大槻文平［1987］『私の三菱昭和史』東洋経済新報社。
　　三菱地所株式会社編・刊［1993］『丸の内百年の歩み　三菱地所社史』上・下。
○江戸英雄について
　　安岡重明［1981］「昭和前半期の三井本社——江戸英雄氏との対談」『同志社商学』第33巻第2号。
　　橘川武郎［1992］「株主安定化と企業成長——三井不動産の事例」『青山経営論集』第27巻第1号。
　　江戸英雄［1994］『三井と歩んだ70年』朝日新聞社。
　　三井物産株式会社編・刊［1976］『挑戦と創造——三井物産100年のあゆみ』。
　　三井不動産株式会社編・刊［1980］『財閥商号商標護持に関する懇談会記録』。
　　三井不動産株式会社編・刊［1985］『三井不動産40年史』。

2

戦後鉄鋼業の革新者

永野重雄／日向方斉

はじめに

　日本鉄鋼業は第二次世界大戦の遂行に軍需産業としての役割を果たした結果，敗戦によって壊滅的な打撃を受けた。生産復興を目指した戦後復興期，大規模な設備投資が果敢に実行された高度成長期を通して，日本鉄鋼業は欧米鉄鋼業へのキャッチアップを果たした。基幹産業としての鉄鋼業の発展は日本経済の成長と密接不可分の関係にあったが，戦後鉄鋼業には積極的な近代化投資と経営合理化を主導した専門経営者が存在した。このような革新的な経営行動によって，鉄鋼業は復興からより高い段階への成長への契機をつかむことができた。戦後鉄鋼業の革新者として，西山弥太郎（川崎製鉄社長）の企業家活動に言及するケースが多い。本章で，永野重雄と日向方齊の企業家活動に着目するのは，西山と同様に，戦後の企業発足時の厳しい初期制約条件の中から，富士製鉄，住友金属の経営革新を主導し，戦後鉄鋼業の競争的寡占体制を生み出す重要な役割を担ったからである。

　富士製鉄は，GHQ（連合国軍最高司令官総司令部）の占領政策の一環として実施された日本製鉄分割後の一社として，住友金属は鉄鋼部門以外に伸銅，アルミなど非鉄部門を兼営する平炉メーカーとして，戦後，新しいスタートを切った。競争が発展の原動力となった高度成長期において，永野は第2位の鉄鋼企業（二番手企業）の経営者として，八幡製鉄というリーディング・カンパニーへのキャッチアップを目指した。日向は先発高炉メーカーに対するアウトサイダー（後発企業）の経営者として，銑鋼一貫メーカーへの脱皮を目指した。

　本章の課題は，第1に，富士製鉄，住友金属が抱えていた初期制約条件を探り，制約条件の解決に向けた永野，日向の企業家活動におけるさまざまな革新について検討する。そこでは，近代化投資と経営合理化という革新を構想し選択した専門経営者としての戦略構想力に焦点を当てて分析する。第2に，富士製鉄，住友金属の企業行動が戦後鉄鋼業における二番手企業および後発企業のひとつのモデルをなしているという観点から，永野，日向に率いられた富士製鉄，住友金属の競争プロセスについて検討する。

永 野 重 雄
―――先発鉄鋼メーカーの革新者―――

永野重雄 略年譜

1900(明治33)年	0歳	島根県松江市に生まれる
1924(大正13)年	23歳	東京帝国大学卒業,浅野物産入社
1925(大正14)年	24歳	富士製鋼入社
1934(昭和9)年	33歳	日本製鉄設立により同社富士製鋼所長
1935(昭和10)年	34歳	日本製鉄・八幡製鉄所に異動
1941(昭和16)年	41歳	鉄鋼統制会に転出
1946(昭和21)年	45歳	日本製鉄に復帰,代表取締役常務に就任
1947(昭和22)年	46歳	経済安定本部第一副長官
1948(昭和23)年	47歳	日本製鉄に復帰,日本経営者団体常務理事
1950(昭和25)年	49歳	日本製鉄の分割により富士製鉄発足,社長に就任
1958(昭和33)年	58歳	東海製鉄代表取締役会長(67年富士製鉄に合併)
1961(昭和36)年	60歳	大分製鉄所建設計画を決定
1966(昭和41)年	66歳	二大製鉄企業への合同構想を発表
1968(昭和43)年	67歳	八幡製鉄,富士製鉄合併につき意思表明
1969(昭和44)年	69歳	日本商工会議所会頭・東京商工会議所会頭
1970(昭和45)年	69歳	八幡製鉄,富士製鉄合併により新日本製鉄発足,会長就任
1973(昭和48)年	72歳	会長退任,取締役相談役名誉会長
1984(昭和59)年	83歳	死去

(年齢=満年齢)

1. 専門経営者への道程

(1) 中小鉄鋼会社の再建

　永野重雄の経営者としての原点は，若き日の富士製鋼時代の苦難に満ちた経験にある。永野は倒産企業・富士製鋼の再建を通じて，企業家精神を体得したからである。永野は1900（明治33）年，島根県に生まれた。弁護士の父・法城の早世により，男7人，女3人の永野兄弟は家庭環境の面では不遇であったが，母ヤエは長兄護（のち運輸大臣）の仕送りで家計を支えた。当時，東京帝国大学の学生であった護が東京商法会議所初代会長を務めた渋沢栄一の子息，正雄と同級で親友の間柄であった関係で，永野家の苦境を知った渋沢栄一が子息の勉強相手という名目で護に謝礼を出し，それが護による毎月の郷里への仕送りの原資となったといわれている。

　1924（大正13）年，永野は東京帝国大学を卒業後，長兄・護の勧めで，浅野物産に入社した。同社は浅野総一郎をリーダーとする浅野財閥の貿易会社で，米国から鉄鋼材料，石油，セメントなどを輸入していた。翌1925年，永野は渋沢正雄の要請により，浅野物産を退社し，24歳の若さで富士製鋼の支配人となった。富士製鋼は第一次世界大戦後の反動恐慌で経営破綻に陥った会社であり，同社の破綻によって打撃を受けたのが，渋沢正雄が経営していた渋沢貿易であった。渋沢貿易が一括納入していた原料のインゴット（鋼塊）などの代金が回収不能の状態に陥ったため，渋沢は焦げ付き債権を回収するために，永野に再建を任せたのである。

　永野は総務，労働，生産，購買，販売から技術まで広範な業務をひとりでこなし，生産を軌道に乗せるために苦闘した。この富士製鋼時代の永野の最大の苦境は1927（昭和2）年の金融恐慌による鉄鋼相場の暴落によって訪れたといわれる。1931年暮れ，永野はついに夜逃げを敢行せざるを得ない事態に陥った。後年，永野は「いやというほど世の中というもの，生きた経済というものを勉強させられた」と当時を回顧している（永野［1990］）。このように，永野は中小企業の実質的な経営者として，昭和初期の恐慌下の企業経営を体験した。

(2) 日本製鉄の発足

　永野重雄の鉄鋼経営者としてのキャリアは，戦前の製鉄合同による日本製鉄発足および経済の軍事体制移行，戦後のGHQの占領政策による日本製鉄の解体とともに大きく変わった。1934（昭和9）年2月，政府は満州事変後の戦時体制の進行という状況下で，産業合理化の重要施策としての鉄鋼の低廉かつ豊富な供給を目的に，官営の八幡製鉄所と三井系の輪西製鉄，釜石鉱山，三菱系の三菱製鉄（朝鮮の兼二浦），安川系の九州製鋼，渋沢系の富士製鋼の民間5社の合同により，日本製鉄を発足させた。

　この製鉄合同によって，富士製鋼は日本製鉄富士製鋼所となり，永野は富士製鋼所長に就任したが，1935年，八幡製鉄所所長渡辺義介の勧めにより，八幡製鉄所に転出し，その後，日本製鉄の中枢を歩むことになった。戦争拡大に伴って，日本経済は戦時統制体制が進展し，鉄鋼業界では他産業に先駆けて1941年に鉄鋼統制会が発足した。鉄鋼統制会は原料の配分から製品の販売まで，鉄鋼業界全体を統制する団体であった。日本製鉄会長・社長の平生釟三郎が鉄鋼統制会会長となり，永野は日本製鉄購買部長から統制会理事（原料担当）に就任した。

　第二次世界大戦の敗戦後の1946年，永野は日本製鉄に復帰した。同年1月，GHQは日本の民主化政策の一環として，公職追放令を発表し，戦争遂行者とその協力者に対する公職追放を行った。その結果，日本製鉄の経営陣の大半は経済パージでその地位を追われた。その空席を埋めたのが永野らの若手経営者であった。永野は社長の三鬼隆とともに代表権を持ち，日本製鉄のナンバー・ツーとして常務取締役に就任した。

　戦後，GHQは占領政策として，日本産業の「非軍事化」を進めた。とくに鉄鋼業は将来の平和的需要の限度内という枠組みの中でその規模および性格が決定されることになったが，敗戦後の日本経済にとって，経済復興の担い手となる鉄鋼業の生産復興は急務であった。1946年12月，有沢広巳（東京大学教授）の示唆によって閣議決定された傾斜生産方式は，基幹産業である石炭，鉄鋼に重点的に資金・資材をつぎ込んで，産業の拡大再生産を図る経済危機突破政策として，画期的なものであった。

　政府が経済復興推進の決め手として打ち出したこの傾斜生産方式は，三鬼

と永野が八幡製鉄所で実施した先例に負うところが大きかった。彼らは鉄鋼増産を企図し，日本製鉄の配炭のすべてを八幡製鉄所に集中して，銑鉄・鋼の傾斜生産を行う方針を決定し，銑鋼一貫の八幡製鉄所の本格的な生産復興を促進した。この八幡製鉄所の集中生産は1947年3月まで実施された。1947年6月，永野は第1次吉田内閣時代に発足した経済安定本部（経済企画庁の前身）長官の和田博雄に要請されて，第1副長官となった。経済安定本部は総合経済政策を確立して，産業の復興を図る使命と役割を担ったが，永野は経済安定本部時代に傾斜生産方式を確立して，軌道に乗せる役割を担った。この傾斜生産の時期に永野が日本製鉄在籍のまま，経済安定本部副長官に就任した要因として，彼の八幡集中生産の実績が高く評価されたことが指摘されている。

1948年12月，対日占領政策の一環としての過度経済力集中排除を推進してきた持株会社整理委員会は，日本製鉄が過度経済力集中排除法（集排法）に触れる点として，鉄鋼業における生産シェア，市場の独占的支配，株式保有率による支配力を指摘した。集排法の指定に従い，GHQは日本製鉄に対して，①八幡製鉄と北日本製鉄（のちに富士製鉄に改称）の2社に分離，②広畑製鉄所の賠償指定が解除されたとき，八幡に加えることは許されないが，北日本に帰属することは差し支えないとする「日鉄分割再編成計画に関する決定指令」を通達した。前述の経済パージによる日本製鉄の旧経営陣の追放，そして，この日本製鉄の分割・民営化による富士製鉄の発足は，永野にとって大きな転機となった。

2．永野重雄の戦略構想と革新

(1) 富士製鉄の発足と初期制約条件

鉄鋼製品が出来上がるためには，製銑，製鋼，圧延という3つの基幹工程を経なければならない。その第1段階の製銑工程は高炉で鉄鉱石を原料として銑鉄を作り出す工程であり，高炉から出銑された銑鉄の炭素含有量を下げて鋼にするのが製鋼工程である。最終工程の圧延は，製鋼工程で作られた鋼塊を分塊または連続鋳造，そして各種圧延というプロセスを経て，最終製品

を完成させていく工程である。

　永野重雄にとって，日本製鉄の分割によって発足する富士製鉄が経営単位として成り立つかどうかということが最大の関心事であった。八幡製鉄は日本製鉄の中核製鉄所であり，製銑・製鋼・圧延工程間の能力がバランスした八幡製鉄所を継承した。これに対し，八幡以外の製鉄所を継承した富士製鉄は製銑・製鋼・圧延各能力の構成比率がアンバランスであるという構造的な課題を有していた。このような課題を解決するためには，ホット・ストリップ・ミル（熱間圧延設備）を持った広畑製鉄所の帰属が富士製鉄の死活問題となった。広畑を富士製鉄の傘下に加えなければ，鋼鈑類の生産は皆無となり，銑鋼一貫メーカーとしての存在意義はなかったからである。

　広畑は戦中・戦後初期を通じて日本の最新鋭製鉄所であったため，日本製鉄分割の機会に同製鉄所を獲得しようという内外からの激しい働きかけが行われた。具体的には，①英国企業（ジャーディン・マセソン社）との合弁事業，または外国に売却して当時日本に不足していた外貨を獲得するための手段にしようとする案，②高碕達之助（東洋製罐社長）による満州の昭和製鋼所からの引き揚げ者により広畑を経営する案，③関西地区の平炉メーカー3社（川崎重工業，住友金属，神戸製鋼）による共同経営案の3案があった。

　永野は満州・昭和製鋼所からの引き揚げ者により広畑を経営する案（第2案）に対しては，引き揚げ者の広畑での雇用を約束することによって，高碕を説得した。また，関西3社による広畑経営案（第3案）についても，持株会社整理委員会への働きかけによって，その試みを挫折させた。最大の難関は，第1案の吉田茂首相の発案といわれた広畑への外資導入策あるいは外国への売却策であった。永野は吉田の経済顧問的立場にあった宮島清次郎（当時日清紡会長，日本工業倶楽部理事長）に吉田の説得を依頼し，最終的には，吉田を翻意させることに成功した。このように，関係各方面に対する工作や説得によって，永野は広畑の帰属問題を解決した（鉄鋼新聞社［1985］）。

　1950（昭和25）年4月，日本製鉄は鉄鋼部門を八幡製鉄所と，輪西（室蘭）・釜石・広畑の各製鉄所および富士製鋼所（川崎製鋼所と改称）の2グループに分割し，前者を継承する八幡製鉄，後者を継承する富士製鉄の2つの第二会社を設立し，また運輸部門，煉瓦部門を切り離してそれぞれ日鉄汽

船，播磨耐火煉瓦として独立させることを決定した。

前述のように，八幡製鉄は製銑・製鋼・圧延工程間の能力がバランスし，かつ生産品種は全鋼材をカバーしていた。これに対し，富士製鉄は製銑設備が過大で，製鋼・分塊能力に比して最終鋼材の生産能力が量的に少ないことに加え，質的にも高級鋼材の生産設備を有しないという生産構造のアンバランスおよび品種構成の偏りという弱点を有していた。

富士製鉄がこのような厳しい初期制約条件を抱える結果となった背景には，従来の日本製鉄が八幡製鉄所を含む5事業所による銑鋼一貫作業を総合的に運営し，国策会社としての性格から平炉メーカーに対して銑鉄，半製品の供給義務を担っていた点がある。旧日本製鉄時代，その役割を担ったのが富士製鉄が継承した室蘭，釜石，広畑製鉄所であり，品種構成も室蘭の線材，形鋼および薄板，釜石の棒鋼，形鋼，広畑の厚板というように限定されていた。日本製鉄分割により富士製鉄が有した初期制約条件は，戦前・戦中の日本鉄鋼業の生産体制から同社が受け継いだ負の遺産であり，日本製鉄の分割という占領政策によって顕在化したのである（上岡［1999］）。

(2) 永野の戦略構想と近代化投資・経営合理化

この初期制約条件を克服するために，永野重雄はまず戦災で疲弊または休止中の既存製鉄所の設備の復旧・整備を手がけ，さらに既存製鉄所の近代化投資や最終製品の多角化を通しての鉄鋼の自由競争時代に対処できる企業基盤の強化，将来の拡充計画のための新規立地による新鋭製鉄所建設という戦略構想を描いた。

この戦略構想の実現のために，永野は①圧延能力の拡充による分塊設備と圧延設備のバランス化，②圧延設備の増強あるいは改造による圧延能力そのものの拡充，③圧延能力の増大に対応した高炉の拡充，④新立地による生産能力の拡大という経営施策を推進した。

1950（昭和25）年6月に勃発した朝鮮戦争の特需ブームで経営基盤の安定と企業成長の契機をつかんだ永野は，その後の3次にわたる鉄鋼合理化計画によって，上述の戦略構想を実現していった。その結果，1950年度（会社設立時）〜69年度の生産高の伸びが銑鉄15倍，粗鋼17倍であったのに対し，圧

延部門の強化によって鋼材生産高は24倍に増加し,生産構造上のアンバランスは解消された。また,同期間の売上高構成は,銑鉄・半製品合計の比率が78%から11%に低下したのに対し,最終製品の鋼材の比率は22%から89%に飛躍的に上昇した(表1)。

表1 富士製鉄の生産・販売の構成変化(1950〜1969年度)

		1950年度	1969年度	倍率
生産高	銑鉄	900千トン(103.7%)	13,762千トン(91.4%)	15.1
	粗鋼	868　　(100.0)	14,837　　(100.0)	17.1
	鋼材	481　　(55.4)	11,669　　(78.6)	24.3
売上高		27,657百万円	534,870百万円	19.3
売上構成	銑鉄	38%	6%	
	半製品ほか	40	5	
	鋼材	22	89	

注:( ) 内は対粗鋼比。
出所:新日本製鉄株式会社 [1981] 179頁。

戦後鉄鋼業の合理化計画は,第1次(1951〜55年),第2次(55〜60年),第3次(61〜65年)において実施された(表2)。この富士製鉄の第1次〜3次合理化計画は,リーディング・カンパニーである八幡製鉄へのキャッチアップの過程と対応していた点に注目すべきである。

鉄鋼業の第1次合理化は,①民間設備投資の拡大をはじめとする鉄鋼需要の増大,②欧米鉄鋼業との技術ギャップを解消し,国際競争力の強化(製品のコストダウンと輸出競争力の形成),③政府による近代化投資に対する財政・金融両面からの優遇措置,④企業間競争に基づく設備投資の活発化等を誘因としたものであった。当該時期の富士製鉄を取り巻く競争環境として,1950年秋の八幡製鉄,日本鋼管による近代化3カ年計画,川崎製鉄,住友金属,神戸製鋼の平炉メーカーが先発高炉メーカーに対抗上,また自衛的な意味からも銑鋼一貫メーカーへの脱皮をめざす企業行動があった。

富士製鉄の第1次合理化は,①広畑におけるコールド・ストリップ・ミル(冷間圧延設備)の新設を中心とした集中投資による総合鋼鈑工場としての完成,②弱体であった室蘭の下流工程の圧延部門の強化に重点が置かれた。なかでも,広畑のコールド・ストリップ・ミルは当時としては72億円という

巨額の設備投資であったが，国内金融機関，国際復興開発銀行（世界銀行）や米国の輸出入銀行などからの資金調達に成功した。

　このように，富士製鉄は設備拡充とあわせて，鋼材品種の多様化を進めたが，ここには，薄板市場に対する永野の先見性と決断があった。1955年以降，いわゆる「神武景気」が到来し，鉄鋼需要が急速に拡大した。この時期に永野はいち早く鋼材の大量消費につながる薄板に着目し，厳しい資金事情のもとで，コールド・ストリップ・ミルを広畑製鉄所に新設した。最新設備で量産される広畑の薄板製品は競争力を発揮し，自動車産業や電機産業の需要家に受け入れられた。この富士製鉄の薄板への本格進出は，単に八幡製鉄，富士製鉄という"兄弟会社"間の販売競争を激化させただけでなく，川崎製鉄など後発メーカーが以後相次いで積極的な設備投資に踏み切る誘因となった。

(3) 八幡製鉄へのキャッチアップ

　第2次合理化は，①臨海立地の新規製鉄所の建設，②米国鉄屑（スクラップ）の輸入制約，戦災鉄屑の枯渇に基づく鉄源対策としての高炉の新設およびコスト・品質面で有利な新製鋼法（純酸素上吹き転炉，BOF）の普及，③圧延部門におけるホット・ストリップ・ミルの新設等を主眼に展開された。鉄鋼各社の第2次合理化が新立地での高炉段階から圧延段階までの一貫的な量的拡大を指向したのに対し，富士製鉄の第2次合理化は，①広畑での高炉→転炉→圧延のワンセット拡大，②室蘭をはじめとする各製鉄所の圧延設備の増強を通して，生産構造のアンバランス是正および品種構成の高度化を進めた点に特徴があった。同社は第2次合理化において総額1290億円の積極的な設備投資を実施し，室蘭のホット・ストリップ・ミル，釜石の電気炉の新設，大形工場の増強，広畑の第3高炉・転炉・分塊工場・広幅厚板工場の新設，コールド・ストリップ・ミルの増強，6号平炉の新設を行った。

　このように，永野重雄は第2次合理化の重点を広畑，室蘭という既存製鉄所の敷地の余裕を活用することにおいたが，次のステップの拡張に備えた新製鉄所として，中部経済界との合弁による東海製鉄の設立，さらには大分県鶴崎地区における大分製鉄所建設を意思決定した。鉄鋼の一大消費地である

名古屋地区初の銑鋼一貫メーカーとして，1958（昭和33）年に設立された東海製鉄は67年の第2高炉完成を機に，富士製鉄と合併し，同社名古屋製鉄所となった。東海製鉄の建設と並行して決定された大分製鉄所は進出決定から8年後の1969年に着工された。永野が東海製鉄の完成を最優先したことに加え，鉄鋼業界の設備調整の影響を受けたためであった。さらに，永野は第3次合理化において，東海製鉄における一貫体制化推進，広畑におけるH形鋼製造設備と電磁鋼板工場の新設，室蘭における第4高炉，転炉2基の新

表2　富士製鉄の第1次・第2次・第3次合理化主要設備投資

合理化計画	製　銑		製　鋼		圧　延	
第1次合理化	室蘭 釜石 広畑	仲町集約化 高炉改修2基 高炉改修2基	広畑	平炉新設	広畑	中板製造設備 冷延設備 亜鉛メッキ設備新設
第2次合理化	室蘭 釜石 広畑	高炉炉容拡大 焼結機増設 高炉炉容拡大 焼結機新設 高炉炉容拡大 高炉新設 焼結機新設	室蘭 釜石 広畑	酸素発生設備新設 平炉新設 モールドヤード新設 酸素発生設備新設 転炉新設 電気炉新設	室蘭 釜石 広畑	分塊工場新設 ホット・ストリップ・ミル新設 大形工場増強 中小形工場合理化 分塊工場新設 広幅厚板工場新設 広幅冷延鋼板設備新設 ブリキ設備新設 電気亜鉛メッキ設備新設
第3次合理化	室蘭 釜石 広畑 東海	高炉炉容拡大2基，高炉新設 製銑増強 高炉炉容拡大1基 高炉新設	室蘭 釜石 広畑 東海	転炉新設2基 平炉リプレース転炉1 連続鋳造設備 平炉リプレース転炉2基 転炉新設1基 転炉新設2基	室蘭 釜石 東海	第2線材工場 コールド・ストリップ・ミル 線材工場 電磁鋼鈑工場 ジンコートライン キャンスーパーライン コールド・ストリップ・ミル ホット・ストリップ・ミル 電気ブリキ工場 第1・第2亜鉛メッキ工場

出所：新日本製鉄株式会社［1981］等により作成。

設，ホット・ストリップ・ミルの増強などを進めた。

広畑，室蘭，釜石の近代化と東海製鉄（名古屋製鉄所），大分製鉄所の建設を進めた永野は，富士製鉄発足当初の課題であった生産設備構成のアンバランスを是正し，製品の高級化・多様化を進めることにより，八幡製鉄との競争条件を整え，新たな競争の時代に突入した。以後，永野は八幡製鉄との格差（ギャップ）を急速に縮小し，キャッチアップを果たし，二番手企業・富士製鉄を八幡製鉄と並ぶトップメーカーに育てることに成功した。1969年，富士製鉄は粗鋼年産能力1600万トン体制を達成し，米国のU.S.スチール社，ベスレヘムスチール社，八幡製鉄に次ぐ粗鋼生産世界第4位の製鉄会社に成長を遂げた。

3．永野重雄の企業家活動の特徴

永野重雄は日本製鉄の解体・分割過程における広畑帰属問題を解決し，富士製鉄発足後は新会社の体制整備と設備合理化を推進し，さらに業容拡充のための新立地に基づく製鉄所の新設を行ったが，その経営行動は，富士製鉄の置かれた初期制約条件の下で，八幡製鉄に対する比較劣位の克服をめざしたものであった。あるジャーナリストは，永野の企業家的資質として，「鉄に対する熱烈な意欲，シビアな経営感覚，その基盤ともいうべき気概，バイタリティ」をあげ，それが八幡製鉄に対するハンディキャップを精力的に乗り越える要因のひとつになったと述べている（羽間［1977］）。

1960年代後半における永野の重要な意思決定として，八幡製鉄との合併による新日本製鉄の設立がある。日本製鉄の分割により八幡製鉄，富士製鉄が発足した際，三鬼，永野をはじめとする両社首脳陣には日本製鉄を復元したいという意図が強かったことが指摘されている。このように，八幡・富士の合併は日本製鉄分割により発足した両社が再度1つの企業になろうという計画であったが，その背景には，開放経済体制下における国際競争力の強化，八幡，富士の競争および後発鉄鋼メーカーの追い上げという厳しい企業間競争という要因があった。

永野は1966（昭和41）年8月，内外鉄鋼需要の伸びの鈍化，技術革新によ

る最適生産規模の巨大化という2つの条件を指摘して，八幡・富士合併を念頭に置いて，「東西製鉄2社合同論」という一種のアドバルーンを掲げた。この鉄鋼大合同についての永野のアイデアは高炉メーカー6社を東西2社に集約することによって能率経営・能率生産を行い，国際競争力を強化しようというものであった。

　1968年5月，両社は公正取引委員会に提出した合併趣意書において，合併のメリットとして，①設備投資過剰などの経営資源の二重投資の回避，②技術開発力強化と導入技術依存からの脱却，③企業の総合的な国際競争力の強化を訴えた。基幹産業である鉄鋼業の第1位と第2位企業による巨大合併は，経済界をはじめ，大きな論争を引き起こした。近代経済学者グループによる合併反対声明は，その代表的なケースとして知られる。

　1970年3月，合併新会社・新日本製鉄が発足し，米国のUSスチールを上回る世界最大の鉄鋼メーカーが日本に誕生した。永野は新日本製鉄の会長に就任し，社長の稲山嘉寛（前八幡製鉄社長）とともに，合併新会社のリーダーとなった。

　高度成長期の鉄鋼業は企業間の競争と協調のダイナミズムが働き，そして基本的には競争メカニズムが大きな貢献をして，めざましい発展を遂げた。この競争と協調の関係に大きな転機をもたらしたのが，この新日本製鉄合併であった。新日本製鉄の誕生と1978年に起きたオイルショックの危機的状況からの回復という状況下で，日本鉄鋼業は競争から協調的寡占体制へと業界体質が変化し，安定成長路線へ転換した（伊丹［1997］）。

　以上の考察から，永野の企業家活動におけるいくつかの特徴が明らかになる。まず，永野は日本鉄鋼業の二番手企業・富士製鉄のリーダーとして，八幡製鉄という業界のリーディング・カンパニーにキャッチアップすることに成功した。その意味では，彼は「八幡に追いつけ追い越せ」を旗印にキャッチアップをめざした「挑戦者」であった。

　一方，永野は後発企業の川崎製鉄や住友金属に対しては，先発メーカーと後発メーカーにおける企業間競争のなかで徹底した「防御者」的姿勢をとった。たとえば，川鉄・西山弥太郎の千葉製鉄所建設プロジェクトに対し，先発高炉メーカーとして，一貫して反対論を展開した。第1次合理化における

川鉄の新鋭一貫製鉄所の建設計画に対し，休止高炉の存在を理由に二重投資論を唱えて反対し，第2次合理化計画におけるホット・ストリップ・ミル計画に対しては，薄板市場における設備過剰問題を提起し，反対論を唱えた。また，1965年の「住金事件」は先発メーカーと後発メーカーの立場の違いから引き起こされたが，住金・日向方斉は各社別粗鋼生産，輸出枠の取り扱いにおいて，永野をはじめとする先発高炉メーカーと激しく対立した。ここでも，永野は先発メーカーの最強硬派であった。また，占領政策により分割された八幡・富士の巨大合併を主導したのも永野であった。その意味では，永野は絶えず業界の既存勢力，言い換えれば，主流派（インサイダー）を指向した経営者であった。

　永野は富士製鉄，新日本製鉄のリーダーとしてだけでなく，「財界人」としての活動においても足跡を残した。1946年4月，日本製鉄営業部長として，経済同友会の結成に参画した。経済同友会は，戦後の若手経営者が修正資本主義的立場から民主化政策や経済・労働情勢について議論と提言を行った経営者団体であった。さらに，1948年4月，永野は戦後の民主化運動の波に乗った労働運動の高揚に対抗する経営側の組織として創設された日本経営者団体連盟（日経連）の結成に，設立発起人として参画した。この経済同友会，日経連において「財界実力者」としての地歩を築いた永野は，その後，日本商工会議所を足場として活動した。大企業から中小企業を包含する経営者団体としての日本商工会議所は，若き日の富士製鋼において中小企業の経営を経験し，富士製鉄，新日本製鉄という巨大企業のリーダーであった永野に活躍の場を提供した。彼は1952年の副会頭就任以来，69年9月の会頭就任から死去する84年までその地位にあった。「財界人」としての永野は民間経済外交の重要性を認識し，その活動は自由主義陣営だけでなく，社会主義諸国まで及んだ。また，持ち前の政治力に加えて，長年培った人脈をフルに活用しながら政治傾斜を一段と強めた永野は，保守政権を支える経済界の実力者のひとりとなったことが知られている。このように，永野は，単なる鉄鋼経営者としての行動を超えた広範な足跡を残した経営者であった。

日 向 方 斉
――後発鉄鋼メーカーの革新者――

日向方斉 略年譜

1906(明治39)年	0歳	山梨県八代郡に生まれる
1920(大正9)年	14歳	尋常高等小学校卒業,横須賀海軍工廠の製図見習工となる
1931(昭和6)年	25歳	東京帝国大学卒業,住友合資会社入社
1941(昭和16)年	35歳	小倉正恒国務大臣秘書官,大蔵大臣秘書官となる
1941(昭和16)年	35歳	住友本社に復帰,経理部鉱山課
1944(昭和19)年	38歳	住友金属工業へ移籍
1949(昭和24)年	43歳	取締役就任
1952(昭和27)年	46歳	常務取締役就任
1953(昭和28)年	47歳	小倉製鋼㈱合併に携わる
1958(昭和33)年	52歳	第1次世銀借款3300万ドルの契約調印,専務取締役就任
1960(昭和35)年	54歳	副社長就任
1961(昭和36)年	55歳	和歌山製鉄所第1高炉火入れ
1962(昭和37)年	56歳	社長就任
1965(昭和40)年	59歳	通産省第3・4四半期粗鋼減産を指示,「住金事件」
1971(昭和46)年	64歳	鹿島製鉄所第1高炉火入れ
1974(昭和49)年	68歳	会長就任
1977(昭和52)年	71歳	関西経済団体連合会会長就任
1993(平成5)年	86歳	死去

(年齢=満年齢)

1. 専門経営者への道程

(1) 住友本社から住友金属へ

　鉄鋼経営者としての日向方斉の原点は，第二次大戦終結時，住友財閥本社から住友金属へ異動し，同社の戦後復興に一貫して取り組んだことにある。日向は1906年（明治39年），山梨県に生まれ，小学校卒業後，横須賀海軍工廠の製図見習工となった。ここで，日向は苦学力行の末，高等学校入学資格試験に合格し，旧制高校（東京高校）から大学（東京帝国大学）に進んだ。そして，1931年（昭和6年），住友合資会社（1937年に住友本社に改組）に入社した。このように，日向の青年時代は，少年工が一念発起して進学し，大飛躍を遂げるという意味でのサクセス・ストーリーであった。

　日向が住友合資会社に入社した時期は，犬養内閣が金輸出再禁止に踏み切った激動の年であり，不況の深刻化や失業の増大，農村の疲弊が深まっていた。日向は入社後，本社の総務部庶務課，人事部労働課で勤務した。労働課では，小倉正恒（住友合資総理事）の秘書をつとめた津田秀栄にナチズムやファシズム，さらに日本の国粋主義などさまざまなイデオロギーの研究を命じられた。また，労働課の先輩の俳人として知られる山口誓子から啓発されるところが大きかったという。当時の時代風潮の中で自らの思想形成を行い，多感な青春時代を送ることができたことは，後年の経営者としての日向の人間形成を考えるとき，無視できない意味を持っていたといえよう。

　日向は，小倉正恒が第2次近衛内閣の国務大臣，第3次近衛内閣の大蔵大臣へ就任した際，大臣秘書官を務めた。しかし，近衛内閣の総辞職，東条内閣の発足に伴い，小倉が政界を退いたのを機に，日向は住友本社に復帰した。1942年に本社鉱山課長，44年に住友金属の企画課長となり，第二次世界大戦の敗戦を迎えた。

　戦時中，三菱重工業と並ぶ一大軍需会社として，軍需生産を推進した住友金属の戦後処理は容易ではなかった。日向は企画課長として敗戦と同時にその整理・再建の任にあたり，社長の春日弘に住友金属の民需転換，企業再建の具体策を提案した。この日向案に基づき，春日は鉄鋼部門，非鉄金属部

門，プロペラ部門あわせて19工場のうち4カ所を残して15工場を閉鎖した。

敗戦後の住友金属を取り巻く経営環境は激変した。1945年の財閥解体に関するGHQの指令に基づいて，住友本社の解散と住友系各企業に対する統轄の停止が決定された。経済パージにより主要な役員が辞任した。そのなかで，日向は経理部長（1945年），取締役（49年），取締役（51年），常務取締役社長室長（52年），専務取締役（58年），副社長（60年）に昇進し，経営の中核的な役割を着実に担い，62年に社長に就任した。

(2) 後発企業の銑鋼一貫への参入

戦後改革期の住友金属は，民需産業への転換と企業再建整備計画の実施という課題に直面した。同社は1947（昭和22）年の過度経済力集中排除法の公布・施行に伴い，翌48年，持株会社整理委員会から同法に基づく指定を受け，4社分割を検討したが，最終的には企業再建整備法に基づき，新会社（第二会社）として，新扶桑金属工業を設立した。

当該時期の鉄鋼業は，日本製鉄の分割・民営化，すなわち，八幡製鉄，富士製鉄の設立（1950年）による銑鉄の入手難が予測され，川崎製鉄の川崎重工業からの分離・独立に伴う銑鋼一貫製鉄所建設構想発表（1950年）などにより，鉄鋼業における新しい競争環境が形成されつつあった。また，戦後の経済安定をはかるための強度の緊縮財政を編成したドッジ・ラインの実施，銑鉄補給金など各種補給金の廃止によって，鉄鋼業界が自由競争に突入した時期でもあった。

このような状況下で，住友金属は従来の平炉メーカーとしての路線を維持するか，新たに銑鋼一貫メーカーを目指すかの二者択一を迫られた。当時の鉄鋼業経営における最大の課題は，安価な原料を安定的に確保し，鋼材価格を国際価格まで切り下げ，海外需要を確保することであった。特に，住友金属のように，鉄鋼原料の大半を屑鉄に依存してきた平炉メーカーにとって，良質安価な銑鉄を確保しうる体制を確立することが不可欠となった。この経営課題に対し，日向（当時，常務取締役）は，既存の高炉メーカーと合併することによって銑鉄を確保し，その後に高炉を建設するというシナリオを描いた。その結果，1953年，住友グループおよび住友金属全体の消極的な空気

の中にあって，小倉製鋼との提携を手がけ，さらには合併という形で銑鋼一貫化を急いだ。

川鉄・西山弥太郎は戦後の第 1 次鉄鋼合理化（1951年〜55年）において高炉建設に着手したが，日向は当該時期には一挙に高炉建設という大胆な戦略には向かわなかった。この住友金属の投資行動の背後には，「製銑分野に進出しようとする積極経営の方針と，高炉進出に対する危惧から戦前の『伝統』を堅持しようとする保守的な経営理念との拮抗があり，結局は鉄源確保をめぐって同社は漸進的な戦略をとった」という経緯がある（張［1992］）。当時の住友グループ首脳には，「民間会社は高炉を持つべきでない」という高炉分野への進出に対する消極的態度があり，「伝統商品に限定しておれば，八幡，富士とも競合せず，適正規模で無理のない経営ができる」という考え方が根強くあったためである（鈴木［1963］）。

住友金属は戦前期において，すでに和歌山製鉄所の銑鋼一貫計画があったが，この伝統堅持派と積極派の対立が同社を既存の高炉会社である小倉との提携・合併に向かわせる要因となった。日向のように，戦後鉄鋼業の構造変化を敏感にとらえ，銑鋼一貫に進まなければ，同社の鉄鋼業界における地盤沈下は必至であると考えた積極論者は，住友グループにおいては少数派であった。日向は「本格的に銑鋼一貫に踏み切ったのは小倉の製銑，製鋼の経験を積んでから。これは小倉合併の大きなメリット」（鉄鋼新聞社［1985］）であったと述べている。小倉製鋼合併後の操業不円滑と経理負担の増大が，住友金属内部の高炉不要論を再度台頭させたという事情はあったものの，同社は小倉製鉄所で最低限の銑鋼一貫体制を整え，高炉操業技術を習得し，次の段階での本格的な銑鋼一貫体制の確立をめざしたのである。

2．日向方斉の戦略構想と革新

(1) 銑鋼一貫化における初期制約条件の解決

本格的な専門経営者としての一歩を踏み出した日向方斉に主導された住友金属は，第 2 次合理化（1956年〜60年）において和歌山製鉄所建設という本格的銑鋼一貫化を達成し，さらに鹿島製鉄所建設を決定した。日向は銑鋼一

トリップ・ミル向けに2000万ドル（72億円）の巨額の借款を成立させていた。

鉄鋼の第2次世銀借款を最も効率的に活用したのは，住友金属であった。同社は第1次世銀借款にも申請していたが，対象となったのは継ぎ目なし鋼管（シームレスパイプ）設備の改造のみで，金額も少額であったため，辞退したという経緯がある。1956年，総工費494億円の和歌山建設計画を発表し，この計画遂行のために国内資金以外に外資調達を考慮する必要があったため，住友金属は1957年，世界銀行に借款申請書を正式に提出した。日向をリーダーとする交渉団が世界銀行との交渉に当たった結果，1958年，和歌山第1高炉および関連設備を対象とした3300万ドル（118.8億円）の世銀借款を成立させた。この金額は和歌山第1高炉および関連設備の工事費の4割に相当し，1回の借入金額としては，鉄鋼業界では最大であった。住友金属のこの第2次世銀借款の成功は，さらに世銀追加借款として700万ドル（1960年），米国外債580万ドルの発行（1960年）などの資金調達を実現させた。この外債発行は，川崎製鉄の米国外債発行（400万ドル）とともに，戦後の日本において最初の民間外債発行となった。

1956年に発表された和歌山建設計画は，日産千トンの高炉1基建設を主眼とするものであったが，「日向と慎重論者との間でなかなか折り合いがつかず，（中略）社内にはこれから銑鋼一貫に取り組もうという覇気はみられなかった。資金調達の目処もついていない以上，極言すれば机上のプランと考えている向きもあった」（鈴木［1963］）。このような状況下で，和歌山製鉄所の建設資金が確保されたことは，同社内部の銑鋼一貫製鉄所の建設をめぐる積極論と慎重論の意見対立を最終的に転換させ，高炉建設に対する危惧を押し切って，新鋭一貫製鉄所の建設に踏み切るという日向の戦略構想の推進力となった。

(2) 日向の戦略構想と近代化投資・経営合理化

経営リーダーとしての最大の役割は，自社の事業領域（ドメイン）と戦略目標を示すこと，言い換えれば，注力する分野と撤退・縮小する分野を戦略構想として示すことである。この点で，日向方斉は積極的な近代化投資と同

時に，戦後の住友金属の事業領域を確立した。1950年代，日向は住友金属を①金属素材メーカーから鉄鋼専業メーカーへ，②平炉メーカーから銑鋼一貫メーカーへ，③特殊な注文生産品種の専門メーカーから一般市場品種をも含む総合鉄鋼メーカーへと事業領域を着実に転換させた。

川鉄・西山弥太郎は戦後の企業再建整備法に基づく再建整備において，造船・製鉄兼営の川崎重工業からの製鉄部門の分離・独立という形で，鉄鋼専業企業としての事業領域を確立した。住友金属においても企業再建整備時に鉄・非鉄の分離論があったが，企業再建整備案を担当した日向でさえ戦前から継承されたこの伝統的な事業構造の見直しには着手しなかった。その結果，住友金属の事業領域は第2次合理化の時点においても，鉄鋼部門以外に伸銅・アルミ部門・電磁気材料部門および航空機器部門という非鉄3部門を抱えていた。

鉄鋼部門と伸銅・アルミほかの部門の兼営は，市場が小規模の段階では経営に安定性を与えるメリットを有していたが，経済発展に伴い各産業が高度の成長を続けていく段階では，その有利性は失われ，逆に兼営による経営資源の分散が不利に作用するおそれが出てきた。日向は住友金属の鉄鋼専業体制化を目指し，各事業を適切な経営方針と明確な経営責任のもとに運営するために，1959（昭和34）年に伸銅・アルミ部門を住友軽金属工業，61年に航空機器部門を住友精密工業，63年に電磁気材料部門を住友特殊金属として，それぞれ分社化した。住友金属を鉄鋼専業とし，鉄以外は製品の種類ごとに分社化したことは，住友金属の銑鋼一貫化戦略のための鉄鋼経営システムの革新であった。

鉄鋼第1次合理化において，日向は①小倉製鋼の合併，②注文品生産の分野から市場品分野への展開としての帯鋼ならびに電縫管製造設備の新設を手がけた。第2次合理化において，日向は和歌山製鉄所建設計画を実現させるための最大の課題であった世銀借款を中心とする資金が確保された時点で，大胆な近代化投資・経営合理化に進んだ。1961年に和歌山第1号高炉を完成し，以後，2年に1本ずつ高炉が完成し，69年には第5高炉が稼働した。銑鋼一貫体制の確立は，今後予測される広範な鋼鈑需要に対処するねらいがあった。高炉に続いて，厚板ミル，ホット・ストリップ・ミル，コールド・

表4　鉄鋼各社の鉄鋼生産シェア推移（1940〜1970年）

(単位：％)

	1940年	1945年	1950年	1955年	1960年	1965年	1970年
〔　銑鉄　〕							
(新)日本製鉄	73.5	85.7					44.0
八幡製鉄			35.2	31.8	31.0	24.2	
富士製鉄			40.3	34.6	27.4	24.5	
日本鋼管	16.6	7.3	20.3	18.1	14.3	13.4	16.0
川崎製鉄	0.0	0.0	0.0	6.3	8.9	13.6	14.3
住友金属	0.0	0.0	0.0	2.8	5.0	12.4	13.4
神戸製鋼	0.0	0.0	0.0	3.1	8.2	6.3	7.3
その他	9.9	7.0	4.2	4.2	5.2	5.6	5.0
〔　粗鋼　〕							
(新)日本製鉄	43.9	52.0					35.0
八幡製鉄			30.3	24.1	22.5	18.8	
富士製鉄			17.9	19.3	15.9	17.4	
日本鋼管	13.9	4.6	13.6	12.3	10.1	10.3	13.7
川崎製鉄	5.4	3.8	9.0	8.2	8.9	10.5	11.8
住友金属	2.9	2.1	4.3	6.4	5.8	10.1	12.0
神戸製鋼	3.8	1.2	5.7	5.2	6.4	5.9	5.5
その他	39.0	36.3	19.1	24.5	30.4	27.1	21.3

出所：商工省・通産省「製鉄業参考資料」各年版等より作成。

ストリップ・ミルが稼働し，住友金属は鋼材の総合メーカーへの転換を標榜した。

　1960年代初頭，鉄鋼各社は池田内閣の所得倍増計画，それに続く高度成長を視野に入れて，新立地を決定した。八幡製鉄・君津，富士製鉄・大分，日本鋼管・福山，川崎製鉄・水島，神戸製鋼・加古川であった。これに対し，日向（当時，副社長）は既存の和歌山，小倉製鉄所だけでは対応できなくなると予測し，既存製鉄所の西日本偏在を解決し，かつ鉄鋼需要の大きい関東地方を中心に新製鉄所の立地を模索した結果，1962年，最終的に鹿島（茨城県）立地を決定した。

　日向が陣頭指揮した鹿島製鉄所建設は，第1高炉完成までに10年の歳月と約1600億円の費用を要した大プロジェクトであった。1969年のホット・ストリップ・ミルを皮切りに，74年までに高炉3基が稼働した鹿島製鉄所の完成

によって，住友金属は世界有数の鉄鋼会社としての地歩を占めることになった。

当該時期は，各社の設備建設競争が激化し，各社のシェア（市場占有率）の差がせばまり，さらに一層の設備拡張競争をもたらし，高炉6社による競争的寡占体制が形成された。日向に主導された住友金属の積極的な設備投資行動は，銑鋼一貫化で先行した川崎製鉄の投資行動を数年間のタイム・ラグで追随し，先発高炉メーカーの八幡製鉄，富士製鉄，日本鋼管にキャッチアップしていった（表1）。当該時期の同じキャッチアップ・プロセスにあった旧・平炉3社のなかでも，住友金属は1960年から5年間に，粗鋼生産シェアを5.8％から10.1％へと伸ばしており，その成長率は最も高い数字を記録した（表2）。

3．日向方斉の企業家活動の特徴

日向方斉に主導された住友金属は，小倉製鋼の合併，和歌山・鹿島両製鉄所の建設による銑鋼一貫化を実現することによって，シェアを大きく伸ばし，先発各社と十分に競争できる存在に成長した。このことによって，日向は戦後鉄鋼業における革新的企業家活動の体現者のひとりとなった。

日向を取り巻く外部経営環境として，まず，日本製鉄の解体という鉄鋼業内部の競争条件の変化があった。日本製鉄の分割・民営化によって，鉄鋼各社は同じ民間企業として競争のスタートにつき，平炉メーカーにとっては，それまで銑鉄供給者であった日本製鉄が八幡製鉄，富士製鉄という民間企業に転換したことは，銑鉄確保のためにその自給をはかる必要性を痛感させることになった。このような新しい競争条件の下では，川崎製鉄，住友金属などの平炉メーカーが短期間に集中的に銑鋼一貫メーカーとして新規に参入するという，他の先進鉄鋼業国にみられない状況が1950年代の日本で生まれた。

銑鋼一貫化では，川崎製鉄と住友金属は著しい対照を見せた。前述のように，川崎製鉄が一挙に新鋭製鉄所建設に進んだのに対し，住友金属は小倉製鋼で高炉操業に習熟したうえで，新製鉄所建設に進むという漸進的な路線を

選択した。第2次合理化において、各社はいっせいに新製鉄所の建設を開始したが、先発の一貫3社および川崎製鉄がそれぞれ新製鉄所建設に着手しただけでなく、住友金属も和歌山製鉄所の建設によって本格的な一貫メーカーに転換をとげた。1961年に和歌山に第1高炉を建設し、その後の日向に主導された住友金属の果敢な設備投資行動に基づくキャッチアップは八幡、富士など先発各社にとって脅威となった。

日向ら鉄鋼経営者の設備投資意欲を刺激した要因として、日本経済の成長趨勢に伴う輸出や造船・機械設備への投資額の増加に代表される基礎素材としての鉄鋼需要の伸びあるいは成長予測がある。しかしながら、このような客観的条件が存在したからといって、戦後期の鉄鋼経営者のすべてが革新的企業家活動の体現者になり得たわけではない。そうなり得たのは少数であった。ここで、重要なことは、戦後の日本鉄鋼業において投資機会と参入機会が存在し、それらの機会を生かそうとした革新的企業家が存在したことである。鉄鋼業界において、投資と技術革新というイノベーションに最も積極的だったのは、川崎製鉄や住友金属のような後発企業であった。日向が新鋭・大型の銑鋼一貫製鉄所を建設するためには、自らの戦略構想あるいは企業目標を明確にし、リーダーシップを発揮することが必要であった。住友金属の成功は日向の洞察力、適応性、創造性など優れた資質によるものであったといえよう。

鉄鋼業界で、日向は業界協調を重視する先発企業の「協調哲学」に対し、自由競争を基調とする「競争哲学」の信奉者であり、成長主義者であった。また、住友グループおよび住友金属内部で主流を形成していた伝統堅持派（慎重派）に対する積極論者であった。日向の「競争哲学」の象徴的な出来事として、1965年度第3四半期の粗鋼減産の各社別枠の設定をめぐって、住友金属が異議を唱えた「住金事件」がある。日向は、通産省の行政指導のもとに業界団体の日本鉄鋼連盟が実施しようとした粗鋼生産調整に反対し、日本鉄鋼連盟の要請をふまえて通産省が勧告した粗鋼減産を拒否した。

当時、一民間企業が行政官庁の指導に反駁したのは、異例の出来事であった。日向は通産省の減産枠が「東海製鉄の名において行われた富士製鉄と、八幡製鉄の両大手会社のエゴイズム的生産ワクの獲得にある」「各社ワクは

不公平なので，今後は独自の生産計画にもとづいて行動する」と表明し，通産省および先発各社のシェア論を批判した。シェアは固定的なものではなく，経営努力によって常に変化するものであり，それが自由主義経済の原則であるというのが，日向の考え方であった（鉄鋼新聞社［1985］）。

　このように，「住金事件」は表面的には通産省と日向に率いられた住友金属の対立であったが，背後には守勢にたつ八幡製鉄，富士製鉄と追い上げる後発企業との企業間競争があった。戦後鉄鋼業のように急成長を遂げた産業では，シェアは絶えず変化するものであった。従って，これを将来にわたって固定することは，積極的な企業活動を萎縮させ，成長を阻害すると日向は考えた。日向が異議を唱えた「住金事件」は，通産省の行政指導の限界や業界の自主調整方式のあり方など，結果として，産業界に多くの問題提起を行った。

おわりに

　永野重雄は戦後の日本製鉄の分割後発足した富士製鉄設立とともに社長となり，1970（昭和45）年の八幡製鉄との合併による新日本製鉄発足まで経営トップの座にあった。その意味で，彼は富士製鉄の実質的な「創業者」およびその発展の推進者であった。日向方齊は住友金属という平炉メーカーを銑鋼一貫メーカーに脱皮させた専門経営者であり，内部昇進型経営者としてリーダーシップを発揮し，戦後の住友金属の成長戦略を主導してきた。

　本章では，革新的企業家活動における戦略構想の重要性に着目し，戦後鉄鋼業の革新者としての永野，日向の企業家活動について，その戦略構想の形成，初期制約条件の克服と革新が生み出されたプロセスを考察した。両者に主導された富士製鉄，住友金属の企業行動は，鉄鋼業における二番手企業の競争とキャッチアップのプロセスおよび先発高炉メーカーに対する後発企業の参入プロセスのひとつのモデルをなしていると考えられるからである。

　戦略構想とは「経営の意思」，言い換えれば，「事業の目的地」である。ミッションを核にした未来方向の構想化と捉えることもできる。戦略構想を形成した企業家はその実現のために経営資源・組織能力を組みあわせ，企業経営体の組織を取りまとめ，行動を指揮する。永野，日向の事例は，以下のような，革新的企業家活動の諸条件を含意している。

　第1の条件は，戦略構想と計画の革新性である。初期制約条件が大きければ大きいほど，状況が流動的で不確実性が高くなればなるほど，技術が高度になればなるほど，明確な方向づけを必要とする。永野は広畑製鉄所への設備投資を軸とした生産構造上のアンバランス是正によって，八幡製鉄へのキャッチアップを目指した。小倉製鋼合併による最低限の銑鋼一貫からスタートした日向は，最終的には米国型大量生産システムをモデルとした新鋭製鉄所の建設という戦略構想，企業目標を明確にした。

　第2の条件は，初期制約条件の克服である。永野は生産構造のアンバランスという富士製鉄の八幡製鉄に対する比較劣位，日向は平炉メーカーの原料面での日本製鉄依存・従属という客観的条件，技術・用地・資金に代表され

るさまざまな厳しい初期制約条件の解決を必要とした。

　第3の条件は，変革型リーダーシップである。永野は富士製鉄の実質的な「創業者」として，カリスマ的なリーダーであった。GHQによる経済パージ後の日本製鉄のリーダーとなり，日本製鉄解体から新日本製鉄成立に至るまで，八幡製鉄へのキャッチアップを一貫して主導した。これに対し，日向は小倉製鋼合併時には常務取締役に昇進していたが，当時，住友金属では銑鋼一貫化積極派よりも慎重派が主流を占めていた。永野が第1次合理化の時点で，一挙に広畑をはじめとする本格的な生産構造の革新へ向けた設備投資戦略を採用することが可能であったのに対し，日向は既存高炉会社合併という漸進的な革新を選択せざるを得なかった。そして，和歌山製鉄所の建設資金，すなわち，世銀借款と国内融資が確保された時点で，日向は大胆な設備投資行動によって，先発企業にキャッチアップしていったのである。

参考文献
○テーマについて
　　日本鉄鋼連盟戦後鉄鋼史編集委員会編［1959］『戦後鉄鋼史』日本鉄鋼連盟。
　　通商産業省編［1970］『商工政策史 第17巻 鉄鋼業』商工政策史刊行会。
　　伊丹敬之＋伊丹研究室［1997］『日本の鉄鋼業　なぜ，いまも世界一か』NTT出版。
　　米倉誠一郎［1991］「鉄鋼―その連続性と非連続性―」米川伸一・下川浩一・山崎広明編『戦後日本経営史　第Ⅰ巻』東洋経済新報社。
○永野重雄について
　　上岡一史［1999］「日本鉄鋼業における競争的寡占体制の成立過程―昭和20年代後半における富士製鉄の投資行動を中心として―」『経営史学』第34巻第2号。
　　羽間乙彦［1977］『永野重雄論』ライフ社。
　　鉄鋼新聞社編［1985］『先達に聞く（下巻）』鉄鋼新聞社。
　　永野重雄［1990］『私の履歴書・昭和の経営者群像10』日本経済新聞社。
　　新日本製鉄株式会社編・刊［1981］『炎とともに―富士製鉄株式会社史―』。
○日向方斉について
　　張紹喆［1992］「1950年代住友金属工業の銑鋼一貫企業化過程」『経済論叢』第150巻，第2・3号。
　　鈴木謙一［1963］『住友』中公新書。
　　田中洋之助［1975］『日向方斉論』ライフ社。
　　鉄鋼新聞社編・刊［1985］『先達に聞く（下巻）』。
　　日向方斎［1987］『私の履歴書』日本経済新聞社。
　　住友金属工業株式会社編・刊［1957］『住友金属工業六十年小史』。
　　住友金属工業株式会社編・刊［1967］『住友金属工業最近十年史』。

3 戦後の大衆消費社会を創出した企業家活動

松下幸之助／神谷正太郎

はじめに

　日本経済は，戦後の復興期を経て高度成長の時期を迎え，1950年代の半ばから第1次石油危機を迎える70年代のはじめまで，世界史に例を見ない経済成長率年平均10％余りという高い比率の経済成長を実現した。高度成長の要因としては，企業の旺盛な設備投資により生産性を飛躍的に向上させたことが主に指摘されるが，同時に，家計消費支出の伸びも大きな役割を果たした。1人当たり国民所得は，1955（昭和30）年の7万9000円から，10年後の65年には25万9000円に，わずか3年後の68年ともなると36万円にまで急激な伸びを示し，人々の生活は大きく変化していった。

　高度成長前半期の消費の中心を占めたのは，当時「3種の神器」と呼ばれたテレビ，電気洗濯機，電気冷蔵庫であり，後半期の主役は「新3種の神器」と呼ばれたカラーテレビ，乗用車，クーラーであった。「電化製品に囲まれたアメリカ流の豊かな生活の象徴」（橋本ほか［1998］）を，日本人は追求していったのである。

　こうした時代の演出者が，ここで検討する家電王国松下電器の創業者松下幸之助とトヨタのマーケティングをリードしたトヨタ自動車販売の経営者神谷正太郎である。松下幸之助は家庭電化製品の供給を通じて人間の物質的な豊かさを追求し，神谷正太郎はかつてGMで学んだ合理性と日本的な商業慣行をうまく融和させつつ自動車マーケティングの変化を先取りし，わが国のマイカー時代を演出した。松下とトヨタは，高度成長期の大衆消費の伸びが著しいなかで，自社製品の販売について，シェアの拡大と価格の安定を実現するために，販売業者を掌握して組織化する流通系列化を展開した。一方，消費者サイドには，そうした系列化は目新しい新規の耐久消費財を安心して消費者の手元に届ける枠組みと映った。その結果，両社は，大量生産・大量消費の循環を軌道に乗せていくことに成功した。そこで本章では，高度成長期の大衆消費社会を創出していった代表的な企業家として，松下幸之助と神谷正太郎の企業家活動を比較・検討する。

松下幸之助
——家電王国の形成者——

松下幸之助 略年譜

1894(明治27)年	0歳	和歌山県海草郡和佐村に生まれる
1904(明治37)年	9歳	丁稚奉公に出る
1910(明治43)年	15歳	大阪電灯に見習い工として入社
1913(大正2)年	18歳	関西商工学校夜間部予科に入学
1915(大正4)年	20歳	井植むめのと結婚
1918(大正7)年	23歳	松下電気器具製作所創立
1927(昭和2)年	32歳	角型ランプを考案,「ナショナル」の商標で発売
1932(昭和7)年	37歳	松下電器の真の使命を自覚して創業記念式を開催
1933(昭和8)年	38歳	事業部制を導入,遵奉すべき5精神を制定
1935(昭和10)年	40歳	松下電器産業株式会社に改組
1946(昭和21)年	51歳	PHP研究所を創立
1952(昭和27)年	57歳	フィリップス社と提携契約が成立
1959(昭和34)年	64歳	アメリカ松下電器を設立
1961(昭和36)年	66歳	社長を退任して会長に就任
1964(昭和39)年	69歳	全国の販売会社・代理店の社長と懇談会を開催(熱海会談)
1989(平成元)年	94歳	死去

(年齢=満年齢)

1. 松下電気器具製作所の創業

　1894（明治27）年和歌山県海草郡和左村に生まれた松下幸之助は，9歳の時小学校を中退して大阪の火鉢店に丁稚として奉公をはじめた。最初の奉公は主人の転業にともない3カ月で終わり，船場の五代自転車店に住み込みの仕事を見つけた。物心つくかつかないかという時期に過ごした商人の町船場は，幸之助にとって大きな勉強の場であった。1894～95年の日清戦争後，重工業が発展していくなかで，生活のあらゆる面において電気の果たす役割は次第に大きくなりつつあった。幸之助は時代の変化に敏感であった。彼は将来を見据えて電気の道に進むことを決心し，大阪電灯会社に職を求めた。少年期から仕事熱心で創意工夫に長けた幸之助は，同社入社後も熱心な働きぶりが認められて，見習からわずか2年で検査員に昇格した。しかし，苦心して配線器具やソケットの改良品をつくりあげても認めてもらえなかったことで，1917（大正6）年22歳の時6年間勤めた大阪電灯を退職した。当時の幸之助は肺を患って寝たり起きたりの生活であり，日給制のもとで生活は苦しく，妻と家でできる仕事をしたいと思っていたことも退職の動機であった。

　退職後，妻むめのとその弟井植歳男（後に三洋電機を創業）を含めてわずか3人で，借家の1部屋を使って碍盤や改良したアタッチメントプラグの製造が始まった。18年の松下電気器具製作所の創業である。製品の売り方もわからず右往左往しながら販路を開拓し，わずかばかりの資金も底をつきむめのが質屋に通いながら何とか家計を立てているというなかでの創業であった。しかし，松下が製作したアタッチメントプラグは，市価よりも3割程度安く，また独自の考案になる二灯用差込プラグもその便利さが評判となった。そしてその後の同社成長の基礎をつくった自転車用電池ランプが23年3月に発売された。従来の電池ランプの点灯時間のほぼ10倍以上にも相当する画期的な製品であった。以後，ラジオ，アイロン，コタツ，ストーブや無線事業などへと取り扱い製品ラインの拡大が行われた。1932（昭和7）年に松下の従業員は1000人を超え，製造品目は200点を数えるまでに成長した。成功に酔うこともなく幸之助は，物足りなさを感じていたという。そんな折り

知人の勧めに応じて，ある宗教団体の本部を見学した幸之助は，信者たちの真剣さ，喜んで奉仕にいそしんでいる姿に心打たれ，そこに経営の真髄を見出した。

2．創業命知と水道哲学

1932年5月5日，幸之助は従業員を大阪の中央電気倶楽部に集めて産業人の使命について発表した。人間の幸せは物心両面で満たされていなければならない。心の面を宗教が満たしてくれるとすれば，物質的に人間生活に貢献することが産業人の使命であることを説いたのである。世にいう水道哲学の考え方である。物質を水のように無尽蔵に生産し，水道の水のように価格を安くする，そして貧乏を克服しよう，というのである。幸之助は松下の真の創業の使命を認識した年として，32年を創業命知第1年とし，5月5日を創業記念日と定めた。そしてこのとき以降の幸之助は，それ以前のあたりまえの商売人からの脱皮の過程として捉えられる。

1933年には業容の拡大にともない大阪北東の門真村に新本店と工場を建設し，わが国初の事業部制を導入した。またあわせて「松下電器の遵奉すべき5精神」を制定した。それは，産業報国，公明正大，和親一致，力闘向上，礼節を尽くす，という5つの精神であり，後の37年に2精神が追加されて7精神となり，今日に至っている。それは，順応同化，感謝報恩の2精神である。元来の虚弱体質により生み出された幸之助の内省的な性格と船場での苦しかった奉公の経験は，早い段階から松下電器の精神的な拠り所を捜し求めることになったと思われる。経営理念の集大成が7精神に具体化されたと考えてよいであろう。

事業部制の導入の理由としては，製品別に要求される知識や技術に応じて専門分化して担当し，収支は製品もしくは事業部ごとに計算して，製品別に各事業部の担当者が責任を負い，結果として，事業部の責任者には大幅な権限と責任が委譲され，それが経営者の養成につながる，ということがあげられる。加えて，幸之助が根強く持っていた「1人1業」的な考えが影響していた（岡本［1979］上）。34，35年にかけて小型モーター，蓄電池，電気毛

布，電気火鉢，電気足温器，電気パン焼き器，電気コーヒー沸かし器などが製品に加わり，店員と工員あわせて3500名を超える企業に成長し，35年12月松下電気器具製作所は松下電器産業株式会社に改組された。従来の事業部は，松下無線，松下乾電池，松下電器，松下電熱，松下金属，松下電器直売の6つの分社として独立し，あわせて新たに松下電器貿易，松和電器商事，松下製品配給の3つの分社が誕生した。そして松下電器産業は持株会社として各社を統轄し，人事と経理を把握した（下谷 [1998]）。

3．流通の系列化

(1) 戦前期

松下は1920年に東京に出張所を開設したのを皮切りに，30年代前半にかけて国内諸都市，台湾・朝鮮などの当時の植民地に支店網を展開した。各支店は本社営業部の管轄のもとでそれぞれ販売担当区域をもち，その下に卸売商・小売店を編成した。輸出については，当初は本社輸出部，その後は35年に設立された松下電器貿易が88年まで担当した。しかし，33年の事業部制の採用と35年の分社化によって，それぞれの単位に営業課が設置され直接販売が始まるにおよんで，本社営業部は廃止され支店網の管轄は，それぞれの事業部や分社に移管された。事業部や分社ごとにそれぞれ製販一致の体制がとられたのである。

つぎに，松下による卸売商・小売店の系列化についてみておこう。松下は，1923年の自転車用電池式ランプの販売にあたって初めて代理店の募集を行った。そしてその後の新製品の発売に応じて代理店を整備していった。代理店契約は，当初の口頭によるものから29年以降は書式によるものへと改められた。30年代にラジオや乾電池の販売が始まると代理店数も増加したが，代理店となっている卸売商は同種の他社製品もあわせて取り扱っており，「松下だけの」卸売商ではなかった。そこで32年に松下製品の販売にのみ専念してもらうために，特定の製品については松下のものしか扱わないという製品ごとの専売代理店制を推進していった。松下製品にのみ代理店が取扱商品をしぼる見返りに，松下から恩典が与えられることとなった。それは，配

当金付積立金制度の採用である。33年に開始された同制度は、「各専売代理店の松下からの毎月仕入額の３％分を，それぞれの代理店名義で松下が積み立て，年２回の決算期に松下の当期の業績を勘案して配当金として贈呈する」という内容であった。

さらに，35年からは小売店の系列化が開始された。30年代に入って展開された家電市場における顧客争奪戦の下で，値引き競争に疲弊した代理店・小売店を救済する目的で，「連盟店」制度が創設された。代理店ごとに主な取引小売店を連盟店として登録し，連盟店は一つの代理店だけから仕入れて，代理店ごとの小売店の系列化を企図したのである。こうして代理店・小売店双方の取引と経営は安定した。松下が各連盟店に対して，その仕入れ実績に応じて感謝配当金を贈呈するようになって，連盟店の数はますます増加の一途をたどり，1941年末の時点で１万店を超えた。

(2) **戦後期**

戦後の混乱のなかで，松下は軍需から民需へと再度事業分野を転換した。1945年９月にラジオの生産を再開し，10月までにすべての製造所は生産体制を整えていった。しかし，46年３月には松下電器産業本社，関係会社32社が制限会社に指定され，すべての資産が凍結された。また，６月には松下家が財閥家族の指定を受け，10月に幸之助は公職追放の処分を受けた。12月になると産業本社が持株会社の指定を受け，傘下32社を切り離すことを余儀なくされてしまった。その結果，松下電器産業を頂点とした松下電器グループは解体された。47年７月施行の独占禁止法によって松下電器産業による他社株式の所有も禁止されたうえに，翌年２月の過度経済力集中排除法の適用を受けて，同社解体の危機をも迎えた。その後，占領政策の変更にともなって，これらの指定は解除・緩和されていったが，松下の戦後のスタートは，苦難に満ちたものであった。

しかし，種々の制限を受けながらも，生産活動とともに販売系列の再建を開始している。46年から早くも代理店制度の復活に乗り出したのである。1945年12月本社営業部が設置され，翌年から東京，大阪，名古屋，広島，など７つの主要都市に営業所（支店）が置かれた。49年には多くの出張所がそ

の下に展開された。50年3月には事業部制が再開され，本社営業部は廃止されて営業所は事業部ごとに所属する体制に変わったが，54年には本社に営業本部が設置され，営業活動は本社が統轄するようになった。この間46年には代理店制度を復活し，49年には代理店間の連携・交流を図るために代理店を会員とするナショナル共栄会が結成された。

　小売段階での系列化である連盟店制度も，1949年から製品別の制度として復活した。小売店は仕入れ商品に添付された共益券を一定枚数以上松下に返送すると，当該製品の連盟店として登録され，返送の実績に応じて販売奨励金が贈られるというメリットがあった。その後，小売店が販売する商品が多様化するにつれ，製品別から全製品を含む総合連盟店制度へと移行していった。また，連盟店制度の復活とともに，地域や代理店単位で小売店を結集したナショナル会が結成されていった。同会は，「販売促進研究会，技術講習会，工場見学会などを催し，メーカー，代理店，小売店の3者間の交流」を目的とした。連盟店から返送される共益券の集計によって，松下は詳細な市場データをつかむことができるようになった。小売店の系列化を推進する松下は，1957年になると，ナショナル会をナショナル店会に改組し，地域ごとに優秀な販売成績をあげた連盟店だけを組織するとともに，連盟店のなかでも有力で専売度の高い店をナショナルショップ店とするナショナルショップ制度をスタートさせた。松下は多くの連盟店を組織し，それらをランクづけしてその内の優秀店だけを松下製品の専売店とすることで，強固な流通販売網を作り上げていった。既存の流通業者を組織化していくほうが，直接販売するよりもコスト負担の回避も可能となり，商売熱心な人が店主になって店舗経営に努力するため多くの新機軸が打ち出せる可能性が広がる，という幸之助の考えによるものであった。

　戦前にできあがっていた基本的な流通網を戦後いち早く再生させ整備することに加えて，松下は新たに販売会社（以下，販社と記す）の設立に着手した。1950年代半ばから高度成長が緒に就くとともに，重電機メーカーである東芝，日立や三菱電機が家電産業に本格参入して競争は激化していった。結果として，市場秩序を撹乱するようなコストを考慮しない乱売や値引き競争が頻繁に起こるようになった。その原因としては，メーカーによる押し込み

販売とそれを受け入れる販売店の存在が指摘される。メーカーにとっては，流通系列化の努力がより一層求められる状況であった。そこで活用されたのが販社（一定地域のなかで，特定メーカーの製品のみを販売する排他的な専売卸売店）である。販社は「販売地域を限定するテリトリー制を取るため，同地域内での特定メーカーにおけるブランド内競争（intrabrand competition）を回避する。その上，取扱製品が排他的であるため，既存代理店制度で生じる複数メーカー間でのブランド間競争（interbrand competition）も除去できる。また販社の設立に際しては，既存代理店の単独出資を避け，メーカーと複数代理店の共同出資の形態をとるのが一般的だが，それは既存単独代理店による機会主義的な行動を防止（競合している他社製品の販売の可能性）し，規模の経済性を追求するためである」（孫［1994］）と説明されるような多くのメリットを有している。そこで，57年から全国で販社の設立が本格化した。販社は松下と代理店の共同出資で設立されるとはいえ，資本金の50％以上の出資と過半数の役員を松下から出向の形で派遣する，そして実質的に経営を掌握することをめざした。言い換えれば，既存の流通業者を利用して松下の統制が及ぶ排他的専売店を設立して一定地域内で卸段階を一本化し，ブランド内・ブランド間での競争をも合わせて排除するというのが，販社制度の目的であった。（特に断らない限り，戦前・戦後の流通系列化についての叙述は，下谷［1998］に依拠している）

4．系列販売と流通革命

(1) 系列販売網の完成と競争優位

高度成長期に展開した松下による流通系列化は，表1・表2にみるような松下の強力な販売体制を作り上げることになった。家電市場における売上高占有率を示す表3をみれば，松下の競争優位は明らかであり，その主たる要因に系列販売網による販売力の格差をあげることができる（岡本［1979］下）。東芝，三洋，日立の販売体制について簡単にみておこう。まず東芝は，戦後の深刻で長期化した労働争議のなかで販売店への製品供給は停滞し，販売店が松下の系列下に移っていった。専売の卸・小売店の組織化に乗り出し

たのは，50年代も後半になってからであった。三洋についても，卸・小売店の組織化が始まったのは，重電メーカーの家電進出が始まった50年代も半ば以降のことであった。東芝や松下と異なり家電経験を有していなかった日立は，50年代半ばから手がけたテレビの販売のために，55年に日立家庭電器販売を設立したが，成長著しい家電市場に対応するために戦前から続くモーターなどの汎用製品の特約店網を利用して販売店の系列化を進めたが，汎用製品と家電製品というまったく性格の異なる製品を同じ特約店で取り扱うことには無理があった（中村［1992］）。系列販売網の形成にあたって1日の長があった松下には，優秀な代理店が結集したということも忘れてはならない。

表1 主要家電メーカーの系列小売店の数

	系列店の名称	60年代	70年代	80年代
松下	ナショナルショップ	10,000	17,000	26,000
東芝	東芝ストア	5,500	7,600	12,000
日立	日立チェーンストール	3,400	5,800	10,500
三菱	三菱電機ストア	3,300	3,700	4,300
三洋	三洋ばらチェーン	—	4,100	4,400

出所：崔［1998］36頁。

表2 1980年の家電メーカー別販売会社数

松下	239
東芝	101
日立	86
三菱	71
三洋	89
シャープ	12
ソニー	35

出所：表1に同じ，37頁。

表3 家電市場における売上高占有率の推移（％）

	1955	1956	1957	1958	1959	1960	1961	1962	1963	1964	1965
全体	100	100	100	100	100	100	100	100	100	100	100
日立		3	6	9	9	10	11	10	10	11	11
松下	18	16	22	22	22	21	21	23	25	24	25
東芝			19	19	20	18	18	17	18	17	19
三洋	10	9	8	9	9	8		8	8	8	8

	1966	1967	1968	1969	1970	1971	1972	1973	1974	1975	1976
全体	100	100	100	100	100	100	100	100	100	100	100
日立	9	8	7	9	9	10	10	9	9	9	9
松下	26	26	28	27	29	30	30	31	33	34	31
東芝	16	15	16	15	16	16	15	13	13	13	9
三洋	9	9	9	8	9	10	9	9	10	11	11

出所：岡本［1979］70-71頁。

(2) 正価販売と流通革命

　1964年の東京オリンピックの閉幕を機に，59年の皇太子ご成婚以来続いた好景気は終わりを告げ，反動不況の時期を迎えた。松下も大幅な業績不振に苦しみ，幸之助が会長職から営業本部長代行に復帰して系列下の販売店のたがを締めなおすことを余儀なくされていた。そのような折，中内功率いるダイエーが松下製品の安売りを開始した。家電メーカーは反動不況にさらされて，在庫をさばくためには大幅な値引きもやむを得ないという状況におかれていた。しかし松下は，幸之助の「適正価格」という考えにもとづいて値引き販売を容認せず，ダイエーへの商品の納入を停止した。67年7月公正取引委員会がヤミ再販の容疑で松下に対し独占禁止法違反の勧告を行ったのを機に，ダイエーは松下を独禁法違反の疑いがあるとして公取に提訴した。94年に両社が和解するまで，30年間にわたる対立が幕を開けたのである。メーカーが定めた適正価格の実現こそ，メーカーと流通業者の共存共栄を図る方策であるという幸之助の信念と，価格の決定権はメーカーにではなく小売業者にこそ握られており，消費者の求める価値で商品を提供するという中内の信念の対立であった。

　このことからも窺えるように，松下の流通系列化と価格政策については，2つの矛盾した側面が指摘される。それは先にも述べたように，流通業者との共存共栄の精神を謳い，それを具体的に価格政策に反映させる一方で，それがとりもなおさず競争の排除による市場支配につながるという問題である。言い換えれば，メーカー・代理店・小売店のそれぞれの段階で存続と成長に要する適正利潤を得ることを通じて共存共栄をめざすという考えは，それ自体独占禁止政策と相容れないものであった。事実，60年代以降，幾度となく指摘される「ヤミ再販」の問題が，松下と独禁法政策当局との立場の違いを浮き彫りにしている。市場における乱売を防止するために自らの流通経路を系列化し，各流通段階の利潤を確保して共存共栄をめざす松下と，価格の上方硬直性と流通段階への参入障壁の形成を危惧する政策当局の対立は明らかである（崔［1998］）。ただ，両者の対立が表面化するのは不況の時期であり，高度成長期においては，むしろメーカーによる流通系列化はメーカーや流通業者に止まらず，消費者利益にも貢献したことが指摘される。

それを確認するために，ここでは，家電品分野で流通の系列化が進んだ背景についてみておこう。それは，メーカーと流通業者の両者にそれなりの理由があったからである（新飯田・三島 [1991]）。まずメーカー側の理由には，つぎの3点があげられる。第1に，高度成長期において量産体制が進むにつれて，それに対応した長期的に効率の高い量販体制を構築する必要があったこと。第2に，次々に市場に投入される新製品の品質情報やアフターサービスの提供を行える系列店組織の育成によって消費者に安心感を与えるとともに，ブランド・イメージを確立すること。第3に，再販売価格維持やテリトリー制を通してブランド内競争を回避しつつ大量販売を行えるようにすること。

　つぎに，流通業者が系列組織に参加した理由は，4点あげられる。第1に，長期継続的な取引を基礎とした系列店に参加した方が，家電製品の種類が増えるなかで，特定のメーカーの商品知識やサービス技術の習得にのみ専念でき，顧客にも適切なサービスの提供ができるという判断が働いた。第2に，リベートや広告宣伝費などの面での系列店に対する各種の優遇措置も魅力であった。第3に，特に小売店の場合，売り場面積との関係であらゆる製品を系列メーカーの製品で揃える方が，自然であった。第4に，有名メーカーの系列店であることにより，消費者から高い評価を得られる。

　以上のような，メーカー・流通業者双方の要因によって，流通の系列化が促進された。これらを念頭におけば，高度成長期まで流通系列化が社会から比較的好意的な評価を受けたのには，つぎのような理由があげられる。家電メーカーの「大量生産能力を大量消費に効率よく結びつけ，生産能力の拡大，規模及び範囲の経済性の実現，技術革新投資の計画化，生産費の低下などを可能にし，長期的に製品価格を逓減させ」，「寡占メーカー，流通業者双方とも高い利益を確保し，それぞれの効率を高め，消費者へのサービスも増大した」ことがあげられる（同前）。消費者にとって，商品価格の低下とともに安心して家電製品を購入できる仕組みが構築され，それによって流通の系列化は評価されたのである。

　このような流通の系列化によって家電製品分野における大量消費市場の創出をリードしたのが，松下幸之助であった。

神谷正太郎
――販売の神様――

神谷正太郎 略年譜

1898(明治31)年	0歳　愛知県知多郡横須賀町に生まれる
1917(大正6)年	19歳　3月，名古屋市立商業学校を卒業。4月，三井物産に入社
1918(大正7)年	20歳　シアトル出張所に勤務
1919(大正8)年	21歳　ロンドン支店に勤務
1925(大正14)年	27歳　ロンドンで鉄鋼問屋の神谷商事を設立
1927(昭和2)年	29歳　神谷商事を閉鎖して帰国
1928(昭和3)年	30歳　日本ゼネラルモーターズに入社，販売代表員，東京事務所支配人等歴任
1937(昭和12)年	39歳　トヨタ自動車工業取締役に就任
1942(昭和17)年	44歳　日本自動車配給常務取締役に就任
1945(昭和20)年	47歳　トヨタ自動車工業常務取締役に就任
1950(昭和25)年	52歳　トヨタ自動車販売取締役社長に就任
1953(昭和28)年	55歳　大学卒をセールスマンに投入
1957(昭和32)年	59歳　定価制を導入，中部日本自動車学校を開校
1975(昭和50)年	77歳　トヨタ自動車販売取締役会長に就任
1980(昭和55)年	82歳　死去

(年齢＝満年齢)

1. 神谷正太郎の事業遍歴

　商社マンから外資系自動車会社のマーケティング責任者へ，そして草創期のトヨタへ転身し流通販売システムの基礎作りを行い，戦後の高度成長期にはモータリゼーションを先導したのが神谷正太郎である。1898（明治31）年に愛知県知多郡に生まれた神谷は，幼年期に名古屋で製粉・製麺業を営む神谷家の養子となり，名古屋市立商業学校に学んでいる。貿易立国の必要性を唱える校長の市邨芳樹の影響を受けた神谷の眼は，次第に海外に向けられていった。1917（大正6）年三井物産に入社し，シアトル勤務を経てロンドンに駐在した。この間彼は，後年トヨタとの仲介役を果たす岡本藤次郎の知遇を得たり，国際的なビジネス感覚を身につけていった。学歴偏重，閨閥尊重といった風潮の中で，三井物産における自らの前途に展望を開くことのできなくなった神谷は，1924年7月，7年余りの短い商社マンとしての生活に終止符を打つことになった。

　翌年4月には，商社で培った経験を活かしてロンドンで鉄鋼関係の貿易業務を営む神谷商事を設立している。神谷商事時代の経験は，彼に大きな教訓を与えた。設立当初は，世界的な好況と物産時代のコネクションを利用して順調であったが，輸出先の日本の景気は停滞し，イギリスでも炭鉱ストライキの影響を受けて鉄類の対日輸出をとりまく環境は悪化した。再建に奔走した彼は，過去にとらわれず大勢を見極めた上で流れに逆らわない，という境地に達したという。失意のうちに帰国した日本は，金融恐慌の影響で経済界は混乱の最中にあった。不景気にもかかわらず高い業績を誇り，販売宣伝合戦をはなばなしく繰り広げていた外資系自動車会社が，神谷の眼にとまった。ロンドン時代，自動車の将来性について話を聞く機会の多かった神谷は，自動車関係のビジネスに少なからぬ興味を持っていた。そこで，当時貴重な存在であった英語のわかる日本人として神谷は，日本ゼネラル・モーターズ（以下，日本GMと記す）に入社した。神谷と自動車業界との最初の出会いである。1928（昭和3）年1月のことであった。1927年に設立されたばかりの同社では，マーケティング部門に配属され，2年後には32歳の若

さで日本人として最高の地位である販売広告部長兼代表員に昇格している。

　昭和初期，自動車市場は日本フォード，日本 GM という外資系会社の支配下にあり，国産自立をめざすさまざまな動きが官民あげて賑やかな時期であった。つまり，外資系会社の組立て部品の輸入にともなう国際収支のインバランスが問題となり，一方有事の際の自給自足をめざした軍部による自動車産業育成策の策定の動きも浮上していた。民間のビジネスとしては，従来，将来性のわからない新興産業としてリスクの高さや素材・部品など産業インフラの未成熟などを理由として，参入を手控えていた三井，三菱などの大財閥を尻目に，旺盛な企業家精神をもって自動車産業に参入したトヨタや日産がフォードや GM に対抗する勢力として育ち始めていた。

　このような状況のもとで，わが国の外資政策はより閉鎖的なものへと変質していったのである。国産自動車の育成が国策の基本的方向として登場してきた当時の神谷の心境には微妙な変化が起きている。日本 GM という外国企業から少しずつ気持ちが離れていくことになった。その理由として，彼自身，日本の商慣習とはかけ離れたあまりにもビジネスライクなディーラーとの関係をあげている。アメリカ人スタッフとともに仕事をしていくことに彼なりの限界を感じたのである。そんな折，豊田自動織機製作所が自動車事業に参入することを知った神谷は，創業者である豊田喜一郎の相談相手となっていたシアトル時代に知遇を得ていた岡本藤次郎に相談し，豊田の計画について話を聞くことにした。岡本の仲介で喜一郎に会った神谷は，喜一郎の自動車事業にかける情熱とその真摯な人柄に心酔した。こうして神谷はトヨタ入りを決意する。トヨタの給与は月額120円，日本 GM 時代の5分の1であった。

2．自動車流通と神谷正太郎

　「販売については一切君に任せる」という喜一郎の発言にもみられるように，神谷は創業間もないトヨタの流通販売システム作りに奔走する。トヨタ入社後間もない1935（昭和10）年11月，国産トヨダ号 G 1 型トラックの発表会が開催された。トヨタの本社工場がある愛知県刈谷から東京芝浦に輸送す

る際にもアームが折れたり，エンジン調整が必要なほど性能や品質に問題があった。このような製品を外国車との競争の下で販売していかなければならない，それが神谷に課せられた課題であった。神谷がとった方策は，まず大量販売の前提として，外国車よりも安く価格を設定し需要を喚起したうえで大量生産に結びつける，それまでは採算は度外視するというものであった。つぎに取り組まなければならなかったのは，ディーラー網の整備であった。まだ国産車に対する信用もなく，トヨタというブランドもなかった当時，神谷は直営の支店方式ではなく各地に地元資本と地元の人材によるディーラーを展開することを決断したのである。全国的に販売網を展開していくに際して，①最初から地元資本に依存したフランチャイズ・システムを採用する，②外国車のディーラーと契約し併売により販売網を拡大する，③自己資本による支店を展開する，という3つの選択肢の中から神谷は困難な①の道を選んだ。③を選択するには資金の手当てがつかず，②ではトヨタ車のブランド・イメージに混乱が生じやすく，かつ品質・価格で外国車に競争力で劣るトヨタ車の拡販はまったく期待できない。そして何よりも国産車確立による豊かな社会づくりを標榜するトヨタの考えからすれば，地域に密着した地元資本との密接な協力関係のなかで国産車の振興に邁進する方法が最善の道であるとの判断があった（トヨタ自動車販売［1970］）。

　神谷は日本GM時代に知悉したフランチャイズ・システムに日本的な修正を施しつつディーラー・ネットワークの拡大を実施していった。国産車確立の気運のなかで，その将来に不安を感じていた外資系企業傘下のディーラーを説得してトヨタのディーラーに鞍替えさせることからディーラー網づくりは始まった。日本GM時代の反省のうえに立って，対ディーラー政策は慎重を極めた。利益率の高い外国車ディーラーをめざす予備軍が多く存在していたこともあり，外資系会社はあまりにもビジネスライクな対ディーラー政策に終始した。契約違反は即刻解約され，外国車ディーラーの看板は取り上げられた。このような契約一辺倒のディーラーとの関係に疑問を感じていた神谷は，ディーラーの個々の事情に即して投融資，経営指導などを通じてきめ細やかに対応した。ディーラーは単なる売るための道具ではなく，国産車振興のための運命共同体と捉えたのである。

さらにトヨタは，潜在需要の開拓に不可欠な製品の月賦販売に乗り出し，1936年10月には販売金融会社トヨタ金融を設立して，外資系と同じ12カ月月賦を採用している。これもGMのノウハウを持ち込んだ神谷の進言によるものであった。37年8月にはトヨタ自動車工業が発足し，神谷は取締役販売部長に就任した。生産関係の技術スタッフ，神谷や彼を慕って日本GMから移籍した加藤誠之，花崎鹿之助らGMの洗練されたマーケティング・ノウハウを知り尽くした人々，収集された国内外にわたる技術情報，紡織・自動織機業にもとづく資本蓄積などの経営資源に恵まれたトヨタは，大量生産・大量販売の体制を築きあげていった。

しかし，時代は戦時統制の時期を迎え，企業家の自由な発想と手腕で企業活動を展開していくことは次第に困難になりつつあった。事実，喜一郎がめざした大衆乗用車の量産・量販は困難となった。統制の強化とともに生産は軍用トラックに集中し，販売ルートさえも統制下におかれることになった。1942年ともなると自由販売を否定する日本自動車配給（以下，日配と記す），地方自動車配給（以下，自配と記す）が組織され，メーカー別の系列販売は消滅した。日配が各メーカーの製品を一手に引き受け，それを自配に配分する。その後自配がユーザーに配給するというルートが出来上がったのである。神谷は日配の常務取締役として車両集配の責任者となったが，この時期，彼は自配に結集した各メーカー系列ディーラーの企業家たちと気脈を通じ，きたるべき統制後の自由販売時代に備えて行動していた。そのような行動の中で，神谷の考えに共鳴したトヨタ以外の旧系列ディーラーの企業家たちも，戦後に系列販売が復活する際にトヨタ系ディーラーに乗り換えた。特に，戦後，日産横浜工場がGHQに接収され，機械設備が他工場に拡散して量産体制が停滞するとともに，経営陣が追放措置を受けたことが，旧系列ディーラーに日産系に復帰させる動機を弱めることにつながったことも忘れてはならない。

3．トヨタ自販の創設とモータリゼーション

(1) 戦後復興とトヨタ

戦後，日本経済の不健全体質を払拭する意味で採用されたドッジラインは，超均衡予算の実現をめざし復興金融公庫融資の停止，価格差補給金の整理により物価と賃金の安定を図った。結果としてインフレは収束し，物価は安定基調に入った。しかし，補助金と商品別の為替レートに事実上守られていた日本企業にとっては，その後の為替レートの固定化（1ドル＝360円）とあいまって，大きな打撃となる。それまでの商品別為替レートに比べて，輸出品の大幅な円の切り上げ，輸入品の切り下げが余儀なくされた。結果として，従来の円建て価格では輸出品のドル建て価格が値上がりするため，輸出数量を減らさないように円建て価格の値下げの必要に迫られた。他方，輸入品は値上がりし，「製品安の原料高」のなかで産業界に合理化の嵐が吹きまくる。製品価格は下落し，需要も振るわず原燃料価格は高騰し，いわゆるドッヂ不況が到来した。不況の中で企業倒産は続出し，1949（昭和24）年1年間だけで8800件以上の倒産が起きており，トヨタもその例外ではありえなかった。販売の不振と売掛金回収の遅れにより資金繰りは悪化，49年末2億円の年末資金調達が存亡の分かれ目となった。しかし幸いなことに，トヨタの中京地区産業界に及ぼす影響の大きさを考慮した日本銀行名古屋支店の介入で緊急融資シンジケートがつくられ，危機は回避された。日銀が提示した再建構想の1つに，販売会社の分離案が盛り込まれた。販売会社が売れる台数だけ生産する，という考え方にもとづくものであった。従来からの神谷の構想にもすでに盛り込まれていた販売会社の分離独立案ともすり合わせ，最終的に50年4月にトヨタ自動車販売株式会社が設立された。制限会社令によってトヨタ自工およびその役員と従業員は新会社への出資が禁止されていたため，神谷は個人の資格で資本金をかき集めたという。自工から譲り受けたのは，358名の社員と商標使用権などであり，固定資産ゼロのスタートをきった。

トヨタ自販の設立後，神谷は同社を銀行団の示した単なる販売金融会社としてではなく，ディーラーの管理を含めたトヨタのトータル・マーケティングを遂行する主体として育んでいった。彼がまず取り組んだのは，資金の調達に道を開くことであった。一般に自動車産業そのものについても，いまだ国内生産よりも輸入によって低価格，高品質の製品を利用したほうが経済的

であるという程度の理解でしかなく，トヨタ本体ですら上に述べたような状況であったから，資金の調達は最優先課題であった。神谷は，ユーザー振り出しの月賦手形を担保にして見返り融資を受けることで資金調達を図ろうとした。資本不足のなか産業金融偏重で商業金融にはまだ馴染みのなかった当時にあって，金融機関の協力を得るまでには曲折があったが，この成功によって資金調達力は大幅にアップしたのである。これによりトヨタ自工は資金繰りの煩わしさから解放されることにもなった。

(2) トヨタ自販のマーケティング

1950年にアメリカの自動車販売の実情を視察した神谷は，流通販売システムを近代化することを通じて信頼される産業の基盤を整備していった。GMの標準ディーラー経営法を教科書にして，ディーラーの統一勘定科目を作り，ディーラーの財務管理，債権債務管理，在庫管理にも新しいシステムを導入した。また，在庫情報を中心とするディーラーの情報管理が推進され，自工・自販・ディーラーの緊密な連絡体制が築かれていった。日本GMのあまりにもドライなメーカー・ディーラー関係に疑問を抱いていた神谷は，トヨタの販売網設立に際しては，GM方式を修正し両者の関係に「日本的情緒と相互理解と協力の精神といった人間的要素」を持ち込み，情緒的な結びつきが強い日本の取引慣行や業者間関係を尊重するという方法をとった。このような人間的要素の重視と緊密な連携は，その後のメーカーによるディーラーの系列化や集団主義的管理を形成していく大きな要素となっていったのである（下川［1976］）。

神谷は次々に新機軸を打ち出し，自動車の流通販売をより洗練されたものへと変えていった。学卒者をセールスに投入しブローカー的取引を排除するために定価制を導入する一方で，潜在的な需要を開拓・育成するための先行投資として，自動車学校や自動車整備学校の開設を進めた。「29（1954）年12月に取得した日本自動車学校の経験を通じて，自動車学校がモータリゼーションの推進に果す役割を確認し」，57年には中部日本自動車学校を開校している。トヨタ自販の資本金が10億円の当時にあって，4億円を投資したことで「正気の沙汰ではない」という評価も聞かれたが，免許取得者の増加と

販売促進に大きな効果をあげた（トヨタ自動車［1987］）。また，高度成長期のモータリゼーションのもとで，大量販売が軌道に乗るにつれて，従来の1県1販売店制から複数販売店制（各県のテリトリーに各車種ごとに複数のディーラーを設置する方法）へと転換し，今日の5系列（トヨタ店，トヨペット店，カローラ店，ネッツ店，ビスタ店）の原型が作り上げられたのである。系列化されたディーラー網においては，アメリカのようなショールーム販売の手法よりも学卒セールスマンによる訪問セールスの手法が定着した。それはセールスマンの人件費が高く，人口密度が低い地域もあって訪問販売は適切ではなく，ユーザーが来店して交渉するという商慣習をつくり上げてきたアメリカと異なり，セールスマンとの人間的つながりを基礎に，登録，車検手続き，保険の手続き，事故処理，修理やメンテナンスサービスなどさまざまなサービスをパッケージにして行うという特徴を生み出すことになった。ユーザーも煩わしい手続きから解放されるため喜んでそのような手法を受け入れてきた。

　神谷率いるトヨタ自販のマーケティングは，かつての日本GMや日本フォードの採った契約関係のみを重視したビジネスライクなフランチャイズシステムとは異なり，メーカー・ディーラー関係に相互依存と信頼関係をもたらし，自工・自販・ディーラーという3者のトータル・パフォーマンスをチームワークのなかで達成するという日本的な自動車マーケティングのパイオニアとして大きな成功をおさめたのである。

　日本の自動車メーカーのなかでも抜群の財務能力を誇り，経営資源の組織化の面でもきわめて優れたパフォーマンスを達成してきたトヨタ成長の主たる原動力の1つは，その卓越したマーケティング技術に求められる。高度成長期にモータリゼーションが進行し，特に60年代半ばから明確に現れてきたのが，需要構造の大きな変化であった。従来のハイヤー・タクシーに中心をおいた営業用から，60年前後の法人の自家用という用途をはさんで，個人の自家用という用途が大きな位置を占めるようになっていった。そしてそのような需要構造の変化をリードしたのもトヨタであった。創業者豊田喜一郎の大衆乗用車構想を忠実に受け継いだ豊田英二のもとで，60年代はじめには700ccのエントリーカー・パブリカが投入されるとともに，パブリカでトヨタ

のユーザーになった免許取得者をアップ・グレーディングさせるための上級車の商品ラインも充実させていった。パブリカの販売は61年から特別にディーラー網を展開し，大衆車市場を積極的に開拓していった。さらに，67年には第2の大衆車チャネルとしてトヨタオート店を創設して大衆車の量販体制をつくりあげた。質的に需要の構造は個人・自家用に変化し，量的にも急増する需要にきめ細かく対応する意味で神谷は，複数販売店制の採用に踏み切った。彼は，「1升のマスには1升の水しか入らない。2升，3升の水を入れるためには，マスの数を増やさねばならない」と述べ，複数販売店制採用の意義を説明している（トヨタ自動車販売［1962］）。

　トヨタの対ディーラー政策は，日産とは異なり，50年代から一貫して投資と役員派遣には踏み込まず，あくまで地元資本を尊重しつつ必要に応じて融資によって支援するという態度に終始してきた（四宮［1998］）。これが，「一にユーザー，二にディーラー，三にメーカー」という神谷の理念と符合するものであり，こうした理念に支えられた車種別の専売制という手法が見事に開花した。「地元の有力な資本と人材を集め，1県1店ずつの販売店を設立，フランチャイズシステムを採用する。メーカーは資本的にも人的にも直接販売店の経営には参加しない。」（トヨタ自動車販売［1980］）という基本的な方針のもとで，ディーラー企業家の自律的な企業家活動によってトヨタは良好なパフォーマンスを達成することに成功したのである。

　自動車は高価な耐久消費財であり，きめ細かなサービスは不可欠である。そこには，わが国の伝統的な流通機構では対処できない要素が多く含まれていた。新規の目新しい商品を認知してもらうための販促コストがかさみ，月賦金融によって需要の顕在化も求められる一方で，販売とアフターサービスにあたるディーラー網の整備も必要となる。市場が成長してくると，生産できた台数だけ販売する方式から売れる台数だけ生産する方式へと転換する必要も生まれ，綿密な販売予測と生産管理の体系的な結合という，より複雑な課題も要請されてくる。こうした高度な体系的マーケティング技術を戦後いちはやく実施に移したのが，神谷率いるトヨタ自販であった（下川［1976］）。

4. 系列販売網の形成と競争優位

　表4は，トヨタのディーラー数の推移をみたものである。これによれば，トヨタのディーラーは取扱製品ライン別に着実に増加してきた。1968年現在の各自動車メーカーの販売体制を比較した表5にも示されているように，販売体制の充実度とマーケット・シェアの間に強い相関があることが窺える。販売体制の整備にあたっては，先に述べたような地元資本の活用という基本

表4　トヨタの販売店数の推移

	トヨタ店	トヨペット店	ディーゼル店	カローラ店	オート店
1938年	29				
1955年	49	1			
1960年	49	51	9		
1965年	49	53	11	69	
1970年	49	52	4	84	62
1975年	50	51	2	82	67

出所：トヨタ自動車［1987］資料集，158頁。

表5　主要自動車メーカーの販売体制・比較（1968年）

	トヨタ	日産	東洋工業	三菱	いすゞ	富士重工	ダイハツ	本田
ディーラー数(店)	237	266	84	142	78	51	69	218
資本金（億円）	159	182	24	66	53	15	20	
従業員数（人）	71,547	64,392	30,170	27,703	20,025	7,963	11,072	40,000〜50,000
車両セールスマン数（人）	17,716	18,231	9,025	7,725	4,574	2,152	3,062	
直営拠点数	1,937	1,402	824	807	436	196	257	
サブ・ディーラー数	76	579	943	1,874	85	271	554	
サービス工場（直営指定工場）	1,800	2,353	1,308	1,684	772	442	266	
マーケット・シェア(％)	26.9	24.0	11.3	8.8	3.6	4.4	6.4	7.8

注：①1968年末の数字，②本田以外はトヨタ自販調べ，③本田は本田技研調べ。本田の数字は，独特の業販制をとっているから，単純に他社と比較できないので，できるだけ比較可能にした実質的販売力を表すものである。
出所：上野裕也・武藤博道「自動車工業論」『中央公論　経営問題』中央公論社，1970年，432頁。

的な方針のもとでディーラー政策は運用され，ディーラー企業家の自律的な企業家活動が積極的に展開されたことが大きな意味をもっていることを忘れてはならない。

　1970年代後半になって，公正取引委員会は自動車業界におけるメーカーやメーカー系自動車販売会社とディーラーとの取引実態を調査したが，そこではじめて専売店制やテリトリー制について指導を行った。それは，それらが従来ディーラー側から支持されていたということが影響している。高度成長期のモータリゼーション進行時に，大量にしかもさまざまなクラスで矢継ぎ早に開発される自動車を円滑に流通させるとともに，各社のブランドイメージを確立し，販売後のメインテナンス水準を向上させるという目的にかなうシステムとして，メーカー，ディーラー，ユーザーともに納得のいく仕組みであることが評価されたのである。

おわりに

　アメリカ的な豊かな生活に憧れた大衆は，高度成長の波に乗ってまず家庭電化製品に殺到した。1960年代の前半に普及率は，それぞれテレビが44.7%から90%に，電気冷蔵庫は10%から62.4%に，電気洗濯機は40%から70%に急速に伸張した。そしてつぎに，60年代半ばから自動車の大衆化＝マイカー・ブームが訪れた。75年には，ほぼ2世帯に1台の割合で自動車が家庭に保有される状況が生まれた。

　このような戦後の大衆消費社会の先導役として松下幸之助と神谷正太郎は，典型的な役割を果たした。幸之助は戦前からすでに流通の重要性を十分に認識し，自社の製品のみの販売に全力を傾注する販売ルートづくりに邁進した。卸売・小売のそれぞれの段階で松下製品の販売に努力を傾ける体制作りは，流通系列化の1つのモデルともなった。一方，アメリカ的なマーケティングの限界を早い段階で認識した神谷は，それを日本の商慣行に沿う形で修正を加えた。高度成長期の日本において，新たな消費財として脚光を浴びた家電品と自動車は，従来の流通チャネルにとっては扱いにくい商品であった。次々に登場する新規製品について，消費者に詳細な商品情報を提供し，販売に際しては相談に乗り，修理サービスにも応じることが求められるとともに，高価な製品として販売金融の便宜も図らなければならない。さらにメーカー側からすれば，企業・商品イメージを明確に消費者に伝えて販売競争を有利に展開させなければならず，そこにメーカー自身の流通段階への介入が積極性を増す大きな要素が認められる。メーカーの流通系列化努力の結果として，消費者にも大きな便益がもたらされた。

　神谷と松下に共通するのは，流通網の展開に際して直接販売を避けることでコスト負担を回避し，地元企業家の活動に期待する，という面である。そして，メーカーと流通業者の共存共栄こそが，ひいては消費者の利益にもつながるという考え方であった。

　白黒テレビの販売価格は，1953年に17インチで19万5000円であったが，57年には10万円を切り，64年になると大型の19インチの価格が6万5000円に

なった。一方，1960年代前半のトヨタや日産の主力車種コロナやブルーバードは60万～70万円前後で，平均月収4万円のサラリーマンには手が届くものではなかった。しかし60年代半ばに，あいついで登場したトヨタ・カローラや日産・サニーは従来の営業用・法人用と異なり，小型で低価格であった。ちなみに，トヨタにおいて大衆車市場開拓の先鞭をつけたパブリカは，60年代後半にはすでに1人当たり国民所得の0.9倍の範囲におさまり，マイカーの夢は現実のものになっていったのである。1台当たりの人口でみると，50年代半ばから60年代後期にかけて，586人，208人，46人，15人と推移し，国民所得の伸びに比例するように自動車の消費も拡大した。消費者の支持を得た流通の組織化によって，大量流通が軌道に乗り，ひいては大量生産体制の確立と価格低下に道を開いたのである。換言すれば，この時期の消費拡大の要因の1つにあげられる大量消費と規模の経済性実現の相乗効果は，メーカーにより提供された新規の高価な耐久消費財を安心して購入できる流通の仕組みの存在を抜きには考えられないということである。

参考文献
○テーマについて
　　宮本又郎・阿部武司・宇田川勝・沢井　実・橘川武郎［1995］『日本経営史』有斐閣。
　　橋本寿朗・長谷川信・宮島英昭［1998］『現代日本経済』有斐閣。
　　矢作敏行［2001］『現代流通　理論とケースに学ぶ』有斐閣。
○松下幸之助について
　　岡谷康雄［1979］『日立と松下（上・下）』中公新書。
　　下谷政弘［1998］『松下グループの歴史と構造』有斐閣。
　　新飯田宏・三島万理［1991］「流通系列化の展開—家庭電器」三輪芳郎・西村清彦編『日本の流通』東京大学出版会。
　　中村清司［1992］「家電量産量販体制の形成」森川英正編『ビジネスマンのための戦後経営史入門』日本経済新聞社。
　　孫　一善［1994］「高度成長期における流通系列化の形成—松下販社制度の形成を中心に」『経営史学』第29巻第3号。
　　崔相鐵［1998］「流通系列化政策の歴史的展開　松下電器のチャネル戦略」嶋口充輝・竹内弘高・片平秀貴・石井淳蔵編『マーケティング革新の時代4　営業・流通革新』有斐閣。
　　大森　弘［1980］「松下幸之助—家電王国を築き上げた内省的企業家」下川浩一・阪口　昭・松島春海・桂　芳男・大森　弘『日本の企業家(4)戦後篇』有斐閣。
　　松下幸之助［1980］『私の履歴書　経済人1』日本経済新聞社。
　　松下電器産業株式会社編・刊［1968］『松下電器五十年の略史』。

○神谷正太郎について

　四宮正親［1998］『日本の自動車産業──企業者活動と競争力　1918～70』日本経済評論社。

　下川浩一［1976］「トヨタ自販のマーケティング」小林正彬ほか編『日本経営史を学ぶ3　戦後経営史』有斐閣。

　尾崎政久［1959］『自動車販売王』自研社。

　神谷正太郎［1981］『私の履歴書　経済人15』日本経済新聞社。

　トヨタ自動車販売株式会社編・刊［1962］『トヨタ自動車販売株式会社の歩み』。

　トヨタ自動車販売株式会社編・刊［1970］『モータリゼーションとともに』。

　トヨタ自動車販売株式会社編・刊［1980］『世界への歩み・トヨタ自販30年史』。

　トヨタ自動車株式会社編・刊［1987］『創造限りなく　トヨタ自動車50年史』。

事業ドメインを転換した
企業家活動

鈴木道雄／川上源一

はじめに

　静岡県浜松市を中心とする遠州地方は，織物，楽器，輸送用器機（オートバイ・自動車）を3本柱とする複合企業都市である。明治から昭和初期にかけては織物が，戦後はオートバイを中心とする輸送用機器が主力産業となってきた。また，この地域は企業家精神旺盛な数多くの人材を輩出してきたことで世界的に知られている。

　遠州地方は，日本の3大オートバイメーカーであるホンダ，スズキ，ヤマハ発動機の発祥地である。同地におけるオートバイ産業は，1946（昭和21）年に本田宗一郎が旧陸軍の無線発電機用エンジンを自転車に取り付け，エンジン付き自転車として販売したことに端を発する。一方，自動織機メーカーの鈴木式織機（現スズキ株式会社，以下スズキと表記）は1952年にバイクモーターを生産し，翌年にはオートバイ完成車の生産を開始した。日本楽器製造（現ヤマハ株式会社，以下ヤマハと表記）は，最後発ながら1953年にオートバイ開発に着手し，翌年からオートバイ生産を開始した。

　これら3社の創業のあり方は，最初から完全なベンチャー企業としてスタートしたホンダと先行産業の1部門からスタートしたスズキ，ヤマハでは大きく異なっている。先行産業のないホンダは，本田宗一郎の独創的な技術開発力を拠りどころとしていた。これに対しスズキは，先行産業だった織機製造事業から早々と撤退し，オートバイ・軽自動車メーカーへ完全な事業ドメインの転換を行っている。ヤマハは楽器製造事業から撤退はしなかったものの，オートバイ生産を開始して間もなくヤマハ発動機を設立し，オートバイ製造事業をグループの事業ドメインの中核に位置付けている。

　こうした一見無謀とも思える新事業創造を推進したのが鈴木道雄と川上源一であった。彼らの共通点は，現在の戦略から生み出される資産を将来の戦略に使うという，企業活動のダイナミック・シナジーを最大限に活用したことである（伊丹［1984］）。本章では鈴木と川上がいかにしてこのダイナミック・シナジーを活用し新事業を立ち上げていったのか，その企業家活動の軌跡を振り返ることとしたい。

鈴　木　道　雄

――自動織機からオートバイ・軽自動車を生み出した企業家――

鈴木道雄　略年譜

1887(明治20)年	0歳	静岡県浜名郡芳川村に生まれる
1909(明治42)年	22歳	鈴木式織機製作所を創立
1920(大正9)年	33歳	鈴木式織機製作所を鈴木式織機株式会社へ改組（資本金50万円）
1929(昭和4)年	42歳	サロン織機を完成
1937(昭和12)年	50歳	オートバイエンジンの試作に成功
1939(昭和14)年	52歳	小型自動車（750cc，13馬力）の試作に成功
1951(昭和26)年	64歳	バイクモーター（2サイクル，30cc）アトム号完成
1953(昭和28)年	66歳	バイクモーター（2サイクル，60cc）「ダイヤモンドフリー号」完成，月産6000台のヒット商品となる
1954(昭和29)年	67歳	二輪完成車「コレダ号CO型」（4サイクル，90cc）完成　軽四輪自動車の試作に着手　社名を「鈴木自動車工業株式会社」へ変更
1955(昭和30)年	68歳	国産初の軽四輪自動車「スズライト」（2サイクル，360cc）を完成
1957(昭和32)年	70歳	娘婿鈴木俊三に社長職を譲り，浜松市内で家具店を開業
1982(昭和57)年	95歳	死去

（年齢＝満年齢）

1. 織機メーカーとしての革新性

(1) 鈴木式織機製作所の設立まで

　鈴木道雄は，1887（明治20）年2月，静岡県浜名郡芳川村鼠野（現在の静岡県浜松市鼠野町）に生まれた。家族構成は，父鈴木治平，母マチ，長男太平，長女フヨ，次女ハギであり，彼は次男にあたる。鈴木は，1898年に芳川村尋常小学校を終え，翌年同校補習科を卒業した。農家の次男であり分家する田畑もないことから，祖父嘉平治に教員になることを勧められた。しかし，生まれつき手先が器用で，手工に興味を抱いていたことから大工職人への道を選択することになった。1901年，14歳の時に浜松市菅原町の大工今村幸太郎と7年間の徒弟契約を結び，大工職人としての修行時代が始まった。

　しかし，1904年に勃発した日露戦争の影響によって，大工仕事が無くなり，師である今村は，やむなく足踏織機の製作へと事業内容を転換した。奉公先の商売変えによって，鈴木は織機製作の基本的知識を習得する機会を得ることになった。偶然の成り行きとはいえ，今村への弟子入りが後の自動織機開発の大きなきっかけとなったことは言うまでもない。

　わが国の自動織機製造の第一人者である豊田佐吉は，鈴木と同じ遠州（現在の静岡県湖西市）出身であり，大工の経歴を有したことや織機製作を手がけ，独自の技術に基づいて開発した自動織機の成功によって自動車製造事業の基盤を築いたことなど，両者の企業家活動の軌跡には驚くほど類似点が多い。

　豊田佐吉の力織機開発の影響もあり，遠州地方に力織機が現れたのは，他の地域に比べ比較的早かった。1900年頃，遠陽織布株式会社が豊田式力織機による工場を設立している。しかし，日露戦争以前の力織機は未だ試験段階の域を脱しておらず，明治20年代は手織機，30年代は足踏織機が主流を占めていた。1900年頃から始まった力織機の導入は，日露戦争による好況によって決定的となり，豊田佐吉を始め，鈴木道雄，鈴木政次郎（現在のエンシュウ株式会社創始者）ら多数の織機製作者が活躍するようになった。1907年に991台だった力織機は，1914（大正3）年には8119台に激増している。力織

機の増加によって織物生産高も拡大し，1907年から1914年に至る7年間に織機台数が約1.5倍になったのに対し，織物生産高は2.6倍となっている（浜松市役所［1954］）。

　1908年10月，徒弟期間満了によって鈴木道雄は今村のもとから独立した。翌1909年10月には早くも個人経営の鈴木式織機製作所を設立し，本格的に織機製作を開始した。設立当時は，鈴木自身が社長と職工を兼ね，木鉄混製の足踏織機1台を製作するのに3〜4日を費やすという状況だった。鈴木式織機製作所設立当時，遠州地方では須山式，水野式，今村式などの各社が1挺杼の足踏織機を製作していた。鈴木の製作した織機もこの系列に属するものであり，格別の特徴を有するものではなかった。しかし，彼の製作した織機の生産効率が高く，しかも安価であったことから，近隣の機業家から注文が舞い込むようになり生産台数は徐々に増加していった。

　事業は順調に拡大するかに見えたが，個人経営による過少資本のため，たちまち運転資金不足に陥った。明治時代の遠州地方は，わが国で最も銀行数（銀行類似会社を含む）の多い地域であった（荻野［1999］）。

　鈴木も当時多数あった無尽に加入していたが，ある時，加入していた無尽の抽選にあたり100円の資金を獲得することになった。しかし，鈴木が若年でおまけに事業経験が少ないことから，無尽加入者の中には，彼に対して資金を交付することに反対する者が出てきた。実績の乏しい鈴木もこれには困ったが，出生地である鼠野の元庄屋古山が個人保証を引き受けたことから，鈴木に対して無尽資金が交付されることになり，かろうじて危機を乗り越えることができた。

(2) 織機製造にみるパイオニア精神

　当時の織機は無地物を織るのが標準であり，縞柄を織る織機はなかった。縞柄織機に対する需要は以前からあったが，先行する織機製作者の中で縞柄織機を手掛ける者はほとんどいなかった。鈴木は，実用新案第26199号「2挺杼足踏織機」（1912年12月18日）によって縞柄織を可能としたのであった。このため，鈴木の織機に対する注文は遠州地方だけでなく尾州，足利，播州等の織物産地からも殺到した。

さらに，特許「経糸送出調整装置」（1913年2月18日）によって鈴木式力織機は完成の域に達した。1909年に製作した初期の足踏織機の価格は18円50銭だったが，技術開発によって付加価値の高まった力織機の価格は1台50円へ上昇した。1920（大正9）年3月，鈴木式織機製作所は鈴木式織機株式会社へと改組した。遠州地方には遠州，須山，飯田，日進など有力な織機メーカーが存在していたが，株式会社形態を採用していたのは，遠州織機と鈴木式織機の2社のみだった。豊田自動織機は遠州地方の大規模織布工場向けの動力織機が中心だったのに対し，鈴木式織機は中小工場向けの織機を生産していた。さらに，鈴木式織機は豊田自動織機や遠州織機が白生地用の織機を製作していたのに対し，先染糸を織ることを最大の特徴としていた。したがって，鈴木の製作する織機は，先進企業である豊田や他の織機メーカーとは，その構造や目的が異なっていたため直接的な競合が少なく，比較的順調に成長することができたのである。

(3) サロン織機の成功

1929（昭和4）年，鈴木の織機製作における最大の技術開発である特許「4挺杼織機カード節約装置」（1916年9月15日）が完成する。この装置を取り付けた織機が，サロン織機と言われるものである。サロンとは東南アジアの人々が愛用する腰巻風の衣服である。第一次世界大戦によって欧州からの東南アジア向け輸出が途絶え，わが国織物の海外進出が急速に進展することになったが，需要の中心であるサロン織物については，誰も手をつけていなかった。その理由は，サロン織自体は技術的には不可能ではなかったが，生産コストが極めて高くなってしまうという欠点を持っていたからであった。この難題は，鈴木の開発した「4挺杼織機カード節約装置」によって解決されることになった。横縞柄の布は，すべて杼換カードを装着した杼換装置を取りつけた織機でなければ織ることが出来なかった。この杼換カードは横糸本数の半分を必要としていたが，「4挺杼織機カード節約装置」を使うことによって，この杼換カードを大きく削減することができたのである。

一例を挙げれば，男性用ハンカチ1枚を織るのに杼換カードは876枚，金額にして5256円を要していたものが，この装置によって杼換カードは僅か66

枚，金額にして420円で済むようになったのである（鈴木自動車工業［1970］）。コスト削減率は実に92％であり，まさに自動織機製造における一大技術革新となった。

さらに鈴木は，遠州地方の大半を占める資金力の乏しい中小機業家向けに，当時としては非常に珍しかった月賦販売制を採用している。この販売戦略が功を奏し，サロン織機に注文が殺到した。やがてサロン織は遠州織物業の首位を占めることとなり，1931年1月時点で，サロン織工場39，織機台数548台に達した。1932年は小幅織物が不況の年であり，サロン輸出が拡大したため小幅織物からサロン織へ転換する業者がぞくぞくと現れた。その後サロン織機は大量に東南アジア向けに輸出されることになったが，同地域では「スズキ」の名称が「織機」を意味するまでになった。サロン織機の好調によって鈴木式織機の業績も急速に拡大し，1932年上期では1万4795円だった利益金は，34年下期には，7万2672円に拡大した。サロン織機の成功によって産み出された利益が，戦前の自動車開発へと投入されていくのである。

2．幻の自動車開発計画

(1) 自動車製造への挑戦

自動織機の技術革新が進み，耐久性が向上したことが皮肉な結果を生み出すことになった。それは自動織機の耐久性が向上したことによって，織機の買い替えサイクルが長期化し，将来的な需要が先細ってしまうというものであった。

鈴木はインドのタタ財閥の紡績工場で，自分の生まれた年に製作された織機が50年以上経過しても稼動していることを聞いて，織機の半永久的な寿命から織機生産だけでは企業生命に限界があることを認識した。鈴木はこれについて「（織機製作は）まるで客の顔をみてからメシを炊くようなものだ」と表現している。恒久的な利益を得るためには，消耗品の生産に切り替える必要があるとの発想から目をつけたのが自動車製造だった。昭和初期に日本に進出したフォードやゼネラル・モータース（以下GMと表記）の好調さから，わが国における自動車の潜在的需要の高さは認識されていた。しか

し，その技術的格差の大きさから，わが国産業界では自動車製造は事業ではなく，ほとんど道楽に近いものと思われていた。豊田喜一郎が自動車製造を企図した時に，豊田利三郎をはじめ豊田自動織機製作所の幹部がこぞって反対したことは周知の事実である。

このように，自動車事業については否定的な見方が一般的だった当時，豊田自動織機に比べ企業規模もはるかに小さかった鈴木式織機が，なぜ，自動車開発にチャレンジしたのだろうか。それには，やはり豊田自動織機の存在を抜きにして考えることはできない。遠州織物業界では，東の豊田，西の鈴木といわれ，その技術力で両者は飛び抜けた存在だったのである。鈴木自身も企業規模は小さいながら，技術力では豊田佐吉・喜一郎親子に決して引けをとらないという自負があった。1933（昭和8）年に豊田自動織機製作所が自動車部を設置し，自動車製造への本格的な進出を明らかにしたが，「豊田に作れるならば，自分も作ることができるはずだ」という気概が，鈴木を自動車開発へ向かわせた要因の一つとなったと思われる。

(2) 小型自動車の試作

1937年8月，鈴木は次女の婿である鈴木三郎（山梨高等工業学校出身）らに命じてイギリス製オースチン・セブンを4000円で購入し，これを分解研究することから自動車開発をスタートさせた。前年には自動車製造事業法が制定公布されており，わが国自動車産業が本格展開を開始した時期に，鈴木の自動車開発もその第一歩を踏み出したのであった。

開発チームは，1937年秋にオートバイ・エンジンの試作に成功した。翌年にはオースチン・セブンを忠実にコピーした4サイクル4気筒750ccエンジン（毎分3500回転，13馬力）のFR（後輪駆動）車を完成させた。ホンダが軽自動車生産を開始したのが1966年であるが，鈴木はこれに先立つ29年前に本格的自動車の試作に成功していたのである。

わが国自動車産業界の状況を振り返ると，1934年12月に日産自動車が横浜工場でダットサンの量産を開始し，1935年5月に豊田自動織機製作所で5人乗りセダン試作車第1号（トヨダA1型乗用車）が完成，1937年8月にトヨタ自動車工業が設立されている。このように，自動車開発に対する鈴木の

取り組みは，わが国自動車産業の黎明期から行われていたのである。トヨタはA型乗用車開発にみられるように，フォードやGMに対抗するために3000cc超の中型乗用車の製造を目指していた。一方，鈴木は小型車に限定した研究開発を行っていた。彼は，豊田自動織機が進出していなかったサロン織機の領域で活路を見出したように，自動車開発においてもトヨタ自動車とは異なる領域への進出を図り，同社とは直接的な競合を避ける戦略をとったのである。

エンジン開発に成功した鈴木は，引き続き新しいシャシーやボデーの開発に着手する予定だったが，1941年に勃発した第二次世界大戦の影響と軍部による軍需品増産命令によって，1936年以来続けられてきた自動車開発は約5年で幕を閉じることになった。戦前の自動車開発がわずか5年間で頓挫したとはいえ，この時期の技術的蓄積が見えざる資産となって，戦後のオートバイ・軽自動車開発に大きな意味を持つことになる。

3．オートバイメーカーとしての復活

(1) バイクモーターの生産

終戦直後は織機需要もなく，鈴木式織機は農機具，電器コンロ，ハーモニカまで製造してかろうじて経営を維持していた。しかし，1945（昭和20）年12月から翌年5月にかけて米綿の輸入が許可されたことを契機に織機需要がにわかに高まり，政府からサロン織機の大量生産命令も出され復興のきっかけを掴むことができた。1949年上期には2割配当を実施するまで業績は回復したが，ドッジラインによるデフレによって業績は瞬く間に悪化し，同年下期では一転して無配となった。一時は売上の70％が給与支払に充当され，遅配や欠配が頻発するようになった。会社を取り巻く環境が厳しさを増すなか，1950年には遠州地方を震撼させた労働争議が勃発し，約半年間にわたる争議の末，鈴木式織機は壊滅的な打撃を受けてしまった。

労働争議後の復興を，豊田自動織機製作所社長だった石田退三の支援で乗りきった鈴木は，長女の婿で後に第2代社長となる鈴木俊三常務（浜松高等工業学校出身）の進言を受けて，1951年にバイクモーター（自転車用補助エ

エンジン）の生産を手がけることになった。そして翌年1月には2サイクル単気筒，30cc，0.2馬力の試作車「アトム号」が完成した。しかし，アトム号は動力性能が脆弱だったため市販には至らず，新たに排気量36cc，0.7馬力の「パワーフリー号」が開発され，1952年4月に鈴木式織機にとって初のバイクモーターとして市販された。すでに浜松では，本田宗一郎が1946年に旧日本陸軍払い下げの6号無線発電機用エンジンを改造したバイクモーターが市販され，爆発的な人気を得ていた。その後も本田は，1951年7月に空冷4サイクル単気筒，OHV146ccの本格的オートバイ「ホンダ・ドリームE型」，1952年6月には後にベストセラー車となる「F型カブ号」を完成させている。鈴木式織機がようやくバイクモーターの開発に成功した頃，ホンダは本格的オートバイメーカーへの階段を着実に上り始めていたのである。

(2) オートバイ製造にみる革新性

しかし，鈴木式織機が生産するバイクモーターは先行企業の単なる亜流ではなかった。バイクモーター開発は鈴木俊三をリーダーに，戦前の自動車開発チームの一員だった丸山善九が設計主任となった。丸山は趣味で作っていた模型飛行機のエンジンを参考にしてバイクモーターの試作を行ったが，戦前のオートバイエンジンの試作経験が大きな力となったことは言うまでもなかった。彼は鈴木俊三の指示に従い自転車チェーンをそのまま残して，エンジンを止めた時には自転車として利用できるモーター装置の開発を行った。他社のバイクがベルト駆動方式であったのに対し，「パワーフリー号」はチェーン駆動方式（ダブル・スプロケット・フリーホイル）を採用し，足踏みからエンジンへ，エンジンから足踏みへの自由な切り替え，始動の容易さ，操作の簡便性，絶大な耐久力を達成したのである。この「自転車用小型エンジン駆動装置」は特許を取得した。

さらに1952年7月に道路交通法が改正され原動機付自転車（2サイクルは60ccまで，4サイクルは90ccまで）については，無試験許可制となった。この法改正を受けて，1953年3月には排気量60ccのダイヤモンド・フリー号が開発された。ダイヤモンド・フリー号はパワーフリー号の後継車であったが，高出力パワー（2馬力）と二段階変速機を装備している点が評価さ

れ，月産6000台を超えるヒット商品となった。

　このように他社にない新技術を盛り込んだ鈴木式織機のバイクモーターは市場での人気を博し，同社の業績も急速に回復していった。1953年下期決算では，1950年以来3年6期の無配から脱却し，1割配当を実施している。さらに1953年12月には，4サイクル90ccの二輪完成車「コレダ号CO型」が開発され，オートバイ完成車メーカーとなったのである。戦争によって市販目前で中断せざるを得なかったとはいえ，戦前のオートバイエンジンおよび自動車試作によって蓄積された知識と技術が，オートバイメーカーとしての短期間での再スタートを可能にした。

4．鈴木自動車工業の発足

(1) 自動車開発をめぐる確執

　鈴木は，バイク製造が軌道に乗ったことを見極めたうえで，戦前に中断した自動車開発の再開を決断した。1953（昭和28）年4月の役員会で小型自動車の研究開発が承認されたが，鈴木俊三をはじめ役員や取引銀行には反対論が多かった。しかし，鈴木は周囲の反対を押し切り，同年6月に社名を鈴木式織機株式会社から鈴木自動車工業株式会社へと変更している。オートバイメーカーの社名は，ホンダや川崎航空機工業を除いて，ヤマハ発動機，日本高速機関工業，東京発動機というようにエンジン製造を表すものが多かった。鈴木が社名を「鈴木発動機」としなかったことや，自動車開発に着手していない段階で社名に「自動車」という言葉を盛り込んだことからも，鈴木の自動車製造に対する並々ならぬ執念が感じられる。また，バイクモーターの成功によってトヨタ自動車からの借入金を返済し，身軽になったことも自動車開発に取り組む決意を固めた大きな要因となった。このように自動車開発に向けた鈴木の決意は固かったものの，社内外からの根強い反対論の影響によって，実際に自動車開発に向けた研究が開始されたのは翌年になってからであった。

　1954年1月から本格的に始まった自動車開発は，鈴木直轄のプロジェクトチーム（四輪研究室）で行われた。四輪研究室は，戦前の自動車開発の責任

者であった鈴木三郎取締役製造部長をリーダーに，製造部から配置転換となった稲川誠一係長（後に同社会長）以下3名で構成されていた。稲川を始め，チームのメンバーは浜松高等工業学校（現在の静岡大学工学部）出身者が大半を占めていた。しかし，彼らには自動車開発の経験は全くなく，おまけに四輪研究室は社内からは冷ややかに見られるという有様だった。

　鈴木俊三からは「四輪研究室は冷や飯食いだ。会社のためにならないから一生懸命仕事をするな」（稲川氏からのヒアリング，以下同様）と言われる始末であり，社内の空気は総じて自動車開発に否定的だった。

　稲川は「会社で一生懸命仕事をして評価されないのは嫌だから，四輪研究室を辞めさせて欲しい」と鈴木に直訴した。その時，鈴木の答えは「よく考えたが，やはり自動車開発をやめるわけにはいかない」というものだった。このようなやり取りがその後も数回繰り返されたという。稲川は鈴木に対して，「何故そこまで自動車に固執するのか」と問いただしたところ，鈴木は「人がやってからでは遅い。誰もやらないうちにやらなければいけない。人がいない，技術がない，資金がないと言っていたら事業は出来ない。資金がなければ借りてくればいい。人がいなければ他社から引き抜いてもいいし，時間はかかるが自前で養成してもいい。機械は金を借りれば買うことが出来る。だから，設備や資金がなくても始めなければいけないのだ。事業を始める時は，誰もがそのような状態なのだ。自分が1人で商売を始めた時もそうだった。それでもこれだけの会社（鈴木式織機）が出来た。その時の状況に比べれば，今の方がはるかに恵まれている。バイクモーターの成功で得た資金を使って人材を育成すれば自動車は必ず出来るはずだ。だから私は自動車開発をやめない」と語ったという。こうした鈴木の決意の下で，自動車開発は異例の速さで進んだ。これも戦前の蓄積が直接・間接に寄与した結果といえよう。1954年にスタートした自動車開発のタイムスケジュールは以下のようなものだった。

　　　1月31日　　フォルクスワーゲンの分解
　　　2月15日　　ロイトの分解
　　　2月25日　　シトロエン2CVの分解
　　　3月1日　　軽自動車枠による設計図完成

8月25日　エンジンおよびシャシー完成
9月1日　ボディー完成，第1号試作車完成
10月25日　第2号試作車完成

　試作車は1955年7月に運輸省名古屋陸運局から正式認定を受け，軽自動車「スズライト」が誕生した。スズライトの特徴は，それまでバイク用エンジンと考えられていた2サイクルエンジンを自動車エンジンとして搭載したことと，FF（前輪駆動）方式を国産車で始めて採用したことである。現在，大衆車のほとんどがこのFF方式を採用していることからみても，スズライトに盛り込まれた先進的な技術は高く評価されるべきであろう。

(2)　引退

　1957年2月，鈴木は70歳を機に鈴木自動車工業社長を退任し，名目だけの相談役に退いた。そして，同社の商事部門で行っていた家具販売事業を貰い受け，浜松市内に家具屋を開業した。極めて唐突な引退劇であったが，鈴木の再婚相手に男子が誕生し，将来の内紛をさけるために鈴木自動車工業の経営から身を引いたためともいわれている。

　スズライトが正式認定を受けた後も，社内では積極論（鈴木道雄）と慎重論（鈴木俊三・取引銀行）が対立していた。鈴木はオートバイ部門の収益が好調なうちに配当を削ってでも，自動車の量産体制を確立すべきであると主張したのに対し，鈴木俊三はあくまでオートバイ生産を事業の中心とする方針だった。鈴木は，まがりなりにも自動車生産への道が開かれたことから社長を退いたわけであるが，その時点において，後継者となった鈴木俊三は，未だ自動車生産に本格的に取り組む決断をしていなかったのである。同社が自動車製造事業へ本格的に参入するきっかけを作ったのは，1959年に発生した伊勢湾台風であった。東海地方に甚大な被害をもたらした伊勢湾台風によって，同社の四輪車工場も倒壊してしまったのである。そこで鈴木俊三は，四輪車工場の再建と軽自動車生産への本格進出を決意したのである。もし，四輪車工場が倒壊していなければ，同社の自動車製造事業への本格参入はさらに先送りされていたであろう。

　スズキが織機メーカーからオートバイ・自動車メーカーへと鮮やかな変身

を遂げることができた要因は，将来の市場動向を見据えた複眼的思考と事業活動を通じて蓄積した見えざる資産の活用にあった。今日のスズキの収益基盤が二輪および四輪車製造事業によって支えられていることからみても，新事業への進出を決断した鈴木道雄の経営判断とリーダーシップが，スズキの経営基盤を築いたといえよう。

表1　スズキの生産台数

(単位：台)

	二輪車部門					四輪車部門			
	50cc以下	51～125cc以下	126～250cc以下	250cc以上	二輪車計	乗用車	商用車	800cc	四輪車計
1952(昭和27)年	9,993	0	0	0	9,993	0	0	0	0
1953(昭和28)年	37,251	5	0	0	37,256	0	0	0	0
1954(昭和29)年	25,699	6,336	0	0	32,035	3	0	0	3
1955(昭和30)年	11,279	11,267	0	0	22,546	28	0	0	28
1956(昭和31)年	14,129	15,783	2,525	0	32,437	228	0	0	228
1957(昭和32)年	18,150	19,754	3,933	0	41,837	399	0	0	399
1958(昭和33)年	41,802	27,216	4,535	0	73,553	480	0	0	480
1959(昭和34)年	22,173	41,586	3,147	0	66,906	480	677	0	1,157
1960(昭和35)年	93,602	36,730	15,857	0	146,189	0	5,824	0	5,824
1961(昭和36)年	108,456	43,680	6,604	0	158,740	0	13,283	0	13,283
1962(昭和37)年	84,224	77,300	4,055	0	165,579	0	33,792	0	33,792
1963(昭和38)年	126,388	140,002	4,595	0	270,985	1,551	38,295	0	39,846
1964(昭和39)年	182,447	191,514	6,377	0	380,338	1,792	39,087	27	40,906
1965(昭和40)年	122,474	188,925	22,965	0	334,364	1,370	40,210	457	42,037
1966(昭和41)年	191,825	211,243	44,404	0	447,472	2,147	64,704	1,316	68,167
1967(昭和42)年	203,151	174,869	23,584	937	402,541	26,052	89,577	563	116,192
1968(昭和43)年	173,775	176,421	5,932	10,482	366,610	96,133	96,878	279	193,290
1969(昭和44)年	222,243	151,450	18,177	8,747	400,617	121,654	116,403	108	238,165

出所：鈴木自動車工業［1970］512頁より作成。

川　上　源　一
——楽器からオートバイを生み出した企業家——

川上源一　略年譜

1912(明治45)年	0歳	静岡県浜名郡豊西村に生まれる
1934(昭和9)年	22歳	高千穂高等商業学校（現・高千穂大学）卒業後，大日本人造肥料（日産化学の前身）へ入社
1937(昭和12)年	25歳	父嘉市が社長を務めていた日本楽器製造株式会社へ入社
1946(昭和21)年	34歳	取締役就任
1950(昭和25)年	38歳	父嘉市の後を受けて第4代社長に就任
1954(昭和29)年	42歳	オートバイ事業に進出
1955(昭和30)年	43歳	ヤマハ発動機株式会社を設立して社長を兼務
1959(昭和34)年	47歳	日本で初めて電子楽器「エレクトーン」を開発
1977(昭和52)年	65歳	日本楽器製造株式会社社長を退任
1980(昭和55)年	68歳	同社社長へ復帰
1982(昭和57)年	70歳	本田技研工業との二輪車トップシェア競争「HY戦争」
1992(平成4)年	80歳	社長職を長男浩氏へ譲り，最高顧問就任
2002(平成14)年	90歳	死去

(年齢＝満年齢)

1. 戦前のヤマハ

(1) 楽器と航空機用プロペラの製造

　ヤマハがオートバイエンジンの試作に着手したのは1953（昭和28）年頃だったが、それは社長川上源一の発案によるものだった。この頃のオートバイメーカーは全国で約120社を数え、そのうち浜松には30社ほどが集中していた。ヤマハが最後発メーカーとしてオートバイ生産を始めるという噂が広がると、世間の反応は「なんでこの時期にいまさらオートバイを始めるのか」という冷ややかなものだった。しかし、当初は楽器屋の道楽とみられていたヤマハのオートバイ生産は、短期間のうちにわが国オートバイ産業界の勢力地図を大きく塗り替えるまでに成長していく。では、どうしてヤマハは最後発での参入というリスクを冒してまで、オートバイ生産にチャレンジしたのだろうか。その理由を探るためには、戦前のヤマハの歴史にまで遡らなくてはならない。

　1888（明治21）年、ヤマハは山葉寅楠によって「山葉風琴製造所」として設立された。1897年には「日本楽器製造株式会社」へと改組され、1987（昭和62）年に社名を「ヤマハ株式会社」（以下ヤマハと表記）へ変更している。ヤマハがオートバイ生産に着手するきっかけは、山葉寅楠の後継者だった第2代社長天野千代丸によって行われた事業多角化にあった。ヤマハは楽器製造に必要な優れた木材加工技術を持っていたが、これに着目した陸軍が航空機用の木製プロペラの生産を発注したのであった。軍用プロペラ製造は許可制をとっており、このことからもヤマハの技術力の高さを窺い知ることができよう。天野は事業多角化の一環として、陸軍の要請を受け入れ、プロペラ生産に本格的に取り組む決断を下した。この決断が、後にヤマハ製オートバイを生み出す第一歩となったのである。

(2) 軍需工場への転換

　1927（昭和2）年、天野の後を受けて第3代社長に就任したのが川上嘉市だった。彼は持ち前の合理主義精神で、徹底的な経営改革を断行するととも

に，技術革新にも意を注ぎ，ヤマハ発展の基礎を築いていった。しかし，川上嘉市時代のヤマハは，1931年の満州事変の勃発に始まる経済の軍事化の中で大きな難局に直面した。1931年には，金属製プロペラの生産が開始され，1938年に国家総動員法が発令されるとヤマハのプロペラ工場は陸軍の管理工場となった。1939年には国民徴用令が公布され，楽器は贅沢品として全面的に生産が中止された。1944年にはヤマハ本社工場および天竜工場が軍需工場に指定され，いわば民間兵器廠として軍需品の生産を強制されていった。

戦時中のヤマハは，本業である楽器が贅沢品として生産を停止され，もっぱら軍需品生産を強いられたことから楽器メーカーとしては停滞期とみることができる。しかし，金属製プロペラの生産を通じて蓄積された金属加工技術やその時使用された工作機械が，戦後のオートバイ生産に大きな役割を果たすことになるのである。

2．川上源一の社長就任

戦後の混乱を乗り越えた1950年9月，川上源一が第4代社長に就任した。川上は，1912（明治45）年1月，前社長川上嘉市の長男として生まれた。1934（昭和9）年に高千穂高等商業学校（現高千穂大学）を卒業し，大日本人造肥料株式会社（日産化学工業の前身）に入社した。その後，1937年に実父が社長を務めるヤマハへ入社し，1940年天竜工場長になった。戦後は1946年に取締役，1948年には常務取締役に就任している。川上は，実に38歳の若さで父嘉市からヤマハの経営を受け継いだのである。

川上が社長に就任した前年の1949年は，ドッジラインのもたらした激しいデフレによって，企業の経営環境は極めて厳しい状況となっていた。楽器産業も例外ではなく，全国で126社あった楽器メーカーの中で生き残った会社は半数以下という有様だった。川上の事業改革はまず楽器分野から始まった。彼は「安く良い品物を作って，学校以外の一般需要を喚起するとともに，外国の商品との競争にも打ち勝って，さらに輸出を増進させることが必要である」（日本楽器製造［1977］）との方針を打ち出した。この方針を実現するために優秀な技術者の育成，生産技術の合理化・機械化に着手した。ま

た，1953年に約3カ月間にわたり欧米諸国を視察した経験から，新たな事業ヒントを獲得している。

川上が社長に就任した頃の欧米では，ピアノを中心とした楽器産業がすでに斜陽産業化していたのである。人々の楽器に対する認識は，練習をして弾けるようになってからでなければ買えないというものだった。ヨーロッパの名門ピアノメーカーのプレイエルは，1930年代に月産2000台程度あったものが，1950年代には年産2000台まで落ち込んでいた。テレビやラジオが普及する以前は，家庭で音楽を楽しむためには自ら楽器を弾かなければならなかった。川上は，テレビやラジオが普及することによって簡単に音楽を楽しめるようになったり，自動車などの普及によって人々のレジャーが多様化することによって，苦労して楽器を習う人がいなくなるのではないかという危機感を抱いていた。

こうした危機感が，のちに教室商法といわれるヤマハ独自の営業スタイルにつながっていった。教室商法とは，消費者に商品の使い方を教えて需要を新しく発掘していく方法である。ヤマハは1954年に全国の幼稚園を会場として「ヤマハ音楽教室」を開講した。1959年時点で生徒数は2万人に達していた。川上は，「私は，講師の先生方にヤマハの楽器をお買いなさいとかヤマハの楽器はいいですよと教室で宣伝してほしいと申し上げたことは一度もない」（川上［1986］）と述べている。川上自身にそのような意図はなかったとしても，ヤマハ音楽教室がヤマハ製楽器の普及に大きな力となったことは言うまでもない。こうした教室商法は，のちにオートバイ販売にも導入されて大きな成果をもたらすことになる。

3．オートバイメーカーへの胎動

(1) 遊休機械の活用

ヤマハのオートバイ生産の原点が，戦前のプロペラ製造にあったことはすでに述べたとおりである。当時のプロペラはほとんどが木製であり，複雑かつ精密な製造技術を必要としていた。ピアノ製造においても精密な木工技術が必要とされており，一見無関係にみえる楽器とプロペラ製造は木工技術と

いう点で深く結びついていた。満州事変が勃発した1931（昭和6）年には，陸軍の要請を受けて金属製プロペラの製造が開始された。航空機用プロペラはヤマハと住友金属が製造していたが，ヤマハは陸軍用航空機プロペラを生産し，住友金属は海軍用航空機プロペラを生産していた。1937年当時，ヤマハは国内プロペラ生産の約6割を生産していた。

戦争末期になると本土空襲が激化し，ヤマハ本社工場も危険にさらされた。政府は，ヤマハに対してプロペラ生産部門の疎開を命じ，本社工場にあったプロペラ生産ラインは浜松市北部（現在の静岡県天竜市）の佐久良工場へ疎開し生産を再開した。終戦までに同工場へ疎開させた工作機械は800台に及んだ。しかし，終戦によって民間兵器廠としての役割を担ってきたヤマハは，GHQ（連合軍最高司令官総司令部）から佐久良工場の封鎖およびプロペラ製造用専用機械の完全破壊を命じられた。幸いなことに汎用工作機械は破壊の対象から除外され，無傷で同工場内に保管されることになった。1946年10月，ヤマハはGHQの賠償指定から除外され，保管していた工作機械も平和産業に限定して使用することができるようになった。せっかく賠償指定解除となり自由に使用できるようになったものの，汎用工作機械は楽器製造には無用の長物だった。ヤマハにとって，これら遊休機械の活用方法を見出すことが大きな経営課題となったのである。

(2) オートバイ試作への決断

川上は遊休機械の有効な活用方法を見出せず悩んでいた。ミシン，三輪自動車，スクーターなどの生産が検討された。検討段階で川上がこだわった点は，完成品を生産するという一点だった。彼の考えは「下請けでは，たとえ良い商品やパーツを作ってもヤマハの製品として名を売ることは出来ない。だが，完成品を自分で販売していれば，努力次第で苦境を切りぬけていけるから，作る以上は完成品でなければならない。」（日本楽器製造［1977］）というものだった。1953年，川上はオートバイエンジンの試作を決断した。この決定には，同年の欧米産業視察が大きな影響を与えた。川上は欧米諸国でのオートバイ普及を目の当たりにし，国内ではすでにホンダ，スズキという先行メーカーが存在していたが，敢えてオートバイ生産への参入を決意し

た。

　こうした川上の意思決定を危惧する声が，社内外から当然のごとく湧き上がった。一連の批判に対し川上は「ピアノ，オルガン等の楽器は一度買うとほとんど半永久的に利用できる。これはその他の楽器についてもいえることである。楽器は，蓄音機やレコードと違って，自ら演奏する人でなければ買わない。いかに，音楽熱が高くなったとはいえ，おのずからそこには限界がある。万一，ピアノの販売定価をコスト高のために一割高くしたら，そのために三割以上のお客様を失って，工場の操業を維持していくことができないという状態を引き起こすことになりかねない。したがってピアノは定価を下げることはあっても，なかなか上げることはできない。これは楽器事業の宿命であるから，強い決心をもって，この困難を打開する以外に方法はない。だから会社がある程度業績をあげて，資本的に余裕があるうちに，つぎの仕事を研究し，勉強して，新しい仕事の糸口を作っておくことが，経営者として当然やらねばならぬことである。」（日本楽器製造［1977］）と述べている。

　一見すると楽器とは遠くかけ離れた製品であるオートバイ生産を決意した背景には，プロペラ生産で培った技術力という見えざる資産の活用と国内のオートバイ需要に対する先見性があったといえよう。

(3)　試作車の完成

　川上の決定を受けたヤマハ技術陣は，当初90cc 4サイクルのスクーター型バイクを試作する方針だった。その頃浜松では，ポンポン景気（ポンポンとは当時の浜松における原動機付自転車の俗称）を謳歌していたバイクメーカーが徐々に淘汰され始めていた。こうした状況をみたヤマハ技術陣は，モデル車を何にすべきか決めかねていた。一時はバイクではなく，オート三輪の試作も検討されていた。しかし，川上は改めて二輪車かスクーターを試作するよう指示した。

　改めて二輪車開発を目指した技術陣は，1954年1月から約70日間にわたってヨーロッパのオートバイメーカーを視察した。その結果，同年6月にドイツのDKW125ccがモデル車に決定された。ヤマハがやっとモデル車を決定した頃，先行企業のホンダは浜松市内に浜松製作所を新設し，オートバイの

量産体制確立に向けた設備投資を行っていた。モデル車決定後，試行錯誤の2カ月間が過ぎ，125ccの試作車第1号が8月31日に完成した。川上がオートバイ試作を決断してから試作車の完成まで，僅か10カ月しか経過していなかった。専門家の多くが，ヤマハが本格的なオートバイを開発するまでに，2年はかかるとみていたことを考えると，ヤマハの技術力の高さと技術陣の努力を窺い知ることができる。

9月5日，川上自身が試作車のテスト走行を行った。自ら試作車の性能を確認した川上は，オートバイ生産開始の指示を発した。その後，当時としては珍しい1万kmの走行テスト等を行い，10月4日に「名称ヤマハ125，車名YAMAHA125，機関型式YA-1」として正式に型式認定を受けた。さらに10月12日には，東京においてYA-1型オートバイの発表試乗会が開催された。このYA-1型125ccは車体塗色が赤く，その流線型スタイルから「赤トンボ」の愛称で人気を博すことになった。

4．ヤマハ発動機の設立

(1) オートバイレースへの参戦

川上は浜北市中条の大東機工株式会社をオートバイ専用工場として買収し，1954（昭和29）年12月から生産を開始させた。販売は1955年2月から開始され，販売価格は13万8000円に設定された。125ccクラスのオートバイの販売価格が11〜12万円であり，かなり割高な価格設定だった。実際に販売してみると大きな壁にぶつかった。最後発メーカーであるヤマハのオートバイは，市場では全く認知されていなかった。販売店は楽器屋の作るオートバイに見向きもしなかったのである。

川上は，最後発メーカーが市場で認知されるためには，製品力でライバルメーカーを打ち破るしかないと考えた。その結果，製品力をアピールする場として富士登山レースへの参戦を決意した。富士登山レースは1953年から1956年まで4年間にわたって行われたオートバイレースである。レースの参加資格は，4サイクルは150cc以下，2サイクルは90cc以下とされ，出場車両は市販車に限定されていた。第1回・第2回大会では，ホンダが優勝して

いた。川上は、このレースでホンダに勝てば、ヤマハのオートバイは売れると確信した。1955年7月に行われた第3回富士登山レースでヤマハは優勝、3位、4位、6位、8位、9位と華々しい成果を収めた。この時、ホンダは2位、7位、スズキは10位にとどまっていた。その後ヤマハは、同年11月の第1回浅間火山レース、1957年の第2回同レースで再びホンダを破り優勝している。

　一連のレースでホンダを破ったヤマハの評価は一気に高まった。川上の予想どおり、ヤマハ製オートバイは楽器屋の道楽仕事からホンダ、スズキのオートバイに匹敵する評価を獲得することができたのである。

(2)　**ヤマハ発動機の分離独立**

　ヤマハが富士登山レースに参加した1955年7月、川上はオートバイ製造部門をヤマハ本体から分離し、資本金3000万円（ヤマハの全額出資）でヤマハ発動機株式会社を設立した。社長は川上が兼務した。ヤマハ発動機がオートバイを生産し、販売はヤマハ本体を通じて行われた。ヤマハ発動機発足時の生産台数は月産200台程度だった。

　その後、ヤマハ発動機では、1956年1月にヤマハ八幡工場内に浜松研究所が設置され、オートバイの開発・設計技術部門がここに統合された。川上は、生産能力を早期に1000台まで引き上げることを目指していたが、同年9月には当面の目標である1000台を突破した。オートバイ生産の損益分岐点は月産500台といわれており、ヤマハ発動機は設立後約1年で採算ラインをクリアすることができたのである。浜松研究所では次々に新車開発が進められ、1957年2月から250cc2気筒YD1型が、さらに同年7月からYE1型260ccが生み出された。とくにYD型250ccは、独特のタンクデザインが好評を博しヒット商品となった。

　わが国では、1954年頃からオートバイの実用時代が始まった。しかし、皮肉にも戦後急成長をみせたオートバイ業界は、1955年頃から淘汰時代を迎えた。1965年までの10年間で、戦前の名門企業をはじめオートバイ業界の上位会社の倒産が相次いだ。浜松でも全盛期には30社ほどあったオートバイメーカーが、ホンダ、スズキ、ヤマハ発動機の3社を残してすべて姿を消してし

まった。倒産した企業の多くが，技術力を過信するあまり研究開発を怠り，エンジン部品の大半は下請けメーカー任せという状態だった。川上はオートバイ試作を決定した当初から，「オートバイの性能を左右する最も大切な部品を外注することは好ましくない。将来のため，どんな苦労をしても自社で解決したい」（ヤマハエンジニアリング［1981］）という方針をとっていた。川上が予想したとおり，自社開発を怠った企業が次々に淘汰されていった。自社開発と品質絶対という川上の精神が，最後発ながらもヤマハ発動機を日本の3大オートバイメーカーの一角に押し上げる原動力となったのである。

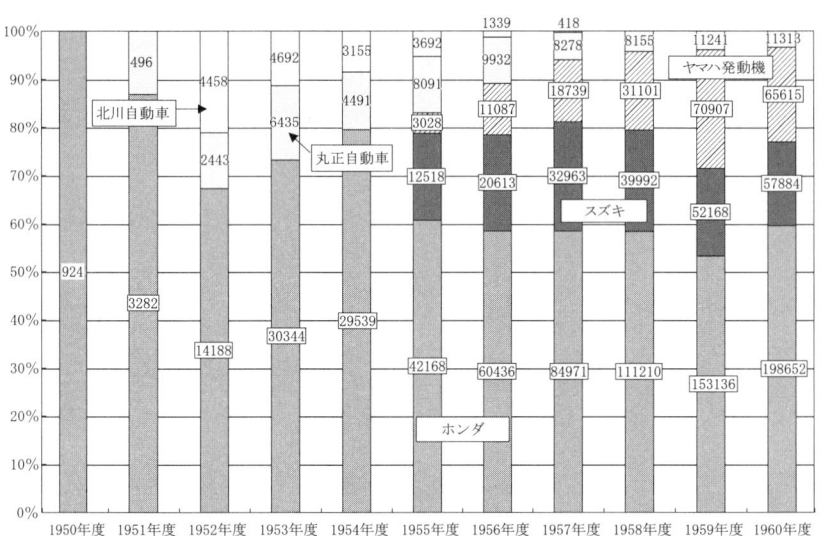

図1　二輪車生産台数（1950〜1960年度）

出所：日興ソロモン・スミスバーニー証券会社株式調査部作成資料（2002年10月）。

おわりに

　スズキとヤマハ発動機の成功要因はどのように説明することができるのだろうか。両社の事業活動を経営戦略論の視点からみると，ダイナミック・シナジーとオーバー・エクステンション戦略（過度拡張戦略）というキーワードが浮かび上がってくる。

　ダイナミック・シナジーとは，次世代の戦略の立ち上がりを，現在の戦略から生まれる見えざる資産が支えることを意味している（伊丹［1984］）。一方，オーバーエクステンション戦略とは，自社の見えざる資産を部分的にオーバーする事業活動を敢えて行う戦略のことである。このオーバーエクステンション戦略の中で最も重要な要素が見えざる資産である。一般的に経営資源といわれると，ヒト，モノ，カネを想定しがちである。しかし，企業にとって最も重要な経営資源がこの見えざる資産といわれるものである。では，見えざる資産とは一体どのようなものであろうか。それには，技術開発力，生産ノウハウ，人材，企業ブランド，販売網，顧客の信用，組織風土など形に表せないが，事業活動によって蓄積された資産が含まれていると考えられる。

　また，成長を諦めた企業はおのれの甲羅に合わせて穴を掘るカニのようなものだという。つまり穴にあたるのが戦略であり，甲羅が能力や組織風土といった見えざる資産である。成長や変革を求める企業は，自分の甲羅（見えざる資産）よりも大きい穴（戦略）を掘るのである。甲羅と穴のギャップがオーバー・エクステンションであり，そのギャップを生めようと努力することが企業の成長や変革につながっていくのである（同前）。鈴木や川上の新規事業への参入決断は，自社のダイナミック・シナジーをベースにした，まさにオーバー・エクステンション戦略であったといえるであろう。

　しかし，オーバー・エクステンション戦略は，何の成算もなしに闇雲に新事業にチャレンジすることではない。そこには新事業を行ううえで活用できる自社の見えざる資産と欠けている部分についての客観的な認識がなければならない。鈴木は，織機製造事業が近い将来斜陽化することを予測し，織機

製造事業によって蓄積した見えざる資産の活用をオートバイ・自動車開発へ向けたのである。一方，鈴木と同様，本業である楽器事業の将来性に危機感を抱いた川上は，楽器事業には直接活用する機会がなかったプロペラ製造によって蓄積した見えざる資産を，オートバイ事業に向けたのだった。

　もう1つ重要なことは，こうしたオーバー・エクステンション戦略を鈴木や川上が，徹底して組織に浸透させていったことである。経営戦略は立案することよりも，戦略を組織に浸透させることのほうが難しいといわれる。鈴木や川上は新事業展開に対する社内外からの批判に対して，その重要性を粘り強く繰り返し説いている。さらに彼らは，戦略の方向性を明示的に示すための象徴的な行動をとっている。鈴木はオートバイ生産が緒についたばかりの段階で，社名を「鈴木自動車工業」へ変更し，オートバイだけでなく将来の自動車製造事業への参入を明かにしている。川上も試作車が完成し，オートバイ生産を開始した時点で「ヤマハ発動機」を本体から分離独立させ，自ら社長を兼務している。つまり両者ともトップ自らの行動で事業戦略の方向性を示し，それによって組織への浸透を図っていったのである。

　本章では，鈴木道雄と川上源一の新事業創造の軌跡を検討してきた。両者に共通する点は，既存事業の将来性に対する客観的な分析力と自社の持つ見えざる資産に対する複眼的思考に基づく独自の経営戦略である。彼らの冷徹な分析と自分の会社は自分で守るという熱きリーダーシップが，異業種からオートバイ・自動車製造事業への参入という一見無謀とも思える新事業開発を成功へと導いていったのである。

参考文献
○テーマについて
　　浜松市役所編・刊［1954］『浜松発展史』。
　　浜松商工会議所編・刊［1971］『浜松機械金属工業発展史』。
　　浜松史跡調査顕彰会編・刊［1977］『遠州産業文化史』。
　　伊丹敬之［1984］『新・経営戦略の論理』日本経済新聞社。
○鈴木道雄について
　　藤田錦司［1956］『遠州織物発達史』社団法人繊維振興協会。
　　荻野　覚［1999］「静岡県における銀行の歴史」『静岡の文化』静岡県文化財団。
　　鈴木自動車工業株式会社編・刊［1960］『40年史』。
　　鈴木自動車工業株式会社編・刊［1970］『50年史』。

鈴木自動車工業株式会社編・刊［1980］『70年史』。
○川上源一について
　　川上源一［1977］『音楽普及の思想』ヤマハ音楽振興会。
　　川上源一［1979］『私の履歴書　狼子虚に吠ゆ』日本経済新聞社。
　　杉山友男［1998］『友さんのカイゼンバカ日誌』ASIA SPLANNING。
　　日本楽器製造株式会社編・刊［1977］『社史』。
　　ヤマハエンジニアリング株式会社編・刊［1981］『挑戦』。

5

「中堅企業」形成者の企業家活動

島野庄三郎／吉田忠雄

はじめに

　戦後復興期から1960年代にかけて「中小企業のわくをこえた成長を示す企業」が群生した。中村秀一郎はこれら企業グループを「中堅企業」と名付け，当時通説であった，大企業と中小企業との間に越えがたい断層があるとする「二重構造論」に疑問を投げかけた。中堅企業は，1）独立会社である，2）資本市場から社会的な資本調達が可能である，3）近代的管理体制と，個人，同族会社の性格を強くあわせもつ，4）中小企業とは異なる市場条件を確保し，独自の技術による製品を持ち，高い生産集中度・市場占有率をもつ，といった特徴をそなえていた。中堅企業論は中小企業の成長を積極的に肯定する，当時としては異質な理論だった。

　しかし，中堅企業は日本の経済構造の中に現実のものとして存在していた。中堅企業へ成長した企業には，①戦後になって新しい分野を開拓し，発展した企業，②戦前から中小企業部門で生産されていたものを基盤に，戦後の急速な市場拡大によって発展した企業が存在する。中堅企業の多くは，町工場から出発したにもかかわらず，専門メーカーとして当該分野での高いシェアを獲得していた。そこには，高度成長期において 産業構造の高度化と，市場構造の変化に主体的に適応した，企業家の革新的な活動が存在した。企業家が主体となって，製品の継続的な開発と改良を推進し，海外製品に負けない品質とコストを実現させたのである。その結果，開放体制の移行によって海外製品との競争にさらされても，発展を妨げられることなく，むしろ自ら海外に打って出て飛躍を手に入れた。

　この章では，戦前に町工場としてスタートし，戦後になって自社を中小企業→中堅企業→大企業へと発展させた企業家として，自転車部品メーカー・島野工業（現，シマノ）の島野庄三郎とファスナーメーカー・吉田工業（現，YKK）の吉田忠雄を取り上げる。特に，戦前から海外展開への足がかりをつかんだ高度成長期前期（1960年代前半）に焦点をあて，両者の企業家活動を比較・検討する。

島野庄三郎
―― シマノの創業者 ――

島野庄三郎 略年譜

1894(明治27)年	0歳	大阪府に生まれる
1909(明治42)年	15歳	高木鉄工所に入り，旋盤工となる
1918(大正7)年	24歳	大勝鉄工所職長
1921(大正10)年	27歳	島野鉄工所創業
1922(大正11)年	28歳	フリーホイールの生産に着手 「3・3・3」の商標を制定
1940(昭和15)年	46歳	株式会社に改組
1945(昭和20)年	51歳	終戦により一時解散
1946(昭和21)年	52歳	島野自転車株式会社を設立
1948(昭和23)年	54歳	GHQより賠償工場指定（1949年に解除）
1951(昭和26)年	57歳	島野自転車を合併。株式会社島野工業に改称
1952(昭和27)年	58歳	自転車振興会連合会理事長に就任 ガス滲炭法の導入
1956(昭和31)年	62歳	変速機生産に参入
1958(昭和33)年	64歳 (30)	9月，庄三郎死去。島野尚三社長就任
1962(昭和38)年	(35)	冷間鍛造工場完成
1965(昭和40)年	(37)	シマノ・アメリカン・コーポレーション設立
1970(昭和45)年	(42)	釣具事業部発足
1991(平成3)年	(63)	株式会社シマノに社名変更
2002(平成14)年	(74)	6月，尚三死去

※( )内数字は尚三の年齢
（年齢＝満年齢）

1．創業まで

　島野庄三郎は1894（明治27）年3月21日大阪府堺市の農家に生まれた。庄三郎は，父・政吉の生活力のなさが原因で，幼い頃から島野の本家で育てられていた。1900年，就学年齢に達した庄三郎は，堺市宿院尋常小学校へ入学した。しかし，学校が性に合わないことから，尋常小学校3年で学校へ行くのをやめてしまった。これ以降，庄三郎は，学校教育を受けることはなかった。庄三郎が12歳の夏，かんがい用水の水門が壊れる事件があった。庄三郎は，この事件の張本人にされ，本家を追い出された。つぎに庄三郎は，母クニの親戚である山内家に預けられた。幸運にも，山内家では，同年齢の長男・一夫と兄弟のように育てられた。1908年4月，一夫と庄三郎は，連れだって鍛冶屋に徒弟入りした。しかし，ふたりは旧態依然たる徒弟制度に1年で見切りをつけ，山内家の庭の片隅で刃付けの仕事をはじめた。独立して間もなく，近隣に住んでいた高木鉄工所社長高木幸太郎の縁者から，旋盤工になることをすすめられた。1909年10月，一夫と庄三郎は旋盤という新しい金属加工技術に魅力を感じ，高木鉄工所へ入所した。

　高木鉄工所は，1905年より自転車部品のハブやバックパイプ，リムなどをつくっていた。自転車は1894〜95年に本格的な輸入がはじまり，貸し自転車業などによって普及していった。しかし，自転車は輸入品であるため，故障しても修理部品が手に入りにくかった。そこで，当時，最も金属加工の技能に長けていた鉄砲鍛冶が，自転車の修理を手がけるようになった。当初，彼らの多くは鉄工所経営の傍ら，補修部品を自作して修理していた。やがて，自転車の普及とともに，特定の部品生産に特化する者が現れた。特に，堺では伝統的に鉄砲鍛冶が多く，自転車部品の産地が形成されていた。高木幸太郎も，黎明期の自転車工業に早くから参入した元鉄砲鍛冶の1人であった。

　高木鉄工所における3年間の年季が明けた庄三郎は，堺や高岡などの工場を渡り歩き，金属加工技術を磨いた。1918年，一人前の技術者になった庄三郎は，大勝鉄工所（堺自転車の前身）に職長として迎え入れられた。第一次大戦によって欧米からの輸入が途絶し，国産自転車の生産が急増していた時

期だった。自転車部品工業も活況を呈し，堺では鉄工所から部品専業メーカーへの転業が増えていた。事実，1913年に30件だった部品メーカーが，1919年には60件へと倍増している。そのなかでも，大勝鉄工所は，旋盤50台，工員50人と比較的大規模な工場であった。ところが，庄三郎が職長になって間もなく大戦後の反動不況と，欧州からの自転車輸入の復活から，国内自転車工業は苦境に立たされた。多くの部品工場は，規模縮小や操業停止に追い込まれた。大勝工業所も，全面的な操業停止となった。

庄三郎は，何カ月も工場再開を待つことはできなかった。そこで，工員を20名ほど集め，閉鎖中の工場でフリーホイールの生産をはじめた。フリーホイールとは自転車の後輪の軸についていて，駆動を制御する中核部品である。庄三郎は，フリーホイールを国産自転車部品の中で，技術的に最も改良の必要があると考えていた。しかし，庄三郎は工員の指導や，慣れない販売活動などに忙殺され，製品改良にまで手が回らなかった。他の国産品と変わらない製品を，しかも不況のさなかに販売しても，工員の生活を支えるだけの収入は得られなかった。結局，この試みは4カ月で終わった。

2. 島野鉄工所の創業

(1) フリーホイール生産開始

1921 (大正10) 年2月，庄三郎は徒弟仲間の小泉市松を誘い，堺市東湊で島野鉄工所を創業した。鉄工所とはいっても，火事で焼けた工場12坪を月5円で借り，旋盤を1台据えたものだった。最初は，庄三郎が荷車を引き，機械・金属器具の修理品を集め，小泉が修理をするといった体制だった。1〜2カ月もすると，技術の精確さと，まじめな働きぶりが評判を呼び，仕事は順調に増えていった。

翌1922年には徒弟仲間だった安井校一郎も加わり，旋盤6台，フライス盤とボール盤各1台，工員6人という規模になった。設備が整い，仕事にも余裕が出てきたので，庄三郎は再びフリーホイールの製造に挑んだ。前回は販路を確保していなかったため失敗している。その反省から，堺自転車の下請けになった。生産当初の月産は3000個程度だったが，堺自転車が全量引き取

ることはできなかった。当時の自転車はまだ贅沢品であり，完成品メーカーとはいえ零細資本だったためである。とはいえ自転車部品は規格が統一されており，部品単位の流通市場が確立していた。したがって，製品の消化を完成品メーカーに全て依存する必要もなかった。

　庄三郎は，フリーホイールを部品問屋や完成品メーカーに持参し，販売活動を行った。しかし，不景気と，欧州からの輸入品の増加によって，品質で劣る国産品に対する需要は少なかった。庄三郎は，販売活動の過程で，たとえ不景気であっても，性能の良い欧州製品が販売実績をあげている事実から，それに見劣りしない品質のものをつくれば，自ずと売上げが伸びると考えた。1922年，庄三郎は3本の矛に「3.3.3」の商標を制定した（図1）が，これは世界一のフリーホイールとして名高いイギリスBSA社の3本の銃を組み合わせた商標を模したデザインである。舶来品に負けない，世界一の品質のフリーホイールをつくるという，庄三郎の決意のあらわれであった。

図1　当時の商標

(2)　フリーホイールの品質改良

　1923（大正12）年の中頃から，庄三郎は一切の販売活動を中止し，品質改良に全ての時間を投じた。フリーホイールには耐久性と回転性能の良さが求められていたが，国産品はその両方が劣っていた。第1の耐久性を高めるためには，原材料となる鋼材の硬度を上げる必要があった。当時，フリーホイールは，鍛造された地金を購入し，それを加工していた。品質を改良するためには，地金の焼き入れ工程の改良が必要だった。庄三郎は，新たに15坪の工場を建て，安井とともに研究に没頭した。時間や炭素添加量など，焼き入れの条件を少しずつ変え，試行錯誤を繰り返した。その結果，地金の硬度が均一かつ，最も高くなる条件を見出した。しかも，量産が可能なように，治具を使って，十数個を同時加工できる方法を開発した。第2の回転性能は，軸受のボールベアリングの性能によって決定づけられていた。しかし，国産品の性能が著しく低かった。庄三郎は製造原価が上昇しても，世界的に信頼の高い，スウェーデンS・K・F社と，英F&H社の製品を採用し

できあがったフリーホイールは，他の国産品と比べて割高となった。しかし，品質面では，欧州製品と遜色のないものに仕上った。庄三郎は，今までのように相手に頼み込んだり，価格を下げたりして，販売する方法はとらなかった。技術の結晶であるフリーホイールの品質・性能に納得し，価値を認め，相応の対価を支払う相手とだけ取引をした。庄三郎は，問屋や完成車メーカーへ，ほとんど強引にフリーホイールの在庫を持ち込み，実際に使用させ，品質・性能に納得してもらったうえで代金の支払いを受けた。しかも，不良品が1個発生したら，2個にして返すという品質保証もつけた。庄三郎は，取り扱ってもらえるまで，執拗に在庫を持ち込んだ。

1924年ころには，「3.3.3」のフリーホイールは，大阪で高い評価を確立していた。庄三郎は工場を小泉と安井に任せ，東京，名古屋での取引先開拓をはじめた。とくに，完成品にフリーホイールを組み込むためには，東京での販売活動が欠かせなかった。労働集約型の家内工業が発達し，部品メーカーが集中している大阪とは違って，完成品メーカーは資本集約的な工場制工業が発達した東京に集中していたからである。庄三郎は東京でも，有無をいわせず，取引先にフリーホイールの在庫を委託する販売方法を続けた。やがて，品質を評価した会社から，正式な取引の申し入れが続々とくるようになった。こうして，「3.3.3」のフリーホイールは，全国ブランドに成長していった。

3．戦災と戦後の再出発

(1) 工場罹災と復興

1936（昭和11）年，島野鉄工所は堺市老松町に工場を移転した。1939年には，フリーホイールの月産は10万個を突破し，シェアも60％に達した。価格面でも，「3.3.3」のフリーホイールの価格が，業界の基準となっていた。その一方で，戦時体制は色濃くなり，島野鉄工所でも次第に，軍需品の生産が増えていった。

1940年，企業規模の拡大とともに，内外の信用を得るため，庄三郎は，島

野鉄工所を個人企業から,株式会社島野鉄工所に改組した。1944年,軍需会社に指定されたが,そのころには,陸海軍の兵器工場と化していた。そのためフリーホイールの生産も,月産1万個と,ピーク時の僅か10分の1に制限されていた。1945年7月,島野鉄工所は空襲によって設備の約30％が焼失した。が,運良く,フリーホイール生産の関連工場だけは,延焼をまぬがれた。翌月,終戦を迎えた庄三郎は,軍需工場化した島野鉄工所の存在意義はなくなったと考え,会社を一時解散した。

1945年11月,庄三郎は活動を再開した。自転車は,戦災によって麻痺した交通機関の代替需要で,いち早く必需品になっていた。こうした需要の増加と,小資本で小回りの利く部品メーカーの活動再開によって,自転車工業はいち早く復興過程にのった。1946年,島野鉄工所も,フリーホイールの生産を再開し,月産1.5万個まで回復した。しかし,戦後の物資の統制は,生産の足を引っ張った。特に,自転車産業の材料配給経路は,完成車メーカーが優先され,部品メーカーは不利な立場であった。庄三郎は材料確保のため,資本金2300万円で島野自転車株式会社を設立し,長男の尚三を役員にして運営にあたらせた。なお,1950年,島野自転車は,原材料の配給制度が撤廃されると同時に島野鉄工所に吸収合併され,社名も株式会社島野工業に改められた。

(2) フリーホイール製造工程の改革

島野鉄工所は,賠償工場指定やドッジラインの影響もあって,1949（昭和24）年までは無配をつづけていた。しかし,庄三郎は,業績が低迷しているときこそむしろ,品質向上によって製品の信頼性を高め,将来の成長に備えようとしていた。この時期,鍛造と焼き入れ,2つの工程における改革がすすめられた。

まず,鍛造工程であるが,それまでの製造工程では,円く鍛造された地金を仕入れて,フリーホイールに加工していた。良い製品を作るためには,良質の地金が必要であったが,外部調達をしている地金の品質までは統制できなかった。そこで,鍛造工程の内製化をすすめた。1952年,庄三郎は木下正一とともに,2年あまりの年月を費やして研究を重ね,画期的な鍛造方法を

開発した。その方法とは、①鋼板を正方形に小さく切り、②それを数枚まとめて縦に並べ置き、③加熱しながら角を押さえ込むように円くプレス成型する方法だった。従来のように、鋼板から円い地金を打ち抜く方法とちがって、従来よりも鉄の組織を強くすることができた。しかも、材料の歩留まりが30％向上し、コストダウンにもなった。

つぎに焼き入れ工程では、ガス滲炭法という新しい方法を導入した。ガス滲炭法はプロパンガスにアンモニアを添加し焼き入れ、鉄表面に炭素を滲入させる方法である。炭素粉を鉄表面に散布し、滲炭焼き入れする従来方法とは違って、炭素分子が均等に金属表面にいきわたった。そのため、地金自体の内部構造が緻密になり、表面硬度が高くなるといった利点があった。しかし、当時、この方法はまだ実用化されていなかった。そこで、大阪大学工学部冶金学科教授・足立彰と、その研究室の協力を得て開発が進められ、1952年実用化に至った。この成果は、1954年に足立が『金属表面技術』（5巻6号）に「ガス滲炭窒化法の工業化」を発表するなど、先進的な金属表面処理方法として評価された。こうした、一連の研究開発の結果、フリーホイールのみならず、他に製造していたハブ、スポークなどの品質も飛躍的に向上した。また、この過程で、学卒者が採用され、経験と勘に頼る職人集団から、近代企業へと変る素地がつくられていった。

(3) 変速機生産への参入と庄三郎の死去

1956（昭和31）年、神武景気の到来とともにサイクリングブームが起こった。スポーツタイプ自転車がフランスから輸入され、人気を博した。これを契機に、国内完成車メーカーが、スポーツ車への参入をはじめた。島野工業は、スポーツ車に装備される外装変速機を生産し、業績をのばしていた。ところが、ブームは長く続かなかった。当時、スポーツ車は高級品であり、消費者には、そこまでの購買力がなかった。購買層である貸自転車屋の需要が一巡すると、ブームは終わった。島野工業でも、外装変速機の販売は停滞し、再び無配に転じた。57年、島野工業は外装変速機にかえて、実用車向けにハブの内部に変速装置を組み込んだ内装変速機の生産を始めた。しかし、これも失敗した。内装変速機の本場である英国の製品を完全に模倣してつ

くったため，大きくて重いうえに，ペダルに遊びが多く，日本人の嗜好にあわなかったのである。

　1958年9月，業績が低迷する中，庄三郎は肺ガンに倒れ，64歳で死去した。戦後の庄三郎は，自社の発展だけでなく，自転車業界の復興を使命として，公職活動に力を注いでいた。庄三郎の死に対して，日本自転車工業新聞（1958年10月11日）は「巨星，地に落ちて穴をあく」と悼んだ。

4．経営の再建

　1958（昭和33）年，庄三郎の死去によって，長男・尚三が30歳で社長の座に就いた。この年は，変速機販売の失敗によって欠損を抱え，最悪の時期だった。しかも，自転車業界ではモペット（ペダルつきの自動二輪車）ブームへの危機感から，二輪車製造へ転業する完成車メーカーが増えていた。もちろん，自転車部品メーカーも例外ではなかった。事実，島野工業も，本田技術研究所所長・河島喜好から系列入りを奨められていた。しかし，尚三は，この困難な局面においても，自社の自立路線と自転車部品製造の専業化を決断した。

　尚三は，業績回復を計るため，米国市場への進出を目標に，生産と販売の近代化を図る「再建4項目」を方針に掲げた。つまり，①自転車部品への専業化，②販売システムの近代化，③米国主体の輸出市場開拓と拡大，④最高品質をめざす技術開発の推進であった。

(1) 自転車部品への専業化

　尚三の読み通り，モペットブームは短期間でおわった。ブームの間に自転車の市場は浸食されるどころか，実用車からスポーツ車へ，需要を転換しながら市場が伸びていた。尚三は，フリーホイールにかわる，付加価値の高い製品として，以前から変速機に注目していた。過去の失敗から，外国製の模倣ではない，独自構造の内装変速機の開発を進めていた。しかも，開発を学卒の技術者に任せ，庄三郎の時代の職人の経験と勘に頼る製品開発から脱却を図った。

表1 売上高と製品別売上げ構成

	1960下	1964下	1969下
フリーホイール（％）	30.57	15.21	8.62
内装変速機（％）	49.92	61.79	18.30
外装変速機（％）	-	-	13.95
売上高（千円）	495	1,044	2,438

出所：ダイヤモンド社［1971］133-138頁から作成。

　1958（昭和33）年9月，新開発の内装変速機を「世界で一番小さいスリースピードハブ」という，キャッチフレーズで発売した。軽量で，操作性の良いスリースピードハブの売上げは，スポーツ車需要の拡大と相まって，急増した。発売から2年後の60年には，月産5万個を記録し，下期だけで2億5000万円を売上げた。製品別売上構成比では，フリーホイールの30.6％を抜き，変速機が49.9％を占めるまでになっていた（表1）。この成功によって島野工業の業績は，急速に回復していった。

(2) 最高品質を目指す技術開発

　尚三は，スリースピードハブの販売が好調な間に，常温のままで鍛造成型する「冷間鍛造」の開発を推進した。冷間鍛造は画期的な技術だったが，当時では，実用化に達している企業はなかった。島野工業では，1957（昭和32）年から尚三の次弟・敬三が指揮をとり，開発をはじめた。冷間鍛造に関する文献がほとんどない中で，開発は試行錯誤を繰り返しながら進められた。素材の前処理が適当でなく，プレスした際に高価な金型が砕け散るといった失敗を幾度も繰り返した。プレス機も冷間鍛造に適したものはなく，プレス機メーカーと共同開発をおこなった。1962年，島野工業は，約5年の開発期間を経て，大手自動車・工作機械メーカーに先駆け，一連の技術開発に成功した。

　冷間鍛造は，それまで一般的だった熱間鍛造とは違って，第1に，熱による素材の酸化や狂いが生じなかった。そのため，鍛造後の切削工程が不要になり，1回のプレスで精度が高く，しかも安定した品質の部品を大量に生産できるようになった。第2に，設計段階で，限界まで精度を詰めた設計が可

能になり，従来できなかった小型化と軽量化が実現した。冷間鍛造の導入は工数と材料費を大幅に節減し，スリースピードハブでは，材料費の36％，作業工程の30％が削減された。

さらに，1963年9月，尚三は冷間鍛造工場を新設し，1964年10月には鍛造工程の自動化のため，米国ブラウン・エンジニアリング社との技術提携もおこなった。この一連の工程改革によって，生産能力は従来の10倍に増強された。

(3) 販売システムの近代化と輸出市場開拓

1958（昭和33）年，尚三は，スリースピードハブの発売と同時期に，全国主要都市9カ所に「3.3.3サービスセンター」を設立した。当時，自転車の組み立ては小売店で行われており，店主は組み立て・修理技術の専門家とみなされていた。新しい商品の販売促進のためには，小売店に対して技術やサービスを指導する機関が必要だった。

尚三は，サービスセンターに，自社の技術者を配置した。小売店のニーズを直接吸い上げることと，それを通した従業員の意識改革が目的であった。1960年にはサービスセンターを拠点として優秀な小売店を選定し，サービスショップ店を組織した。こうして，小売店の系列化を進め，自転車部品業界では画期的な，直販体制を確立していった。

国内で展開された直販体制は，米国市場への進出でも徹底された。商社には頼らず，自社で販売活動をおこなった。最初，米国では，無名の自転車部品会社に関心を示すようなメーカーはなかった。尚三は，完成車をとおして，消費者の評価を高めることを意図して，国内の完成車メーカーに対して，米国向け完成車に限って一個1300円のスリースピードハブを1000円で卸した。島野工業の部品は消費者を通して名声を高め，やがて，米国メーカーも島野工業の製品を無視できなくなった。こうして，1963年には米国の大手完成車メーカー・コロンビア社との取引が実現した。これを契機として，次々と完成車メーカーとの取引契約が結ばれていった。

さらに，1964年頃から米国では自転車ブームが生じ，それまで変速機市場をほぼ独占していた欧州メーカーが供給面で対応できなくなった。島野工業

は，すでに冷間鍛造の導入などで大量生産体制を確立していたため，これを機に対米輸出を増やし，欧州メーカーの牙城を崩すことに成功した。1963年までは2億円前後であった対米輸出が，1965年には10億円の大台を突破した。スリースピードハブは，米国および国内の内装変速機市場で圧倒的地位を獲得したのである。そして，1965年7月，米国での成功をより確かなものにするためニューヨークにシマノ・アメリカン・コーポレーションを設立するとともに，自転車の本場である欧州へ進出を果たした。

　1960年代後半，東京オリンピックを契機に，スポーツ車ブームが再来した。島野工業では，この市場変化に対応し，1965年外装変速機「シマノ」を発売，1968年にはシェア・トップを獲得した。島野工業は，絶え間ない製品開発・改良をつづけ，高級自転車部品メーカーとして，世界的な評価を確立していったのである。

吉田 忠雄
——YKK の創業者——

吉田忠雄 略年譜

1908(明治41)年	0歳	富山県に生まれる
1928(昭和3)年	20歳	上京し古谷商店に入る
1934(昭和9)年	26歳	サンエス商会創業
1936(昭和11)年	28歳	Yの字に3つのSを配した商標を制定
1938(昭和13)年	30歳	社名を吉田工業所に改称
1942(昭和17)年	34歳	有限会社に改組
1944(昭和19)年	36歳	富山県魚津に工場疎開
1945(昭和20)年	37歳	終戦によって吉田工業所を解散 吉田工業株式会社として再出発
1946(昭和21)年	38歳	商標をYKKに改める
1948(昭和23)年	40歳	全国スライドファスナー工業会発足，初代理事長に選任
1950(昭和25)年	42歳	米国よりチェーンマシンを輸入。ファスナーの機械化生産開始
1951(昭和26)年	43歳	本社を東京都に移転
1955(昭和30)年	47歳	黒部工場(富山県黒部市)稼働開始
1961(昭和36)年	53歳	アルミ建材の生産・販売開始
1990(平成2)年	82歳	建材部門を独立し，YKK APを設立
1993(平成5)年	85歳	7月，忠雄死去

(年齢＝満年齢)

1．創業まで

　吉田忠雄は1908（明治41）年9月19日，富山県下中島村住吉（現在の魚津市）に生まれた。1923（大正12）年，高等小学校を卒業し，入善町で長兄・久政の営む，ゴム靴屋を手伝うなどして働いていた。1928（昭和3）年10月，忠雄は徴兵検査を機に上京した。東京では同郷の古谷順平のもとに寄宿し，職を探した。忠雄は，東京で洋服地の貿易商になることを夢見ていた。しかし，上京したばかりで，紹介状も身元保証もない人間が，仕事をさがしても相手にされなかった。1カ月後，忠雄は古谷の勧めもあって，古谷商店で働くことになった。

　古谷商店は，日本橋蠣殻町で中国陶器の輸入・販売をしていた。陶器を扱うため，仕事は朝早くから夜中まで肉体労働が続き，小柄な忠雄にとって大変つらい仕事だった。それでも仕事の合間をみて，忠雄は商品が雑然と積まれた倉庫の整理をはじめた。古屋商店では現在庫を誰も把握していなかった。そのため，在庫不足や過剰在庫といった問題が，しばしば生じていた。それも忠雄の倉庫整理によって解決したのである。まもなくして，忠雄は店主・古谷から働きを認められ，奉公後わずか1年足らずで，中国・上海の仕入れを一任されるまでになった。

　1931年12月，忠雄は上海での仕入れを終え，翌日の帰国に備えて床についていた。ところが，突然，中国人通訳・包廷才に起こされた。上海事変が勃発したのである。歴史上の記録では，1932年1月28日とされているが，忠雄の記憶では1931年12月28日だったという。事変によって中国貿易が途絶すれば，古谷商店は危機に陥る。そこで，日本軍に対する食料品取引に商機を見いだした。忠雄は，1932年3月の停戦協定締結まで上海にとどまり，この事業を続け，古谷商店に2万上海ドルの利益をもたらした。ところが，帰国して1カ月後，古谷商店は円貨の暴落で経営危機となった。古谷は上海で蓄積した資本を元手に，輸出商に転じたが失敗し，店は債権者の荒牧達次の手に渡った。

　忠雄は荒牧の店となった古谷商店にそのまま雇われ，大番頭として采配を

振るった。ところが，1932年12月，古谷からもう一度商売をやるから手伝って欲しいと懇請され，荒牧の店を辞した。再開した古谷商店では，信用を失っていた古谷に代わって，忠雄が包廷才から資金を借り入れ中国陶器を仕入れた。陶器販売は順調にいったが，古谷の放漫経営がたたり，包からの借入金残高720円が，忠雄の借金として残ってしまった。中国陶器の商売から手を引いた古谷は，大阪の安田壮太郎が経営する安田商店から援助を受け，ファスナーの取り扱いを始めた。が，その矢先，古谷が脱税で摘発され，古谷商店は倒産してしまった。

　店をたたむとき，古谷は忠雄に向かって，「せっかく東京でファスナーを始めたのだし，きみ続けてみたらどうだ。私は絶対に将来性があると思う」（吉田［1986］）と強く勧めた。独立の良い機会であると考えた忠雄は，ファスナー事業を引き継ぐことを決めた。そして，大阪の安田を訪ね，取引の継続と在庫品の1年間借り受けを願い出た。安田はこの申し出を快く引き受け，さらに2000円分ある在庫品を1700円に減額した。これでファスナー事業を始める下地が整った。

2．サンエス商会の創業

(1) ファスナーの品質改良

　1934（昭和9）年1月1日，忠雄は古谷商店の後輩，吉川喜一と高橋利雄とともに，日本橋蛎殻町の元古谷商店の店舗で，サンエス商会を創業した。サンエスという名前は，安田商店が「S.S.S.」の商標を使っていたからである。創業資金350円に対して，古谷商店時代の借金720円と在庫品の1700円，そして，古谷へ家賃代わりに支払う脱税の追徴金が毎月30円と，資金的にはマイナスからの出発であった。

　当時，わが国のファスナー工業は，輸出産業として立ち上がりの時期だった。ファスナーメーカーの多くは大阪にあり，部品を仕入れ，下請けを使って完成品に仕上げる，問屋制工業の形態をとっていた。製造は労働集約型で，全て手作業で行われていた。作業は，まず綿テープに，ファスナーのかみ合う部分となる務歯（ムシ）を一つ一つ並べるところからはじまる。それを手動プ

レスでテープに植え付け，チェーンができあがる。最後に，チェーンを2本ずつ組み合わせ，スライダーをとりつければ，ファスナーが完成した。この製造作業には熟練を要したため，当時は不良品が頻繁に発生していた。もちろん，忠雄の手許にあるファスナーも例外ではなかった。

　忠雄ら3人は，昼は営業に回り，夜は在庫品を作り替える作業に追われた。テープの不良部分を切り取り，務歯をかしめ直し，スライダーをハンマーでたたいて堅牢さを確かめ，完成品に仕上げていった。そのうち，忠雄は安田商店の部品では，良質のファスナーを製造することが困難であることを悟った。より良質の部品を手に入れるため，スライダーや務歯などを，品質に定評あるメーカーから仕入れるようになった。そのため，完成品の価格も他の店に比べて1ダースあたり30銭から1円程度高いものとなった。それでも，品質の良いことから次第に売上げを伸ばしていった。

(2) ファスナー輸出と不良品の発生

　1935（昭和10）年，国産ファスナーの品質も改善され，国内生産高の90%が輸出に向けられた。低賃金と手先の器用さによって作られた製品は，短尺もので海外市場を席巻した。とりわけ，米国では1935年前半期で，全米輸入数量の80%に達し，輸入制限をされたほどだった。この輸出景気に対応するため，忠雄は女子工員を募集し，量産体制を整えた。しかし，ファスナーの品質に関わる2つの事件が起きた。

　1つは，リーベルマン・ウェルシュリー商会を通じて，インドに輸出した3000ダースが，製品不良を理由に返品されたことである。急な大量注文に生産体制が間に合わず，十分に監督がゆき届かない下請けに出したのが原因だった。もう1つは，「S.S.S.」商標の信頼が落ちたことだ。これは，同じ商標を使っていた業者が，品質をなおざりにして量産に走り，粗悪品を販売したためだった。そこで，1935年11月，忠雄は呼称が「サンエス」と同じであっても，全く違う製品であると認識させるため，吉田のイニシャルのYの字にSを配した新商標を制定した（図2）。忠雄はこれらを教訓として，「製品は，納得のいく良い製品を，自分の力で作り出すべきだ」（吉田工業[1964]）との信念を持つに至った。

こうした品質追求の努力もあって、サンエス商会の経営は軌道にのり、月商1000〜1500円程度までになった。従業員は20名を超え、元の古谷商店の建物では手狭となった。この頃には、包への借入金や、古谷の追徴金も完済し、手元資金にも余裕が生まれつつあった。忠雄は、工場の新設・移転を実行した。

図2　当時の商標

(3) 小松川工場への移転

　1938（昭和13）年3月、江戸川区の小松川に新工場を建設した。社名もサンエス商会から吉田工業所に改称した。従業員も移転前の20人程度から70人以上に増え、設備も増強された。忠雄は移転を機に、ファスナー業界では画期的な生産と販売の改革をおこなった。生産面では、務歯やスライダーなどの金属部品の内製化をはじめた。これは、当時のファスナー業界では、希有な事例だった。忠雄は部品段階まで遡及して、品質を管理しようとしたのである。販売面では、製品の即納体制を実現した。業界では、需要先ごとに、チェーンの幅や長さ、テープの色、スライダーの形状など仕様が違っているため、注文生産が一般的であった。忠雄は、月次で需要先ごとの販売予測をたてて、そこの仕様にあわせた製品を見込み生産した。そのため、注文があると期日内に納入することが可能になり、取引先からの信頼も増した。

　ところが、小松川工場に移転後、半年足らずして、政府による工業原料の統制が強化された。原料となる伸銅や綿製品の利用が制限され、ファスナーの国内販売は、ほぼ不可能になった。幸い、外貨獲得のために輸出が奨励されていたので、業界をあげて全面的に輸出に転換した。吉田工業所でも、1939年から1940年にかけて、輸出比率が8割を超えるまでになった。しかし、1941年には国際情勢の悪化により、輸出も不可能となった。ファスナー業界は国内外の販路を断たれ、大阪では業界をあげて連名廃業をする事態まで生じた。

(4) 軍部との取引と敗戦

　1941（昭和16）年10月，商工省の紹介で，横須賀の海軍軍需部から1800円分のファスナーの受注に成功した。これを契機に忠雄は軍部との取引に活路を見いだし，陸海軍との取引を次第に増やしていった。やがて，軍からは品質が良いことと，納期が早いことから信頼を得て，仕様書一切が吉田式のファスナーに改められた。吉田工業所は，1943年11月海軍監督工場に，44年1月には陸軍監督工場に指定された。海軍部所要量の全量と陸軍部所要量の35％を納入するまでになり，納品金額は陸軍で年間80万円，海軍関係180万円，総計260万円以上に達した（吉田工業 [1984]）。

　しかし，1945年3月10日，東京大空襲によって，小松川工場が罹災した。忠雄の故郷の魚津へ，工場疎開の準備を始めた矢先であった。工場は全焼したが，資材や機械類の一部は，前日貨車に積んで発送していたため無事であった。そのまま吉田工業所は，魚津へ疎開し，買収した魚津鉄工所で生産準備をはじめた。しかし，ようやく準備が整った段階で，終戦を迎えた。唯一の取引先であった軍部を失った忠雄は，吉田工業所を解散した。

3．大量生産体制の確立

(1) 機械化への転機

　戦後，忠雄は魚津鉄工所を社名変更し，吉田工業株式会社として再出発した。1947（昭和22）年に入ると，戦後の復興需要や，元の従業員の復員などもあって，ファスナーの生産量は戦前の水準に達した。地方販売を拡大するため，次兄・吉田久松や吉川，高橋などが中心になって，背嚢を背負い北海道から九州まで販売活動に歩いた。忠雄は，困難な交通事情を押して上京し，配給切符の申請と入手といった原材料確保に苦心を続けていた。

　忠雄は「日本が生きてゆく道は輸出振興以外にないとの信念」（吉田 [1986]）をもっていた。輸出を意識してか，1946年1月商標を見直し，新たに「YKK」と定めた。1947年3月，GHQによって日本雑貨品が，戦後初めて輸出許可された。それを聞いた忠雄は，いよいよ再開される本格的な輸出に備えて，輸出部を設立し，東京営業所を日本橋馬喰町に構えた。

1947年7月，GHQの斡旋で，米国人バイヤーが，ファスナーの買い付けにやってきた。忠雄は，幅5ミリ，長さ10インチのファスナーを，一本9セントで取引しようとして，サンプルを見せたが一笑に付された。それほど，彼我のファスナーの品質に差があった。結局，商談どころではなく，その場は恥をかいて終わった。その時，忠雄がバイヤーから見せられた米国製ファスナーは，機能やデザイン面において国産品とは比べようのない完成度だった。戦前の米国で，ファスナーの機械生産をしていたのは，特許を独占していたタロン社のみだった。それでも当時，手植え式の日本製ファスナーは，米国の中・低級品市場では高いシェアをもっていた。ところが戦時中，米国貿易が途絶している間にタロン社の特許が切れ，機械で製造した高品質・低価格の製品が，大量に市場供給されていたのである。

　この事件は，忠雄に焦燥感を抱かせ，ファスナー生産の機械化・近代化へと駆り立てた。このまま低賃金と手先の器用さにたよって生産を続けていては，輸入品に対抗できない。貿易自由化になったら，性能の良い米国製品が日本市場を席巻してしまう。1948年1月，忠雄は「全国スライドファスナー協議会」を発足させ，初代理事長に就任した。そして，業界で共同して，機械化を進めることを提案した。3万ドルから4万ドルもするアメリカ製機械を輸入するには，吉田工業単独では無理があると考えていたからだった。ところが，業界では，内外の需要が好調であったため，手植え式で事足りるという考えが大勢を占めていた。忠雄は，1年半にわたって業界を説得したが，賛同者はだれも現れなかった。

(2) チェーン・マシンの導入

　忠雄は，業界をたよらず，単独でアメリカ製の高速度自動植付機（チェーン・マシン）の輸入を決定した。1949（昭和24）年7月，輸入申請を行い，12月には3.5万ドルの外貨割当と輸入許可がおりた。1950年1月，米国イージー社と中古のチェーン・マシン4台の購入契約を結んだ。業界のリーダーになっていたとはいえ，1949年末で資本金250万円，従業員200名程度の中小企業が，3万ドルを超える機械類を輸入したのである。

　チェーン・マシンの導入は，生産と品質の両面で革新的な効果をもたらし

た。生産面では，務歯の打ち抜き工程と，植え付け工程が，1台の機械に統合された。原材料の金属線から務歯を連続的に打ち抜きながら，そのままテープに植え付けることが可能になったのである。しかも，従来の打ち抜き工程では，多くのスクラップがでたが，この機械だとロスが全くなかった。植え付け速度も，1分間あたり300個だった従来方式に比べ，1200個と桁違いであった。事実，原材料で66％，作業人員で76％が削減され，生産性は格段に向上した。また，品質面では，①務歯を一定の間隔で，規則的に植え付けることが可能となったため，スライダーの滑りが良くなった，②テープに対する務歯の付着力が強くなったため，手作業とちがって，ゆるみや脱落の心配がなくなった，③手作業では不可能であった，幅4ミリ以下のファスナー加工が可能になり，サイズ展開の幅が広がった，などの効果をもたらした。

　忠雄は，さらに機械化を進め，日立精機にチェーン・マシンの複製を一台12万円で100台発注した。また，この機械には，独自の工夫も加えられた。8インチの長さのファスナーを製造する場合，8インチの務歯を植え付けたら2インチの間隔をあけるといった，間歇式の植え付け機能を備えていた。

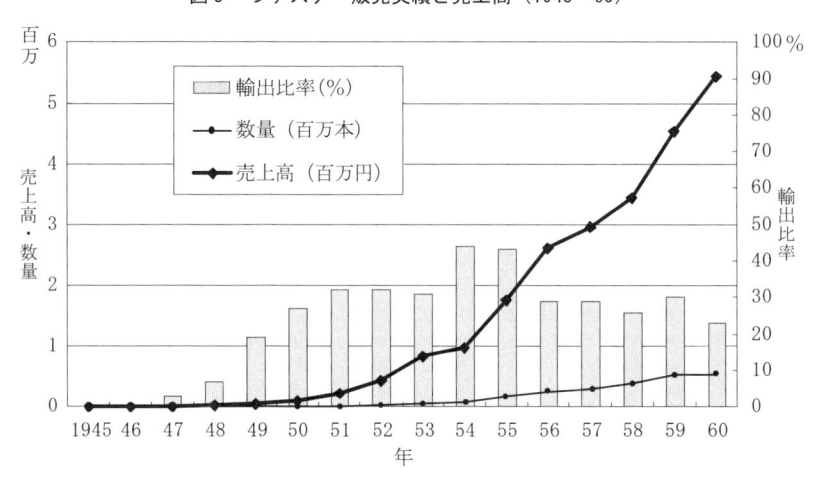

図3　ファスナー販売実績と売上高（1945～60）

出所　吉田工業［1964］294頁。

日立精機製チェーン・マシンは，1951年から1953年まで3回に分けて納入された。ところが，チェーン・マシンが稼働すると，金型の大量供給が必要になった。そこで，職人の手による金型製作をやめ，最新の工作機械を導入し，金型製作の機械化をすすめた。さらに，チェーンが大量生産されると，スライダー製造に遅れが目立つようになった。スライダーの製造工程は複雑であったため，手作業が多かった。忠雄はスライダー製造の自動化を技術陣に命じ，1953年にスライダー連続加工装置の開発に成功した。こうして，ファスナーの生産量は，1949年では年間200万本だったものが，1951年には1011万本，1953年には5530万本と飛躍的に増加し，従来の手作業による生産は姿を消した。

4．販売組織の近代化と製造工程の垂直統合

(1) 販売組織の近代化

生産体制の整備とともに，販売体制も今までの直販体制をとりやめ，代理店制度に切り替えた。1952（昭和27）年当時，東京には競合メーカーが8社あったが，1953年にこれらの同業者から「YKKファスナー」の販売をしたいと共同申し入れがあった。これを契機に，国内における直販をやめ，直接取引をしていた得意先すべてを代理店に引き継いだ。あわせて，代理店契約も見直し，年間契約で取引をすることを義務づけた。ファスナーの年間需要に季節差があるため，それを平準化するためだった。とくに，この制度は，大量生産体制を確立した吉田工業にとっては都合が良かった。代理店では，年間契約になったことで，年間の販売計画に基づいた営業活動など，合理的な管理方法が取り入れられた。その結果，売上げが増加するといった効果もあった。吉田工業は，国内販売から手を引いたことで，海外市場の展開に注力できる体制が整った。

(2) 原料アルミの生産

戦前・戦中の一時期に代用品としてアルミファスナーを製造したが，満足のいく品質が得られずに撤退していた。ところが，朝鮮戦争によって銅の価

格が急騰をはじめたため,再度アルミ製ファスナーの製造が課題になった。しかし,原材料の調達に問題があった。当時,マグネシウムを5.6％含有した堅牢な56Sアルミ合金は,米アルコア社が独占的に製造していた。輸出によって日本の経済振興を成し遂げるという思想を持っていた忠雄は,割高の56Sアルミを輸入し,貴重な外貨を浪費するならば,自社で製造しようと考えた。56Sアルミの製造技術の研究は,古河電工日光精銅所や神戸製鋼所,住友電工などに依頼したがうまくいかなかった。最終的に日立製作所との1年間の共同研究によって成功し,1956（昭和31）年9月,アルミ圧延伸線工場と熔解工場が完成にいたった。しかし,その段階ではまだ粗圧延の段階でひび割れを生じるという不具合があった。そのため,さらに1年半研究を重ね,1958年に線材の量産化に成功した。この56Sアルミ合金の成功は,後のアルミサッシの製造・販売による多角化への基礎になった。

(3) 一貫生産工場の完成

1949（昭和24）年に計画した月産300万本,年商8億円の「第1次5カ年計画」は,計画を一年前倒し1953年中に完了した。ついで「第2次5カ年計画」を実現させるため,忠雄は黒部市牧野の2.8万坪の土地に,黒部工場（現,牧野工場）を建設した。工場には原料から製品までの一貫生産を可能にするため,ファスナーの製造工程に必要な設備の他に,紡績工場とアルミ合金の製造工場が建設された。紡績工場は原綿まで遡及して良質なテープをつくるためであり,アルミ合金工場はアルミ製のファスナーを新たに製造するためだった。黒部工場の稼働開始によって,「第2次五カ年計画」は,1958年に目的を達成した。

しかし,そのころにはファスナーの種類も多様になり,素材も金属だけでなく,ナイロンやプラスチックといった化学製品も使われるようになっていた。生産の拡大だけでなく,新しい素材に合わせた,新しい設備も必要になった。1957年10月,忠雄は黒部市から無償供与を受けた10万坪の土地に生地工場の建設をはじめた。生地工場には,化学素材や工機などの工場が建設され,完全な一貫生産体制が整えられていた。このような,製造工程の垂直統合は,忠雄が日本のファスナー工業の草創期に考えた,製品の品質全般

に完璧な責任を持ちたいという信念を実現したものだった。

　しかも，この垂直統合は取引コストや製造コストの低減を実現し，最終製品の価格を抑制した。1962年ファスナーの貿易自由化がはじまったが，海外製品によって国内市場が席巻されるという忠雄の危惧は，杞憂におわった。国際的な価格競争力を得たYKKの商標を附したファスナーは，1960年代半ばには国内市場の90％を占め，海外でも米国のタロン社，英国のライトニング社と世界市場を3分するまでの規模になったのである。

おわりに

　本章で取り上げた2人の企業家に最も特徴的なのは，戦前は中小企業部門で製造されていた製品分野において，戦後いち早く高品質化と量産化を指向したことである．しかも，彼らの企業成長の基盤は，戦前からの品質追求の努力と，試行錯誤による技術開発によって形成され，戦後になって新技術と出会うことによって開花している．

　戦前のファスナー業界では，主に問屋制のもとで生産が行われていた．しかし，吉田忠雄は早くから商業資本的な思考から脱して，自社で原材料から製品までの品質を追求する体制を作り上げた．また，島野庄三郎も職人の手によってひとつひとつ生産されていたフリーホイールを，焼入工程の改良に象徴されるように，未熟ながらも量産を目指していた．彼らは，戦時中に軍需産業に転身することによって，戦前から積み上げてきた技術や，製品に対する基本思想を維持することができた．さらに，戦後は，財閥解体・財界追放などにより復興が遅れていた大企業にくらべて，中小企業であったがゆえに影響をうけることも少なく，経営の継続性が維持できた．こうした技術と経営の継続性が，戦時中の技術的遅れを自覚させ，高品質・大量生産を目的とした革新的技術の導入の引き金になった．

　しかし，両者の事業の方向性には違いがみられる．庄三郎の島野工業は，フリーホイールの品質改良をとおして，焼き入れと鍛造を中核技術として確立し，変速機やハブなどの自転車部品に製品を拡張していった．一方，忠雄の吉田工業は，チェーンマシンの導入によって量産体制を確立し，さらに原材料から品質を追求し川上部門へと垂直統合をすすめた．特に，56Sアルミ製造工程の内製化は，後の基幹製品となるアルミ建材部門への多角化の布石となっている．島野工業は自社技術による関連分野における多品種化を指向し，コストダウンよりも製品の高機能化・高級化に重きをおいた．それに対して，吉田工業は技術導入による垂直統合を指向し，製品面ではコストダウンと量産化に重きをおいていた．

　また，このような両者の行動の背景に，個人的な富の蓄積よりも，企業資

本の蓄積を優先する中堅企業家の行動特性が存在することも見逃してはならない。特に戦後期において，中小企業はいち早く復興し，利益をえる機会を得たが，彼らはその利益を私的に費消することなく，革新的技術導入への原資として蓄積した。そして，両者の戦後おこなった技術革新は，意図せざる形で参入障壁をたかめ，従来の製法に固執する企業を淘汰した。しかも，蓄積された専門技術によって製造された高品質な製品は，大企業による当該市場への参入を拒むばかりか，海外製品とも互角かそれ以上の製品を作り上げ，世界市場進出の基盤を形成したのである。こうして，島野工業と吉田工業は，戦後になって中小企業の枠を超えた成長を実現し，中小企業から中堅企業，大企業へと成長を遂げていった。

参考文献
○テーマについて
　　中村秀一郎［1964］『中堅企業論』東洋経済新報社。
　　J. ヒルシュマイヤー，由井常彦［1977］『日本の経営発展』東洋経済新報社。
　　橘川武郎・野中いずみ［1995］「革新的起業者活動の継起」由井常彦・橋本寿朗編『革新の経営史』有斐閣。
○島野庄三郎について
　　自転車産業振興協会編・刊「1973］『自転車の一世紀』。
　　株式会社島野工業編・刊［1959］『島野庄三郎傳』。
　　サイクルプレス編集部［1996］『初心　島野尚三一代記』インタープレス。
　　ダイヤモンド社編・刊［1971］『島野工業50年のあゆみ』。
　　株式会社島野工業編・刊［1982］『シマノ工業60年史』。
　　株式会社シマノ編・刊［1991］『シマノ70年史』。
○吉田忠雄について
　　吉田忠雄［1986］『吉田忠雄全集・第一巻　伝記』吉田工業。
　　吉田工業株式会社編・刊［1964］『YKK 30年史』。
　　吉田工業株式会社編・刊［1984］『YKK 50年史』。
　　吉田工業株式会社編・刊［1995］『YKK 60周年記念　挑戦と創造の最近10年史』。

6 マイノリティ新世代の起業者活動

呉永石／孫正義

はじめに

　マイノリティとは，国家・社会的権力をもたない異質な少数派をいう。その識別は宗教や民族性などを基準とする。マイノリティは企業家活動において卓越性を発揮する場合が多いといわれている。その典型は異質性を温存した移民第一世代のマイノリティである。それは在日一世韓人（以下，「一世」。韓人とは韓国朝鮮人の意）の事例を通じて日本でも確認できる。しかし，「一世」は，企業規模の拡大やその永続に不可欠なマネジメント能力において卓越性を発揮したわけではない。彼らが秀でていたのは，企業家活動の端緒といえる起業能力であると考える（河［1996］）。

　「一世」は被差別マイノリティであるがゆえ制度融資を典型とする国家・社会的支援を期待できなかった。その厳しい経営環境を考慮すれば，彼らはまさに徒手空拳から新規の事業を立ち上げたといえるであろう（以下，起業者活動という）。不利な起業環境におかれている彼らをして，あえて起業者活動へと誘い，新規の事業を立ち上げようとする精神的特性を起業家精神と呼称する。

　問題は，日本におけるマイノリティの起業能力やその原動力となる起業家精神が，世代を越えて彼らの子孫にも継承される普遍性を帯びた特性であるか否かにある。その解明のため現時点で必要なことは，「一世」の子孫たる在日二世韓人（以下，「二世」）や在日三世韓人（以下，「三世」）による起業者活動および起業家精神の事例分析の蓄積であろう。

　本章は，専門学校大手・呉学園を創業した「二世」の呉永石（オ・ヨンソク）とソフトバンクを創業した「三世」の孫正義（ソン・マサヨシ）の事例を比較分析する。日本生まれのマイノリティ新世代の生い立ちから起業家精神の原点を検証し，それを原動力とする起業者活動の特性を比較する。

　日本におけるマイノリティの卓越した起業能力が普遍性を帯びた特性であるか否かの解明に必要な事例研究の蓄積をはかると同時に，日本経済が生んだ異質な経営主体の特性の理解に資すると考える。

呉　永　石（事業名・中山英次）
オ　ヨン　ソク

――学校法人呉学園の創業者――

呉永石　略年譜

1936(昭和11)年	0歳	東京・深川の「朝鮮部落」出生
1938(昭和13)年	2歳	大阪の「被差別部落」移住
1959(昭和34)年	23歳	法政大学短期大学部商経科（夜間部）卒業 総合文化学院（大阪）開校
1963(昭和38)年	27歳	女性雑誌『チャーム』事業失敗
1965(昭和40)年	29歳	日本デザイナー学院・東京校開校
1966(昭和41)年	30歳	日本写真専門学院・東京校開校
1969(昭和44)年	33歳	日本ビジネススクール・東京校開校
1971(昭和46)年	35歳	日本ビジネススクール大阪校，福岡校開校
1972(昭和47)年	36歳	日本ビジネススクール名古屋校，広島校，横浜校，仙台校，札幌校開校 腎臓病により腎臓機能と聴覚機能喪失 白内障により左目失明。
1980(昭和55)年	44歳	日本ビジネススクール・米国ロサンゼルス校開校
2001(平成13)年	63歳	死去（人工透析29年間生存世界記録）

（年齢＝満年齢）

1．起業者資質の生成—在日二世の環境要因

　1936（昭和11）年，呉永石は，東京深川砂町の貧民街「朝鮮部落」で生まれた。父の出身地は，朝鮮全羅南道光州近隣の順天である。父は寒村の小作農であったが，日本帝国による植民地政策によって没落した。彼は働き場所を求めて渡日した。当初，下関の醬油工場で低賃金労働者として働いた。やがてそこを辞め，職を求めて日本各地を転々としながら，東京・深川の「朝鮮部落」に移住したという。

　父は，呉が２歳の頃，大阪布施の「朝鮮部落」へ移住する。しかし，父は定職につくことができなかった。呉一家は台所やトイレも無いバラック住まいの貧困家庭だった。やがて父は，賭博を始めるようになり，家計は一層逼迫した。

　呉が４歳の頃，カレンダー工場で働いていた兄（当時16歳）が撲殺された。家計維持者を失った呉家は，毎日の食事も満足に取ることができなくなった。この貧困体験は，呉の貨幣獲得に対する執着心をもたらしたに違いない。当然，呉は少年期から働かなければならなかった。この就労経験が，経済的成功への願望を強めることになる。

　呉少年は義務教育課程を韓民族系学校ではなく日本学校で学んだ。当然，呉少年は日本人としての文化的資質が涵養されていった。彼は天満高校２年の頃，年齢を偽り，在日同胞が経営するキャバレーのボーイとして働いた。その際，毎夜のように豪遊する戦後最大のヒーローに熱い視線をおくった。プロレス・ブームを引き起こし，「カラテ・チョップ」で一世を風靡した力道山である。力道山（本名・金信洛）が韓人同胞であることを知っていたからである。彼は被差別マイノリティ・在日韓人でも才能や努力次第で成功できるという確信をもったに違いない。その自己実現の手段こそが起業者活動だった。

　呉青年は弁が立ち，不良グループ間の闘争の仲裁を依頼されることが度々あった。その度量を見込まれて大阪の暴力団から勧誘を受けた。しかし，呉は拒絶した。正攻法での上昇願望が強かったからであろう。

高校卒業後，呉は上京し法政大学短期大学部（夜間）に入学した。彼は財団法人朝鮮奨学会に奨学金の申請をしたが落ちてしまい，自活しなければならなかった。東京・五反田のエレベーター部品工場で働きながら夜学に通う苦学生となった。仕事で都内を往来する際，会社から支給されていた交通費を節約した。食費に充てるためである。たとえば，五反田から築地の現場迄の交通費30円をうかすために歩き，そのお金でコッペパンを買い空腹を満たした。彼は大学生の間で盛んに議論されていた社会主義や共産主義には興味を示さなかった。マルクスやレーニンの著作は読まなかったし，学生運動にも参加しなかった。毎日の食費を捻出しなければならない苦学生には，そんな余裕は無かったのかも知れない。

　呉はもっぱら事業を起こすことのみを考えていた。日本人同級生とは異なり，就職は絶望的だった。日本企業の在日韓人に対する就職差別が根強かったからである。しかし，起業資金はない。貧困に喘ぐ親や親戚からの援助も期待できない。「朝鮮籍」の外国人では各種制度融資の対象とはならなかったし，民間金融機関からの融資も現実性が無かった。

　呉は少額な資金でいかに事業を起こすかを模索した。ある日，知人の早大生が経営する学習塾を手伝い，閃いたという（1997年6月22日，本人からの聞取り）。彼が感知したのは，教育のビジネス化であった。1959年，呉は法政短大卒業後，チャームスクール・総合文化学院（大阪梅田）を起業し，「成功」した。しかし，女性向月刊雑誌『チャーム』の出版事業がたたり，初めての起業は挫折した。彼は数百万円の負債をかかえることになる。

2．異質な起業者活動―チャーム・スクールでの再起

　呉は一度の失敗で挫折する男ではなかった。1964（昭和39）年，再起を期して上京する。しかし，資金も伝手もないので東京のスラム街・山谷に身をよせた。彼はチャーム・スクールで再起をはかろうとした。その際，講師は一流でなければならないと確信した。しかし，高額な報酬を賄う資金力はない。彼にあるのは，若さと情熱，成功するという強い起業動機と自信だった。彼には「誠意をもって話せば絶対に人を説得する自信がある」（前掲聞

取り)。

　企業家に要求される資質は行動力，とりわけ交渉能力である。呉は紹介者無しで直接著名人に面会しようとした。門前払いが多かったが，稀に成功することもあった。その中の1人が，マドモアゼル・モデルグループ主宰の中川姿子だった。彼女は全国にダンス教室を主宰する中川三郎の娘としても知られていた。呉は中川事務所に直接乗り込んだ。幸運にも中川は，この大胆な若者に興味をもち面会に応じた。呉はビジネス・ビジョンを熱く語り，中川の心を動かした。だが，信用も実績もない無名の若者の提案をそのまますべて受け入れるわけにはいかない。彼女は様子をみることにした。中川事務所内に机1つのスペースを提供し，電話をおくことを許諾した。呉は，権利金，敷金，礼金一切無し，1カ月使用料1万円という好条件で，超一等地・銀座に拠点をもった。

　呉はスラム街の住人という現実の境遇とは矛盾する異質な起業者活動を展開した。彼は取引業者の心証，とりわけ第一印象を良くするため一流ホテルのロビーを商談に利用した。

　立派な背広を着込んだ容姿端麗な青年が，「事務所・東京都中央区銀座四丁目」の名刺を礼儀正しく差し出し，明確なビジネス・ビジョンを熱意をもって披露しながら交渉する。このビジネス手法は，苦学時代の芸能プロダクションでのアルバイト経験を応用したものであろう。彼は伝統と格式というイメージを尊ぶ日本人の国民性，そしてそれを深層心理としたビジネス意思決定を熟知していたといえよう。

　企業家に要求される資質は，数少ないビジネスチャンスを生かすことにある。呉は，人気女優野際陽子をチャームスクールの講師として招聘しようとした。紹介者はいないので，直接，野際本人を説得しようと決意し，出演番組を調べた。彼は野際がレギュラー番組をもつフジテレビに日参し，マネージャーを待ち伏せし「面会」を果たした。しかし，まったく相手にされなかった。だが，呉はねばり強い起業者だった。マネージャーも，度々訪ねてくる呉の執拗さに根をあげ，その熱意に心を動かされた。一度だけ野際本人と直接会わせてくれるという。呉はこの千載一遇の機会に全力を注ぎ，野際の説得に成功した。当時，番組出演料50万円の野際の講師料は，週2回の講

議で1万円であった。彼は数少ないビジネスチャンスを生かしたといえる。

　呉は大阪の一等地・梅田でのチャーム・スクール成功体験から，教室の立地にこだわった。一流講師の講義を一等地で受講したい，という若者の深層心理を見抜いていたのである。そこで呉が選んだのが，東京のサンケイ会館である。また呉は生徒募集広告でも工夫をした。中川姿子の信用と実績を最大限利用し，彼女が若者に語りかけるイメージで「私と一緒にモデルになりませんか」というキャッチフレーズを強調した。これは功を奏した。150人の若者が1万5000円の受講料を送ってきたのである。再起をかけたチャーム・スクールは成功した。しかし，それは上昇志向の強い呉の欲望を満たすものではなかった。彼は本格的な専門学校経営を目指していたのである。

3．専門学校経営の起業者活動

　企業家に要求される資質は，ビジネス・チャンスを知覚することにある。呉の青年期は高度成長期であり，彼が過ごした都市部では核家族化が急速に進んでいた。若い夫婦は伝統的な家族観から解放されつつあったが，逆の意味では新しい家族のあり方を模索しなければならなかった。多くの子育て世代が受容したのが，子女に対する高学歴志向であった。1960年代初頭は，ベビーブーム世代の進学受難の時代だった。たとえば，1962年の全国中学卒業生は約195万人であったが，1963年のそれは約250万人だった。親の世代は子弟の高校浪人を恐れ，高校増設と定員増を切望した。他方，日教組や労働組合，各種婦人団体はこれに応える運動を展開し，全国知事会も高校増設のための国庫補助を政府に要求した。その結果，非義務教育の高校が全国に増設された。

　問題は国民各層に拡散した子弟に対する教育熱が高校進学だけでは満たされず，大学進学まで波及したことにある。しかし，既存の大学にはベビーブーム世代を受け入れる余裕はなかった。文部省大学入学者実態調査によると1962年度4年生大学入学者約19万5000人の4割は浪人であった。既存の大学への進学，とりわけ現役合格は難関だったといえよう。しかも3年後にはベビーブーム世代が大学受験に殺到する。この需要と供給の乖離を埋めるこ

とになるのが専門学校だった。呉はこのビジネスチャンスを知覚したに違いない。

呉はチャーム・スクールでの経営手法を専門学校経営に応用した教育産業におけるイノベーターだった。それをおおまかに整理すると次のようになる。

第1に，授業料はすべて前納制とする。それを専門学校経営の運営資金として活用する。

第2に，生徒が授業料を全額前納しても入学したくなるような一流の講師陣が不可欠だ。しかし，講師陣に充分な報酬を与える資金はない。だが一流の人物は経済的には豊かなはずだ。報酬の多寡よりも教育に対する情熱と理想で説得すれば良い。

第3に，多くの生徒を集めなければならない。そのためには立地が重要だ。一流のイメージをもち，交通の利便性の高い一等地でなければ生徒は集まらない。だが賃料は相対的に廉価であることが望ましい。

呉は一流の講師陣にこだわった。専門学校経営は講師の質と知名度により，その成功が左右されるからである。とりわけ，学校の顔となる校長は一流の実力者でなければならなかった。呉は，その資格を有する著名人を説得した。紹介者なしで待ち伏せすることもあった。何十回も自宅や事務所を尋ねて説得を試みている。1965年，呉は資生堂の花椿マークなどをデザインし，日本の商業デザインに影響を与えた山名文夫を説得した。山名は呉の熱意に動かされ，デザイン教育内容を一任する，という条件で校長就任を快諾した。

呉は，「日本デザイナー学院校長・山名文夫」を高々と掲げるパンフレット作成に着手する。しかし，印刷費用22万円が無かった。そこで大阪迄資金調達に赴いたが失敗した。東京へ帰る交通費も無かった。同情した義弟から同郷の済州島出身の起業者・梁 守 政を紹介された（前掲聞取り）。呉は実母から交通費1万円を借用して東京へ戻り，上野の梁守政事務所を訪ねて事業計画を説明した。梁守政からすれば，著名人を講師とする専門学校経営は，従来の在日韓人による低ステータス産業での起業者活動とは明らかに異なるものであった。しかもそれを披瀝する呉は，自己が接した在日韓人とは

視点を異にする新しいタイプの起業者であった。梁守政は，呉の要請を受け入れ，30万円を提供した。

「日本デザイナー学院校長山名文夫」と載せたパンフレットの効果は，予想以上の反響を呼んだ。商業デザインに興味を示した若者500人が応募した。呉は前払いの授業料3000万円を獲得した。

呉は信義を重んじる企業家だった。返済期日の1週間前に梁守政を尋ね事業経過を報告した。元本と利息，お礼の手土産を持参して礼を述べた。だが梁は元本以外は受取らなかった。逆に彼は呉に対し，成功の祝いとして高級酒レミー・マルタンを与えた。

デザイン学校経営は順調であった。しかし，貸し教室での事業展開には限界がある。経営規模を拡大するためには，自前の校舎が必要である。当然，その所在地は一等地でなければならない。その条件を満たす青山の土地を協和銀行渋谷支店から斡旋された。しかし，購入資金が足りなかった。呉は再び梁守政へ融資を依頼した。彼は事業計画を説明した。梁は快諾し，1000万円を提供した。呉は東京青山に校舎用地を取得し，自前の校舎を建設した。その後，呉は前回同様，1000万円を期日通り返済している。

企業家に要求される資質は既成概念にとらわれない柔軟な思考である。呉は専門学校経営の多角化を志向し，美術系大学が軽視していた写真家養成教育に着目した。デザインとの相乗効果も期待できる。当時，写真家業界というのは未成熟な業界であった。とりわけ後身の育成という教育システムは皆無だった。それは特定の写真家の助手をして下積み生活をしながら技術を磨くのが主流であり，体系的な教育を施す機関は稀だったのである。

日本人の文化構造・職業観も写真家を肯定してはいなかった。写真家は特殊な能力が必要とされ，浮き沈みの激しい不安定なものであり，到底，生計が成り立つ職業とはみなされなかった。当時の日本経済は高度成長期にあり，安定した企業への就職は，一流，三流の格にこだわらなければ困難ではなかった。当然，親は仮に子弟が写真家志望であれば諫めたであろうし，将来的な見返りの低い教育投資をためらったはずである。そこに盲点があった。なぜならば，親と子弟とは別人格であり，両者の希望は一致しないからである。いつの時代も，親＝中高年者は生活の安定を求めるという意味では

保守的であり，子弟＝若者は現実の生活よりも将来への希望を優先するという意味では革新的である。若者は進路に対する夢を見るのであり，斬新な世界へ憧憬心をもつ。仮に親の学費援助が期待できなかったとしても，アルバイトをしながら通学することは不可能ではなかった。

問題は社会的な実績のない写真専門学校の信用をいかにして高めるのかにあった。機関としての信用が無いのなら教授陣という個人としての信用に賭けるしかない。著名な一流写真家が講師として名を連ねる専門学校ということが，その成功を左右したのである。とりわけ校長は，一流の実力者でなければならなかった。呉はその資格を有する著名写真家・秋山庄太郎の説得に成功した。1966年，「校長秋山庄太郎，日本写真専門学院」を創業した。

次いで呉が着目したのが，大学の商学部や経営学部に相当するビジネス・スクールである。この分野はデザインや写真よりもより多くの生徒を集めることが可能であった。企業の業務に直結した実用性の高い実業教育は，子女の安定した企業への就職を希望する親達の支持を得ると考えたからであろう。当然，校長は一流の実力者でなければならなかった。呉はその資格を有する著名経営学者坂本藤良の説得に成功した。1969年，「校長坂本藤良，日本ビジネス・スクール」を創業した。また，呉は著名な実務家が支持・後援する専門実業教育機関という実績を強調し，他の専門学校との差別化をはかった。日本航空会長松尾静麿，リコー社長市村清，西武百貨店社長堤清二（肩書きはいずれも当時）などの後援や推薦を取り付けたのである。その間，呉は梁守政から1億円の融資を受けた。梁の資金提供は，いずれも無利子であったという。すでに相当の資産家となっていた梁は，呉の将来性に夢を賭けたのかも知れない。不幸な生い立ちが幸運な出会いをもたらしたことになる。いずれにせよ呉は，企業家に要求される資金調達能力を有していたといえよう。

呉は日本ビジネススクールを全国展開した。1971年に大阪校と福岡校，72年には名古屋校，広島校，横浜校などを開校した。1991年当時，学校法人呉学園は全国8大都市に12校，海外1校を運営し，日本の専門学校業界大手となる。

4．マイノリティ新世代・「二世」の起業家精神

　呉は不幸な生い立ちに呻吟することはなかった。しかし，彼にはジレンマがあった。交渉相手に応じて「中山秀次」という日本名を使用する場合もあったからである。呉は文部省の学校法人設立申請担当官から，帰化をして「学校法人中山学園」と命名するよう勧められた。しかし，呉は拒絶した。交渉の末，担当官がおれ，「学校法人呉学園」が認可された。以来，呉は「中山秀次」という名を捨て，本名のみで事業を行うようにした。

　1972（昭和47）年の呉は起業者として絶頂期にあった。しかし，急に身体の不調を訴え，精密検査を受けることになる。病名は重度の腎臓病だった。彼は緊急入院を余儀なくされた。命は取り留めたが，週2回約7時間の人口透析を受け，食事などの日常生活も医者の指示通りしなければならなくなった。また，抗生物質ストレプトマイシンの副作用により36歳で聴覚を失った。やがて補聴器を使用しても耳が聞こえなくなり，すべての面談は秘書を通じた筆談となった。さらに，白内障により左目の視覚も失った。歩行も難しくなった。腎臓病特有の疲労感や脱力感は，起業家精神を減退させる十分な理由となったはずである。

　しかし，呉の起業家精神は衰えなかった。彼は自己の意志を経営に貫徹させるワンマン経営者として一層勤勉に働いた。呉の家族や腹心達は，彼の健康というよりはむしろ生命を気遣った。しかし，呉は忠告を聞かなかった。以前にも増して起業者活動に没頭しようとした。呉によれば「インタビューでなぜこんなに働くのかと，よく聞かれるのですけれども，自分が朝鮮人だからがんばっている，やっぱり日本人には負けたくないということが大いにあるんじゃないか（略）このように事業が起こせたのは自分にハンディがあったからじゃないか。もしも，ぼくが朝鮮人でなかったら，何回も挫折してしまっているんじゃないか」（小板橋［1985］）。「もし私が日本で生まれた日本人だったとすればこれほどまでには働かなかったと思います」（前掲聞取り）。彼の起業家精神の基底には，被差別マイノリティという出自に対するコンプレックスがあったといえよう。彼はそれをバネにしながら正攻法で

の上昇を果たすべく専門学校業界での起業者活動に邁進したのである。

　呉は帰化を拒絶し、「朝鮮人企業家」としての矜持をもった。それこそが「一世」同様の厳しい環境におかれたマイノノリティ新世代・「二世」、呉永石の起業家精神であった。

　彼は在日韓人社会との紐帯を尊ぶ名士であった。だが、「一世」とは異なり、政治とは一線を画していた。当然、本国投資にも消極的だった。南北朝鮮のイデオロギー対立に批判的だったからである。呉は闘病生活により体力が日増しに衰えていった。だが、彼の起業家精神は衰えなかった。たとえば、1997年、呉は「世界的な音楽学校を設立しようと思います。その学校の校長には、元ビートルズのポール・マッカートニーに就任してもらう予定です。かならず説得して見せます」と事業計画を披露した（前掲聞取り）。彼は顔面蒼白で歩行もままならない状態であったが、目だけは異常に輝いていた。

　2001（平成13）年、呉は死去した。彼は人工透析生存年数世界第1位の記録保持者となる。

孫　正　義
ソン・マサヨシ
——ソフトバンクの創業者——

孫正義　略年譜

1957(昭和32)年	0歳	佐賀・鳥栖「朝鮮部落」出生
1969(昭和44)年	12歳	福岡移住。城南中学，久留米大学付設高校進学
1974(昭和49)年	17歳	高校中退後，単身渡米
1979(昭和54)年	22歳	米国でユニソン・ワールド創業。「音声合成装置付き多国籍電子翻訳機」企画。シャープに売却し，起業資金調達
1980(昭和55)年	23歳	カルフォルニア大学バークレー校経済学部卒業
		帰国後，本名宣言
1981(昭和56)年	24歳	日本ソフトバンク創業
		パソコンソフト卸売業開始
1982(昭和57)年	25歳	日本パソコンソフトウェア協会創立。初代会長就任
1983(昭和58)年	26歳	B型肝炎により入退院を余儀なくされる
1985(昭和60)年	28歳	ジャストシステム「一太郎」専売により好業績
1991(平成3)年	34歳	本名で日本国籍取得
1994(平成6)年	37歳	店頭公開
1995(平成7)年	38歳	日本マイクロソフト「ウィンドウズ95」販売で好業績
1997(平成9)年	40歳	東京証券取引所一部上場

(年齢＝満年齢)

1. 起業者資質の生成――在日三世の環境要因

　1957（昭和32）年，孫正義（以下，孫）は，佐賀県鳥晒市の「朝鮮部落」で生まれた。そこを居所と定めたのが，朝鮮慶尚北道大邱から渡日した「一世」の祖父である。彼は上流貴族階層・両班(ヤンバン)の末裔であるという矜持が強かった。しかし，日本帝国の植民地下において没落し，渡日を余儀なくされた。彼は九州筑豊で炭鉱労働に従事した。やがて鳥栖に移住し，小作農になった。孫一家は貧困に喘ぐことになる。

　「二世」の父は，家計を助けるため少年期から働かなければならなかった。彼は高校進学を学費が賄えないため諦めていた。仮に苦学しながら高校や大学に進学し高学歴を得たとしても「二世」に対する就職差別により日本企業への就職が絶望的だったからである。父は同世代の「二世」同様，社会的ステータスの低い職業を転々とした。やがて行商から街金融に転業し，資本を蓄積した。それを元手に遊戯業を開始し，九州有数のパチンコ業者となり，経済的には裕福となった。これは在日韓人中の経済的成功者が歩む典型的な上昇パターンである（河［2001］）。

　しかし，孫家は，日常生活では「安本」という日本式氏名を使用した。差別を回避するためである。「三世」の孫も幼稚園の頃，衝撃的な差別体験をもった。近所の子供から「チョーセン人」という怒声と共に投げつけられた石が額にあたり血が吹き出したという。この事件以来，彼は出自を隠すことを決心し，「日本人・安本正義」に徹した。

　父は孫の幼少期から「お前は天才だ」と言い聞かせた。義務教育は韓民族系学校ではなく日本学校を選んだ。当然，孫は日本人としての文化的資質が涵養されていった。父は子弟教育に熱心だった。孫により良い教育環境を与えるため進学校の多い福岡へ移住した。父母は子弟の高学歴を志向した。孫はその期待に応え，福岡の名門・城南中学に合格し，名門進学塾・森田修学館で学力をのばし，九州有数の進学校・久留米大付設高校への進学も果たした。その間，孫は「安本正義」に徹し，家業がパチンコ業であることを誰にも話さなかった。出自を隠そうとしたからである。

しかし，孫は「二世」の父母同様，努力すれば報われるという環境におかれてはいなかった。「三世」に対する就職差別が存在したからである。中学時代，孫は教師を目指していたが，韓国籍では採用されないことを知り，強いショックを受けたという。彼は将来の進路を模索し，就職差別を事前に回避するための方向性を見いだした。起業である。森田修学館を模範とする塾経営を志向するようになった。彼は中学の担任に対し，父が街金融とパチンコ業は営んでいるが，自分には向かないので，塾を起業し経営者になりたいと相談している。しかもその担任に対し，自分が経営する塾の責任者になってほしいと懇願し，同級生の母親には出資をもちかけている。また，高校の担任に対しても，自己は韓国籍だからいい仕事につけない。教職に憧れるが公立学校の教員にはなれないので，塾を起業したいと述べ，その担任をスカウトしている。孫少年にとって塾経営者は，教師になりたいという達成願望を満たすための代替的職業であったに違いない。

保守的な風土をもつ九州で，しかもステータスの高い名門中学・高校の担任教師に対し，教え子の少年が起業予定の塾の講師にスカウトするというのは異質だった。下位の者が上位の者と対等な立場で交渉することを好まない日本的文化構造からすれば，孫の言動は分をわきまえない不遜な行為であった。だがそれこそが，孫の異質な経営手法の萌芽であった。無名の駆け出し時代から各界のトップに面会を申し込んでそれを実現し，初対面で説得してビジネス・パートナーにするという孫の手法は，米国留学時に学んだわけではない。その素地は，すでに少年期に確認できるのであり，それが米国留学時に洗練され緻密化したと考えるべきであろう。

しかし，塾経営は挫折した。孫は高校1年の夏，海外旅行で傷心を癒そうとした。まず祖父母の出身地・韓国へ行った。しかし，韓国の風習や言語が理解できないこともあり，韓国人としてのアイデンティティに目覚めることはなかった。

次いで語学研修の名目で米国へ行った。これが人生の転機となった。孫は多民族国家・米国の自由な風土に感化されてしまった。とりわけ，英語研修会場のカルフォルニア大学バークレー校は魅力的だった。彼は思いついたことは即時行動に移す個性の持ち主だった。名門高校を中退し，米国留学を決

意したのである。家族や担任は反対したが，彼の決意は固かった。父は止むなく承諾し，高額な留学費用の援助を約束した。

1974（昭和49）年の渡米直前，孫は日本マクドナルド創業者藤田田に対し，紹介者無しで6回も電話をかけた。藤田の著書『ユダヤの商法』に感銘し，米国で何を学ぶべきかについて助言を得たいというのである。西洋の被差別マイノリティでありながら営利活動において卓越性を発揮し，経済的勢力を築いたユダヤ人に自己の生い立ちを重ね合わせたに違いない。藤田は孫の熱意におれて面会し，米国では将来性のあるコンピューター産業を学ぶべきである，と助言した。

2．起業資金調達

孫は渡米後，高校を経て無名の大学に進学し，カルフォルニア大学バークレー校経済学部への転学を果たした。当時の米国は，アップルコンピュータのS・ジョブズやマイクロソフトのB・ゲイツなどを輩出したコンピューター革命の創生期であった。若き企業家の新しい産業での台頭は，同世代の孫を刺激したに違いない。彼は自己実現達成の手段として起業を決意した。

1977（昭和52）年，孫は大学在校中，「音声合成装置付き多国籍電子翻訳機」を企画した。しかし，彼にはそれを完成させる技術は無い。そこで理工系の大学教授や技術者達を訪ね交渉した。まず孫が電子翻訳機のアイディアを提供する。次いで技術者が試作品を完成させる。それを孫が家電メーカーに販売し，その利益の一部を技術者に還元するという出来高払いの成功報酬条件を提示した。孫は根気よく技術者を訪問し交渉した。やがて快諾する者があらわれた。世界初のワンチップコンピューターによるスピーチシンセサイザーの実用化に成功したバークレー校の宇宙物理学教授，フォーレスト・モーザーなどである。彼ら技術者は，孫のアイディアを改良し，試作品を完成させた。斬新なアイディアをビジネス化することに好意的で，しかもその専門家の層が厚いという米国の産業風土がそれを可能とした。

英語とドイツ語を翻訳する試作品は，横20cm，縦15cm，厚さ5cmの弁当箱程度の大きさだった。しかし，実用化には改良が必要であった。だが彼

ら技術者は，その改良には消極的だったと思われる。国際的言語・英語を母語とする米国人には，翻訳機の需要は期待できないからである。つまり米国では電子翻訳機はビジネスにならない。

　他方，孫の出身地・日本は事情が異なる。日本は経済大国化により，国民の購買能力が上昇し，その国際志向は年々高まっていた。しかし，日本人は先進国の中では国際的言語能力が最も欠けていた。つまり電子翻訳機は，日本市場での需要が期待できる製品であり，日本語と英語を翻訳する機能の開発こそが不可欠だったといえる。だが彼ら技術者は，孫のアイディアを具体化したという創造性に対する報酬を要求したと思われる。それは遠い将来の報酬ではなく現在のそれであったに違いない。だから孫は急がねばならなかった。

　孫は日本の家電メーカー約50社に手紙を送った。孫自身は無名でもフォーレスト・モーザーは著名であり，10社程度が興味を示した。キヤノン，カシオ，松下電器，シャープなどである。しかし，いずれの交渉も失敗した。だが彼は諦めなかった。比較的感触の良かった1社に交渉相手を絞り込もうとした。シャープ産業機器事業部である。孫は交渉した担当部長よりも上位の実力者に直接会って交渉し，試作品を売り込もうとした。しかし，それが誰であるか分からなかった。そこで大阪弁理士会に連絡し，シャープの特許に詳しい弁理士を紹介してもらった。次いでその弁理士に電子翻訳機の特許出願を依頼し，シャープの実力者を紹介してもらった。それが専務兼天理研究所所長佐々木正と奈良技術本部長浅田篤であった。

　企業家に要求される資質は，数少ないビジネスチャンスを生かすことにある。孫は父の助力を得て，佐々木らと交渉した。彼に幸いしたのが，佐々木がベンチャー・ビジネスの育成を持論にしていたことである。佐々木は若い孫の資質にも期待したと考えられる。シャープへの売込みは成功した。孫は契約金2000万円を獲得し，米国の技術者達に成功報酬を与えた。この試作品は改良後，世界初のポータブル翻訳機「IQ3000」と命名され販売された。これにより孫は，総額1億円相当の報酬を獲得した。このことが示唆する企業家資質とは，革新的なアイディアを具体化できる技術者を満足させる報酬を速やかに与える迅速な行動力＝営業力であると考える。

1978（昭和53）年，孫は米国でユニソン・ワールドを創業し，日本でブームが去りつつあったインベーダー・ゲームに着目した。1台100万円のゲーム機を5万円に値引きさせて購入した。しかも後払いである。彼はそれを350台米国へ輸出し，レストランやカフェなどへの無料リースを開始した。その結果，1億円近い収益を上げることに成功した。同社の経営は順調だった。だが孫は，1980年に同社の経営権を売却し，日本への帰国を選んだ。

3．パソコン・ソフトウェア流通業における異質な起業者活動

1980（昭和55）年当時，日本のパソコン関連市場は黎明期であり，中小零細企業や個人がしのぎを削る未成熟産業だった。孫は米国での当該市場の活況を知っており，それはやがて日本にも波及すると考えた。彼は小資本でも成功可能なパソコン・ソフトウェア卸売業という新たな流通網の整備に着目したイノベーターだった。

1981（昭和56）年9月，孫は日本初のパソコン・ソフトウェア卸売業，日本ソフトバンク（以下，ソフトバンク）を創業した。同年10月，彼は異質な起業者活動を開始した。創立間もない資本金1000万円の小企業が，大阪の家電見本市コンシューマ・エレクトロニクス・ショーに出店料800万円を投資し，ソニーや松下電器と同規模のブースを確保した。次いでソフトウェア開発会社に対し，自社ブースへの出店を要請した。不利な契約条項は一切無く出店料も無料という好条件に13社が半信半疑で応じた。ソフトバンクのブースは連日盛況だった。しかし，孫はソフトウェア開発会社との間で手数料や紹介料などの契約を締結していなかったため，実質的な利益を得ることができなかった。当然，共同経営者の経営総合研究所と軋轢が生じた。だが，この異質な起業者活動が幸運をもたらすことになる。

1981年10月，上新電機が大阪浪速区日本橋に日本初のパソコン専門大型店「J&P」を開店した。「ハード・ソフトの品揃え日本一」を標榜し，連日盛況だった。しかし，ソフトの種類が少なく顧客のニーズを満たせなかった。そこで上新電機が注目したのが，大阪家電見本市での最大ブースに13社のソフトウェア開発会社を集めた孫だった。

6 マイノリティ新世代の起業者活動 155

　企業家に要求される資質は迅速な行動力，とりわけ交渉能力である。孫は，初対面の上新電機社長淨弘博光に対し，この仕事にかける熱意を披露し，日本中のソフトを集めると豪語し，その見返りとして独占契約締結を提案した。淨弘は孫の資質を見込み快諾した。翌週，孫は大阪「J&P」を訪問し，ソフト不足を批判した。日本一を標榜する以上，品揃には2000万円の仕入れが必要であると主張し，淨弘はそれを受諾した。
　孫は日本一のソフトウェア開発会社ハドソンと独占契約を結ぼうとした。実はハドソンにも大阪家電見本市への出店要請をしていた。社長工藤裕司は出店を断ったが，孫に対しては興味をもった。孫は工藤裕司と実弟の工藤浩に面会し，独占契約締結を提案した。孫は，自身が天才である，と異質な自負を披露し，日本一のソフトウェア卸売流通会社をつくる，と豪語した。工藤兄弟は呆れたが，孫に興味を抱きためそうとした。年末迄に保証金3000万円を提供できるのであれば独占契約を考えても良いと逆提案した。孫は快諾した。
　しかし，孫には資金が無かった。経営総合研究所に資金提供を依頼したが拒絶された。のみならず共同経営を降りるので自社株式を額面の3倍で買い取れといわれた。孫は受諾したが資金は無かった。実父などから資金提供を受けたようである。孫はハドソンへ保証金を提供し，経営総合研究所からソフトバンクの株式を買い戻し共同経営を解消した。
　企業家に要求される資質は資金調達能力である。1982年2月頃，孫は第一勧銀麹町支店長・御器谷正之に対し，異質な融資依頼をした。取引実績皆無の創業間もない小企業が，無担保無保証のプライムレートで1億円を融資して欲しいという。御器谷は呆れたが，パソコン関連市場の将来性を感じていたので，孫が提出した事業計画を調査した。第一勧銀難波支店長を通じて上新電機への信用照会を行った。淨弘は孫の事業の将来性を評価した。佐々木には直接電話で照会すると，自分が保証する，といった。佐々木は第一勧銀の頭取にも孫に対する融資を依頼したという。これが決め手となり，孫は事業資金を調達した。
　日本一のパソコン・ソフトウェアの販売店および開発会社と独占契約を締結したソフトバンクの知名度と信用は漸次高まった。大部分のソフトウェア

開発会社がソフトバンクとの取引を希望した。また創業2年程度で4500店超の小売店が加盟店になった。孫率いるソフトバンクは，パソコンソフトウェア卸売市場を創造し，業界最大手になったのである。

　企業家に要求される資質は既成概念にとらわれない柔軟な思考である。孫は経営方針を絶えず見直した。たとえば，ビジネス系ソフトウェアの中立政策の放棄である。1980年代初頭，日本語ワープロソフト市場は，管理工学研究所の「松」が最大シェアを誇っていた。1985（昭和60）年，孫は，ジャストシステム「一太郎」の3カ月間独占販売権を獲得して販売を強化し，そのシェアを奪還した。しかし，1989（平成元）年，ジャストシステムが専売契約を破棄した。そこで孫が接近したのが，日本市場で苦戦していた日本マイクロソフトであった。1995年，孫は「ウィンドウズ95」とそのアプリケーション・ソフトの在庫管理から販売プロモーションまで手がけた。その結果，「一太郎」はシェアを減らし，「ワード」などが市場を制圧した。この間，競争者が消えていった。1993年，ソフトウィングが吸収合併され，1996年にはソフトウェアジャパンが倒産した。ソフトバンクは寡占体制を築いたのである。

4．マイノリティ新世代・「三世」の起業家精神

　孫が日本での起業者活動を決意したのは何故か。客観的には競争が激しい米国のパソコン関連産業では，彼が活躍する余地は無かったと考えられる。しかし，それだけではない。米国は人種差別の根強い国であり，犯罪など社会問題を数多く抱える社会である。しかし，非白人種の若者が出自のみを理由として自己の将来に絶望する社会ではない。とりわけ米国はスモール・ビジネス，日本でいうベンチャー・ビジネスの本場であり，制度的にも充実している。また，新規ビジネスに対するリスクも理解されており，日本のように一度や二度の失敗で社会的落伍者の烙印を押されることはない。さらに，不幸な出自という呪縛から孫を解放したのは，多民族国家として多様な価値観の存在を否定しない米国の自由な雰囲気であった。にもかかわらず，孫は在日韓人には好意的ではない日本に帰国して，起業者活動を展開するという

のである。

　孫の起業家精神に影響を与えたのは，生い立ちであると考える。彼が名門高校を中退しようとした際，担任は慰留した。日本の一流大学に進学・在籍しながら米国の大学に留学することを勧めた。しかし，孫は拒否した。自分は韓国籍だから日本では認めてもらえない。米国で結果を出せば日本人は評価してくれる，と担任に訴えたという。これこそが孫の起業家精神の原点であったと考える。彼の成功の指標は，日本社会および日本人からの評価であった。孫は血統と国籍，その生い立ちによって涵養された被差別者としての屈折した感性を除けば，同世代の日本人と何等異なることがない。しかし，日本社会は孫を日本人とは認めてくれない。そこに彼のジレンマと，こだわりがあったに違いない。その状況が彼の思考に覚醒的刺戟を与え，成功への強い動機付けを成したと思われる。

　孫は帰国後，本名「孫」を使用するか否かで悩んだ。実父母や一族は差別されることを理由に反対した。しかし，彼は本名使用を選択した。予想通り，孫は差別に遭遇した。しかし，孫は本名使用を止めなかった。後年，彼は本名での帰化を申請したが，法務省は「孫」という姓の日本人はいない，という理由で認めなかった。そこで彼は，日本人の妻の姓を「孫」に変更したいと裁判所に申請し，それを認めさせた。1991（平成3）年，法務省は「孫」という本名での帰化を認めなければならなくなった。

　しかし，これは孫に韓民族的矜持が芽生えた結果ではない。彼は米国留学体験を通じて出自を隠すというのは人の心を卑屈にすることに気付いた。資質や努力とは何等関係のない出自で差別されながらも，その不当性を訴えることなくそれを隠して社会に埋没する。自尊心の強い孫にはそれが我慢成らなかった。彼は日系米国人がそのルーツを示す日本姓を使用しているように，自然体で「孫」の使用にこだわったとみなすべきであろう。

　1983（昭和58）年，孫は慢性肝炎を患い，最悪の場合は余命5年と宣告され，入退院を余儀なくされた。その間，彼は，泣き，祈り，書物に親しんだ。しかし，起業家精神は衰えることはなかった。彼は奇跡的に快復し，ソフトバンクの経営に邁進した。その起業家精神の中核を成すのは，出自に対するコンプレックスであったと考える。それは時として強い起業意志力と

リーダーシップ発揮の原動力になった。その基底には，自己に対する揺るぎない自信と自己を差別した日本社会に対する不信感があったと思われる。孫は自分が生まれ育ち，家族や親戚，妻の親や親戚，友人，知人がいる日本でこそ認められたい。就職差別により自己に疎外感を与えた日本においてエスタブリッシュメントになって成功したい，という非合理的欲求が働いたと思われる。つまり彼は「日本人企業家」として日本で認知されることを望んだ。それこそが「一世」や「二世」よりは相対的に恵まれた環境を与えられたマイノリティ新世代・「三世」，孫正義の起業家精神の原点であったと考える。

おわりに

　マイノリティ新世代の呉永石と孫正義には以下の共通点があった。第 1 に，同化＝日本人化の進行である。彼らは日本で生まれ育ち，日本語を母語として育った。義務教育課程も韓民族系学校ではなく日本学校で過ごしたため日本人としての文化的資質が涵養された。外見上も日本人と変わらない彼らは，日常生活では日本式氏名を名乗りながら思春期を迎えた。当然，同化が進行した。この事実が外国籍・マイノリティでありながらも日本での起業者活動を可能とした。取引先や顧客となる日本人の心性の理解にも役立ったのである。

　第 2 に，彼らの起業家精神は，出自に対するコンプレックスを重要な構成要素とした。いずれも在日韓人社会では相対的高学歴者であったが，少年期から将来遭遇するであろう就職差別を意識し，自己実現の手段として起業者活動に活路を見出した。彼らは被差別者としての逆境をより一層の努力と勤勉で能動的に克服しようとした。その前向きな精神は，死地をさまよいながらも衰えなかった。その過程を通じて強固な起業意志力という企業家資質を涵養させた。第 3 に，彼らは小資本でも成功できる時勢にのった未成熟なビジネスを知覚し，明確なビジョンにもとづき起業した。彼らは迅速な行動力を用いて数少ないビジネスチャンスを生かし，若さと情熱を基底とする優れた交渉能力を発揮し，実力者や著名人を説得してビジネスパートナーにした。また彼らは企業家に要求される資金調達能力や既成概念にとらわれない柔軟な思考なども持ち合わせていた。彼らはそれぞれの業界でイノベーターとしての役割を担ったが，最大の共通点は異質性であった。

　他方，彼らには以下の異同が認められる。「二世」の呉は，貧困と差別，苦学の体験者である。呉が過ごした時代は，自己の民族的アイデンティティを絶えず意識しつつも，日本名＝事業名を使用しなければ成功できない時代だった。だからこそ呉は初期の起業者活動において「中山英次」という事業名を使用した。やがて彼はそれを恥じ，韓人名「呉永石」のみを使用し，逆境をバネにしながら専門学校業界の覇者と呼ばれるようになった。他方，

「三世」の孫が過ごした時代は，親の世代に当たる「二世」よりも恵まれた時代だった。孫は富裕な家庭環境で青少年期を過ごし，高学歴目標を達成していた。だが，自己が日本人と何等変わらないのに日本人ではない，という苦悩を持ち続けたと考えられる。孫が，初期の起業者活動から「孫正義」という韓人名を使用したのは，韓民族的矜持の表徴では無かった。彼は多民族国家米国留学体験からルーツを隠さないで米国民として生きる自然な生き方を学んだ。それを日本で実践したに過ぎない。この世代的な環境の格差が両者に異同をもたらした。

韓国人，とりわけ在日韓人は国籍を重視し，韓民族的矜持の証は帰化の拒否によって表徴される。両者とも資産家であり，社会的信用も高いことから帰化は容易だった。しかし，両者は異なる対応を示した。呉は在日韓人社会との紐帯を尊んだ。彼の自民族へのこだわりは，学校法人認可の際，文部官僚が薦めた帰化の拒絶によって表徴された。彼は「朝鮮人企業家」であろうとした。他方，孫は在日韓人社会とは距離をおき，「日本人企業家」たらんと欲し帰化した。東証一部上場も果たし，名実共に「日本の企業家」になった。したがって，呉は非同化志向の企業家であり，孫は同化志向の企業家であったといえる。

彼らの起業者活動を通じて国家・社会的な援助が無くとも若さと情熱，時勢をとらえる明確なビジネスビジョン，創意と工夫，成功への強固な起業意志力などにより起業可能であることを知った。いずれも日本人実力者の協力と支援により自己実現を果たした。彼ら実力者は，出自よりも資質や能力を重視する人物本位で両者を評価したといえる。その事実から日本経済界の一部における能力主義志向を知見できるのである。

参考文献

○テーマについて

　　河　明生 [2003]『マイノリティの起業家精神―在日韓人事例研究』JTA。

　　河　明生 [1996]「日本におけるマイノリティの起業者活動―在日一世朝鮮人の事例分析」『経営史学』第30巻第4号。

○呉永石について

　　小板橋次郎 [1985]『コリアン商法の奇跡』こう書房。

　　「ヒューマン・ドキュメンタリー人間呉永石」『セヌリ』1992年3月号。

呉永石［1997］1997年6月22日，東京・渋谷にて聞き取り。
○孫正義について
    河　明生［2001］「マイノリティの経済問題—世代別経済的上昇法則と起業者活動」平川均・石川幸一編『新・東アジア経済論—グローバル化と模索する東アジア』ミネルヴァ書房。
    孫　正義・田原総一朗［1998］「政治家は国家の経営者たれ」『中央公論』4月号。
    奥野修司［1999］「孫正義の『血と革命』」『文芸春秋』1月号。

安定成長期・バブル期

II

【大企業セクター】

7　企業パラダイムの変革者
　　——樋口廣太郎／大賀典雄

8　大企業経営の「失敗」
　　——杉浦敏介／水島廣雄

【企業家セクター】

9　新しいサービス産業の開拓者
　　——小倉昌男／飯田　亮

10　破綻ベンチャーの企業家活動
　　——須藤充夫／藤村靖之

スーパードライ発売当初のポスター

宅急便開始当時に使用した宅急便集配車

7 企業パラダイムの変革者

樋口廣太郎／大賀典雄

はじめに

　日本経済は1970年代の二度のオイルショックを経て，高度成長期から安定成長期・低成長期へ移行した。これに伴い，企業，とりわけ製造業を取りまく環境条件も変化していった。いわゆる成長率の鈍化・停滞という成熟化の段階をむかえたのである。

　例えば家電産業は，1950年代半ば以降，白黒テレビ，電気冷蔵庫，電気洗濯機，カラーテレビ，クーラーなどといった製品を生み出して高い成長を続けてきた。しかし安定成長期への移行や家電製品の普及率の上昇につれて，市場が成熟化し，売上高も鈍化の傾向を示すようになった。また消費者のニーズの変化と多様化の影響で，大量生産・大量販売の構図が効かなくなったこともその要因であった。

　高度成長期に大衆消費需要の拡大を享受して成長を遂げた大企業のなかには，組織の肥大化により，小回りがきかなくなる（変化への対応の欠如），あるいは安定した空気に慣れてしまいチャレンジ精神がなくなる（モラールの低下）などといった「大企業病」に陥ってしまうものも現れた。

　こうした企業は，脱成熟化へ向けて，リストラクチャリングを断行しなければならなかった。脱成熟化の戦略としては，新事業の開発による事業構造の転換と，新商品あるいは新システムによる成熟事業の再活性化の2つを挙げることができる。その過程で，成熟して行き詰まった状況を打破するため，経営者は①変革の必要性を組織に認識させ，②新しいビジョンを創出し，③変革の制度化を行う，すなわち，パラダイムの変革を通じて脱成熟化に向けて組織を主導していくことが必要になる。

　本章では，アサヒビールの樋口廣太郎とソニーの大賀典雄を取り上げる。アサヒビールとソニーは，現在，日本を代表する大企業であるが，1980年代初頭に危機的な状況に陥ったことがあった。しかし樋口と大賀の積極果敢な企業家活動もあって，そこから脱することに成功した。以下では彼らが1980年代に，いかにして企業パラダイムの変革を通じて組織を活性化し，リストラクチャリングを断行していったかを検討する。

樋口 廣太郎
――アサヒビール再建の立役者――

樋口廣太郎 略年譜

1926(大正15)年	0歳	京都府に生まれる
1945(昭和20)年	19歳	彦根経済専門学校(現滋賀大学経済学部)を卒業 野村銀行(現大和銀行)を辞め,京都大学経済学部に入学
1949(昭和24)年	23歳	京都大学を卒業し,住友銀行に入行
1953(昭和28)年	27歳	東京事務所調査課で企業調査を担当
1964(昭和39)年	38歳	五反田支店支店長に就任
1965(昭和40)年	39歳	堀田庄三(住銀頭取・アサヒビール相談役)の秘書を務める
1973(昭和48)年	47歳	住友銀行取締役に就任
1975(昭和50)年	49歳	常務取締役に就任
1979(昭和54)年	53歳	代表取締役専務に就任
1982(昭和57)年	56歳	代表取締役副頭取に就任
1985(昭和60)年	59歳	アサヒビール顧問に就任
1986(昭和61)年	60歳	アサヒビール代表取締役社長に就任
1987(昭和62)年	61歳	「アサヒスーパードライ」を発売
1992(平成4)年	66歳	代表取締役会長に就任
1999(平成11)年	73歳	取締役相談役・名誉会長に就任

(年齢=満年齢)

1．アサヒビールの低迷

　アサヒビール（以下アサヒ）は，1949（昭和24）年，大日本麦酒の分割により誕生した。大日本麦酒は，1906（明治39）年に札幌麦酒（ブランド名「サッポロ」），日本麦酒（「エビス」），大阪麦酒（「アサヒ」）の3社合同で設立され，その後も同業他社を次々に合併し，第二次大戦期には市場シェア75％前後を有する日本最大のビール会社であった。しかしながら，1949年に過度経済力集中排除法の適用を受けて，朝日麦酒（アサヒ）と日本麦酒（1964年に現在のサッポロビールに社名変更，以下サッポロ）に分割されたのである。

　大日本麦酒分割時の市場シェアは，アサヒ36.1％，サッポロ38.6％，そして戦前から続く麒麟麦酒（以下キリン）25.3％であった。その後キリンの市場シェアが伸張する一方で，アサヒはサッポロとともにシェアを漸減させていった。とくにアサヒのシェアの落ち込みは，1963年にサントリーがビール市場へ参入してから顕著になり，1980年代に入ってからは10％前後で推移した（図1）。

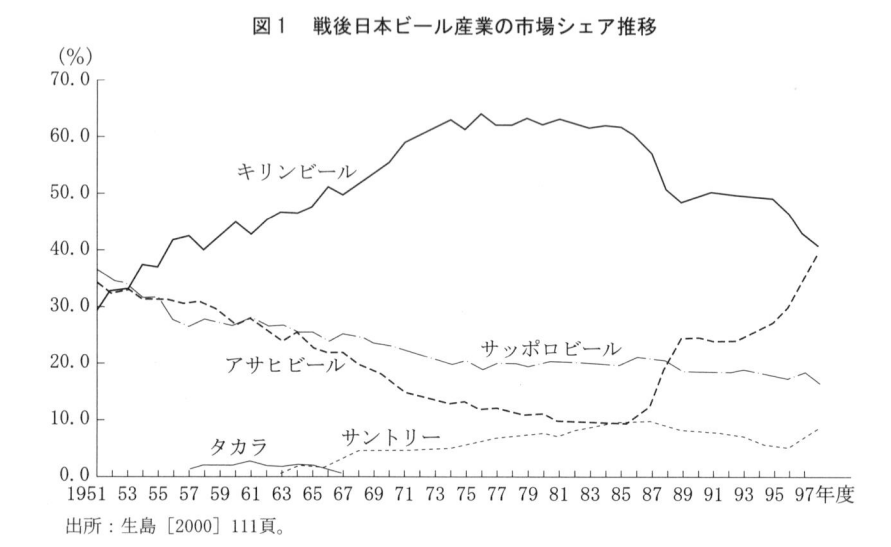

図1　戦後日本ビール産業の市場シェア推移

出所：生島［2000］111頁。

アサヒ低迷の要因として，主に次の4点が指摘される。まず第1に大日本麦酒の分割で，アサヒの生産拠点・販売網が西日本に偏在したことである。つまり分割当初，「アサヒビール」は西日本のローカルブランドだったのである。

第2に戦後急拡大した家庭用市場への進出に遅れたことがあげられる。ビール市場は業務用と家庭用に大別されるが，戦前では業務用が7割以上を占めていた。その大部分を大日本麦酒が押さえていた。これに対し，キリンは残された家庭用に販売努力を行っていた。ところが戦後になって生活水準の向上，生活様式の洋風化，各家庭への電気冷蔵庫や暖房機器の普及などで家庭用市場が急拡大していった。それゆえアサヒは家庭用市場の進出でキリンに遅れをとる形となった。加えてブランドの知名度を高めるため，まず基盤のあった業務用を中心に営業を展開せざるを得なかったので，ますます不利になっていったのである。

第3に，1963年にサントリーがビール市場に参入したとき，アサヒ社長山本為三郎（当時）が自社の特約店ルートに対して「サントリービール」の併売を認めたことである。図1のように，サントリーの成長はそのままアサヒの市場シェア減少につながっていった。

そして第4に，さまざまな市場シェア回復策が実行されたが，その成果が一時的なものに終わってしまったことである。アサヒは業界の中でも技術志向が強く，新しいアイデアをつぎつぎに打ち出してきた。缶入りビール（1958年），ビール券（1968年），びん入り生ビール（1968年），オールアルミ缶（1971年），アルミ製小型樽（1977年）など，いずれも日本初の試みであった。しかし他社にすぐに追随され，シェア上昇は実現されなかった。また「アサヒゴールド」（1957年）や「アサヒスタイニー」（1964年）などの新製品も短期的にはヒットしたものの，結局自社製品を食う形となり，ほとんど長続きしなかった。

歴代の社長はシェア低下を食い止めることができなかった。社内では危機感を持つものがいたものの，全社的に「アイデアを出してもどうせ長続きしない」といった沈んだ空気につつまれていた。また「大企業ゆえにつぶれないだろう」という安穏とした雰囲気もあった。前述のように1980年代に入

り，アサヒの市場シェアは10％を切るかどうかというところまで落ち込んだ。シェア10％はビール業界では採算ラインとされている。そしてサントリーにも抜かれそうになり，業界最下位転落の危機に瀕していた。またビール産業自体も，1975年頃までは成長率が毎年10％上昇する「成長産業」であったが，その後伸び率が鈍化した。ビール税増税に伴う値上げや，ワインや焼酎との競争が激化するなどで需要がこれまでに比べて減少したのである。

アサヒのメインバンクである住友銀行（現三井住友銀行）は，この状況をみて1982年3月に同行副頭取である村井勉をアサヒの社長に推薦した。村井は業績不振に陥っていた東洋工業（現マツダ）の経営再建を成し遂げた経験を有しており，その経営手腕は高く評価されていた。

2．村井勉の再建活動

村井勉はまずいかに社内を活性化させるかという問題に取り組んだ。このため1982（昭和57）年7月に，今後の会社の進むべき方向，事業領域や社員のあるべき姿を明確化した「経営理念」を作成した。アサヒには経営理念がなかったのである。「わが社は，酒類，食料，食品，薬品などの事業を通して，国の内外を問わず，すべての人びとの健康で豊かな生活文化の向上に役立ち，社会に貢献し，社会の信頼を得て発展する企業を目指す」の前文に続き，消費者志向，品質志向などの6つの柱が提示された。同時に経営理念実践のための「行動規範」もあわせて小冊子にして，全社員に配布した。

この経営理念に沿って，村井は第1次長期経営計画（5カ年）を策定し，その中でCIとAQC（＝TQC，TをアサヒのAとしている）を導入することを決定した。CIは沈滞している会社のイメージを変えることを目指し，AQCは社内全体で自主的に商品や業務の品質改善を目指すものであった。1982年10月にCI導入準備委員会，翌年初めにAQC導入準備委員会が設置された。ともに次課長クラスの7～8名のメンバーで構成された。

CIとAQCの導入作業を進めるなかで，社内に共通認識が生まれていった。すなわち，「アサヒの存在価値は世間に認められていないのではないか」，そして「商品づくり一つとっても，結局自分たちは何もやっていな

かったのではないか」という深い反省が浸透していったのである。

そこでアサヒでは1984年秋に営業部門が中心になって，5000人を対象とした嗜好調査を実施した。調査は他社製品を交えて直接飲んでもらって感想を聞くという，徹底した対面調査であった。調査の結果，①調査対象者の大半が，ビールをイメージで飲んでいるわけでなく，本当は味で飲み分けていること，②アサヒがシェアダウンしてきたのは商品自体に人気がなかったこと，が明らかとなった。とくに②については，「味を変えたほうがいい」という意見が87％，「"波に朝日"のマークを変えたほうがいい，古い」という意見が83％もあった。

さらにビールの味については，苦味だけでなく，口に含んだときの味わい「コク」と喉越しの清涼感「キレ」の大切さが指摘された。「コク」と「キレ」とは矛盾した概念で，コクが良ければキレが重くなり，キレが良ければコクが薄くなった。この矛盾にアサヒは挑戦した。1985年夏に中央研究所の数百種類ストックされている酵母バンクの中から矛盾を解消する「五〇八酵母」が選ばれ，またアルコール分を従来の4.5％から5％に引き上げる提案がなされたのである。

ただこうした味の変革に対して社内から反対の声が上がった。食品業界では一度慣れ親しんだ味を変えることはタブーとされていた。コカ・コーラ社が「ペプシ・コーラ」の攻勢に対抗して，1985年に長年通してきた「コカ・コーラ」の味を変えたが，消費者の猛反発を受けてわずか90日でもとの味に戻したという例もあった。しかしながら，村井は味の変革，すなわち「アサヒ生ビール」（通称「コクキレビール」）の発売を決定した。アサヒが生き残っていくためには，消費者の嗜好に合うように味を変えていくしかないと判断したからであった。同時に嗜好調査で不評とわかったマークを白地に青の「Asahi」のロゴに変更した。

新商品の発売に伴って，1986年3月に村井は会長に退いた。経営改革が進んでいるとはいえ，市場シェアは落ち続けており，1985年は10％を割ってしまっていた。代わって社長に就任したのは，前年からアサヒの顧問を務めていた住友銀行出身の樋口廣太郎であった。

3．アサヒビールの経営革新

(1) 樋口廣太郎社長の登場

　樋口廣太郎は1926（大正15）年1月，京都府で生まれた。生家は布団屋を営んでいた。1945（昭和20）年に彦根経済専門学校（現滋賀大学経済学部）を卒業し，野村証券に就職したが，支店の閉鎖にともない野村銀行（現大和銀行）に転職した。しかしながら樋口は本格的に勉強したいとの思いから，同行を半年で辞めて京都大学経済学部に入学した。そして同校卒業後，住友銀行に入行した。入行後は働きながら神戸大学第二経済学部の助手として会計学（とくに原価計算）の講座を担当したことがあった。

　住銀では，1964年に五反田支店長を務めた以外は，一貫して銀行の中枢部門に勤務した。1965年から3年間は堀田庄三頭取（当時）の秘書をつとめた。1973年に取締役になり，専務時代には国際部門を担当している。そして1982年には副頭取に就任した。住銀では異例の「スピード出世」で，56歳での副頭取就任は最年少記録であった。村井勉とはかつて上司－部下の関係だった。

　そして村井や磯田一郎住銀会長（当時）の要請を受け，1986年1月にアサヒビールの顧問に就任し，翌年3月に同社社長となった。村井が樋口に社長を任せたのは，彼の経営能力，とりわけ実務能力を高く評価していたからであった。それゆえ従業員の意識改革を行い，戦略を実践していく段階になったら，樋口の方が向いていると判断したのである。

　ただ前述のように，樋口の社長就任時，アサヒの業績はまだ最悪の状態から脱していなかった。樋口は監査役から「なんとか五年もたせて下さい」と言われたという。

(2) フレッシュ・ローテーションと品質管理

　社長に就任した樋口を待ち受けていたのは，「アサヒ生ビール」の発売であった。このとき樋口は「世界中でいちばん良い原材料を使うこと」，「フレッシュ・ローテーションに徹すること」，「宣伝及び販促活動を積極的に展

開すること」の3つの経営方針を打ち出した。経営方針については，彼が新社長就任の挨拶にキリンとサッポロを訪問したときにそのヒントを得た。樋口は雑誌のインタビューで次のように語っている。

「最初に，私はまったくの素人ですから，厚かましくも，キリンの小山（秀次）会長と本山（英世）社長を訪ねて"ビール会社の経営にとって何が一番大事ですか"と聞いたのです。二人とも答えは同じで"品質第一"。そして"品質第一の根本は何ですか"と聞いたら…"それは原材料に金を惜しまないこと"だという答えだった。そこで今度はサッポロの河合（滉二・元社長）さんと高桑（義高・社長）さんとこへも行きました。（中略）そしたら"フレッシュ・ローテーション"だ，と。ビールは古くなると変質してまずくなる。これが一番恐いのだということでした」（『WILL』1988年8月号，65頁）。

樋口はさっそく特約店や酒販店に残っている3カ月以上たった古いビールを全て買い戻させた。前のラベルのビールは特定の料飲店に再販するのが業界の常識とされていたが，樋口はこれを許さなかった。樋口はこうした決断を「損切り」と呼んでいる。「相場で損を覚悟で見切り売りをする」という意味で，「売れないから古い，古いからまずい，まずいから売れない」という悪循環に陥っていたのを思い切って断ち切ったのである。約12億円分のビールが買い戻された。これらのビールは捨てられていたが，樋口の指示で，一部を社内で毎月行われるビールデーで社員に飲ませた。社員がいかに消費者に味落ちしたビールを飲ませていたかを自覚させるためであった。

また以前は，売上の数字を上げるために月末に出荷を集中して押し込み販売を行っていたのを，完全にやめさせた。押し込み販売をしていれば，結局在庫を増やして古いビールを売るようになるからである。工場でも製造したビールを必ず20日以内に出荷させるようにし，それを越えるものがでないように管理を徹底した。また流通段階においても，小売店の店頭で3カ月以上置いたままのビールを引き取るように指示した。常に新鮮な状態のビールを販売することを徹底させたのである。

原材料についても，樋口は金を惜しまず世界中で一番良質のホップと麦芽を入手することを決めた。しかしながら，アサヒには資金的余裕がなかっ

た。それゆえ樋口は自ら原材料の仕入れの再点検を行った。樋口はこのことについて以下のように語っている。

「缶は東洋製缶からしか買わない。箱はレンゴー，砂糖は日清製糖と決めていて競争原理がまるで働いていない。そこで資材担当の役員に，これでは仕入価格が高いのではないか，と言ったら"いいえ，日本一安いはずです"という答え。念のために東洋製缶で確かめたら"申しわけありませんが，世界で一番高く買っていただいています"という返事だった。万事がこの調子で，…」(同前)。

あらためて原材料や資材の仕入先と価格交渉をして適正価格に下げてもらうなど，わずか1カ月の見直しで，約50億円の資金を捻出することができた。この資金を原材料の仕入や広告宣伝に用いたのである。商社の情報網を使い，担当役員を世界各国に派遣して調査・交渉した結果，ホップはドイツ・ミュンヘン郊外のハラタウ地方のアロマホップ，など最高品質の原材料を得ることに成功したのであった。

また樋口は，「利益は経営者が考えることであり，工場はいいものを作りさえすればよい」という考えから，工場をプロフィット・センターとして利益目標を課する「利益管理制度」を廃止している。

(3) 積極的な宣伝及び販売促進活動

樋口は巨額の費用を投じて宣伝や販売促進活動を積極的に行わせた。「アサヒ生ビール」がこれまでにない新しいコンセプトのビールであることを販売店や消費者に理解させるのが，大きな理由であった。まずアサヒは樋口の指示のもと，大掛かりな100万人試飲キャンペーンを実施した。ライブ・エクスプレス号と名づけたキャンペーンカー2台で，1986年3月8日の鹿児島から日本列島を北上し，キャンペーンガールを動員して，繁華街や店頭で人々にミニサイズの缶を配って試飲を勧めた。最終的には89カ所をまわり，同年6月8日の東京・渋谷での最後の試飲会で100万本を配り終えた。

100万人試飲キャンペーンと並行して，1万軒を目標とした社員総出の店頭試飲会も行った。この試飲会の特徴はイベント会社やアルバイトに任せるのではなくて，工場や生産現場で働く社員や内勤の社員までが店頭に立った

ことであった。それゆえ試飲会を通して，消費者や酒店店主と直接意見を聞く機会を得て，双方向のコミュニケーションを達成することができたのである。また社員のモラールが高められていく効果ももたらした。

広告では，既存の商品コンセプトと異なることを消費者に論理的に説明しなければならないと考え，活字媒体をフルに活用した。また当時の業界では広告はビールの季節に入る4～5月頃から始めて，夏のビール商戦が終わる7～8月で打ち切るのが通例であったが，アサヒは1月から始めて，秋を過ぎても広告を打ち続けた。費用については前述の樋口の合理化によって捻出した資金を利用した。加えて，営業利益のほとんどを広告宣伝費に向けるよう指示した。アサヒの年間宣伝費は，これまで80億円前後だったが，1986年では117億円に急上昇した。同年のキリンのそれが150億円であるが，市場シェアの差を考えると（キリン60：アサヒ10），かなり宣伝費にウエイトを置いたと考えられる。

(4) 「スーパードライ」の発売

「スーパードライ」の開発は，1986年春からマーケティング部と生産プロジェクト部を中心に行われた。5000人嗜好調査を再検討した結果，「アサヒ生ビール」よりもさらに軽くて咽越しの良さ「キレ」を推し進めた製品，「ドライ（辛口）」というコンセプトのビールの開発が提案された。当初，このコンセプトについて経営会議でも，「前例がないし，見たことも聞いたこともない」と反対する技術者や役員も多かった。樋口もはじめは否定的であった。しかしながら，マーケティング部と生産技術部の若手社員が「ぜひ実現してみたい」と主張したため，開発作業は平行線をたどった。

これまでビールの新しい味を決定する場合，技術部門が中心になって行われてきた。しかし村井と樋口はそれを大幅に変更して，営業部門もこれに参加させ，さらに最終決定も営業部に一任するという制度を採用した。そうすることで顧客志向の製品開発を進めさせたのである。そのため，技術部門と営業部門が一緒に働く機会が増え，社内の団結が強まっていった。さらにアサヒには「最高のビールを作っているのに売上が伸びないのは営業部門の責任である」という技術部門の主張があった。逆に「一生懸命売り込んでいる

のに，売れないのは製造されたビールが良くないからだ」という営業サイドからの主張もあった。ところが共同作業を通して，一方的な考えは一掃され，社内でのモラールが高められた。とりわけ若手社員のチャレンジ精神を奮い立たせていたのであった。樋口は村井同様，これからは消費者のニーズを的確にキャッチし，それに応える商品開発を行わなければアサヒ復活への道はないと考えていた。

　何度も改良を重ねた結果「三一八酵母」が選ばれ，全く新しいタイプの「さらりとした飲み口，ちょっとアルコール度数高めの辛口」生ビール，「スーパードライ」が誕生したのであった。経営会議でも，数回行われた試飲会でも高く評価され，発売の了承を得た。

　「スーパードライ」は1987年3月に発売された。最初は首都圏から販売して徐々に販売地域を広げる計画だったが，売行きが好調で全国各地からの販売要請が相次いだため，急遽計画を早めて全国で販売するようにした。販売目標は年間100万ケースだったが，5月下旬には400万ケースに変更，その後も変更を繰り返した。この間，樋口は広告宣伝費・販売促進費を大量に投入し，かつ生産設備の増大を積極的に行った。結局1987年の販売量は1350万ケースを記録した。売上金額は800億円を超え，全ビールの3.2％を占めた。ビールの新商品としては，過去最高のものとなったのである。

　「スーパードライ」は，消費者のアルコール飲料に対する嗜好の変化を的確に捉えた飲料であった。咽越しのいいビールは，ビール好きの人だけでなく，若い女性や主婦層まで需要を拡大させた。1987年のアサヒの市場シェアは13％に上昇した。

　同業他社は「スーパードライ」について，発売当初は「ゲテモノにすぎない」，「秋になれば売れなくなる」と評価していた。ところが，秋になっても売上は落ちなかった。それゆえ，他社も翌年にドライビールの製造・販売に踏み切り，ドライビールをめぐる競争，いわゆるドライ戦争に突入した。

　ドライ戦争はアサヒの一人勝ちであった。各社はドライビールの製品そのものに加えて，激しい広告・宣伝による競争を繰り広げたが，ドライに対する評価が高まれば高まるほど，それはドライの「本家」であるアサヒにプラスへ作用した。また，ドライ市場が急拡大し，各社とも成功したように見え

たが，あまりの拡大にアサヒを除く各社が品切れ状態に陥った。つまりアサヒだけが急激な需要の拡大をカバーすることに成功したのである。

アサヒが需要拡大に応えることができたのは，樋口の指示で，設備拡張投資をかつてない規模とスピードで行い，かつ最新鋭の生産設備に更新していたからである。アサヒの年間設備投資額はこれまでおよそ70〜80億円だったが，1986年度から91年度の5年間で，総額5672億円の投資を行い，生産能力は約5倍に拡大した。そして樋口社長在職中の6年半の間に，アサヒの生産設備の99％が最新鋭設備に更新された。資金調達については，転換社債，外債，新株引受権付社債の発行などがなされたが，これらは「スーパードライ」のヒットによる株価上昇を活用したものであった。

1988年の「スーパードライ」の販売数量は7500万ケースと驚異的な数字を示した。ドライビールの市場は全ビール市場の34％，1億5000万ケースに拡大した。アサヒはその半分を占めたことになる。同年のアサヒの市場シェアは20.8％に上昇し，サッポロを抜いて業界第2位になった。

同年に樋口は経営理念を，「品質を最優先とする。お客様の心に応える行動に徹する」に設定し直した。アサヒには，顧客の嗜好を掴んだ「スーパードライ」の成功で，「売れるから新しい→新しいからおいしい→おいしいから売れる」という好循環，さらに売れることで社員が自信を持ち，士気がいっそう高まるといった効果が創出されたのである。

大 賀 典 雄
──ソニーの組織改革者──

大賀典雄 略年譜

1930(昭和5)年	0歳	静岡県に生まれる
1953(昭和28)年	23歳	東京芸術大学音楽学部を卒業
		東京通信工業(現ソニー)の嘱託となる
1957(昭和32)年	27歳	ドイツベルリン国立芸術大学音楽学部を卒業
1959(昭和34)年	29歳	ソニーに入社,第二製造部長となる
1963(昭和38)年	33歳	ソニー商事取締役に就任
1964(昭和39)年	34歳	ソニー取締役に就任
1968(昭和43)年	38歳	CBSソニー専務となる
1970(昭和45)年	40歳	CBSソニー社長に就任
1972(昭和47)年	42歳	ソニー常務取締役に就任
1974(昭和49)年	44歳	ソニー専務取締役に就任
1976(昭和51)年	46歳	ソニー副社長に就任
1980(昭和55)年	50歳	CBSソニー会長に就任
1982(昭和57)年	52歳	ソニー社長に就任
1983(昭和58)年	53歳	事業本部制を導入
1989(平成元)年	59歳	コロンビア・ピクチャーズエンターテインメントを買収
1995(平成7)年	65歳	ソニー会長(CEO:最高経営責任者)となる
1998(平成10)年	68	経団連副会長に就任
2003(平成15)年	73	ソニー取締役を退任し,名誉会長に就任

(年齢=満年齢)

1.「ソニー神話」の崩壊

(1) ソニーの企業風土

　ソニーは，1946（昭和21）年5月に電気通信機及び測定器の研究制作を目的として設立された，東京通信工業を前身とする（1958年にソニーに社名変更，以下ソニーに統一）。創業者井深大が起草した「設立趣意書」の，「真面目ナル技術者ノ技能ヲ最高度ニ発揮セシムベキ自由闊達ニシテ，愉快ナル理想工場ノ建設」，「他社ノ追随ヲ許サザル境地ニ独自ナル製品化ヲ行フ」という文言に象徴されるように，ソニーは優れた技術開発力を有していた。そしてソニーは，日本初のテープレコーダー「G型」（1950年），日本初のトランジスタ・ラジオ「TR-55」（1955年），世界最小のポケット型トランジスタ・ラジオ「TR-63」（1957年），世界初のトランジスタ・テレビ「TV 8-301」（1960年），世界初のトランジスタ小型VTR「PV-100」（1963年），ベータマックス方式の家庭用ビデオ「SL-7300」（1975年），ヘッドフォンステレオ"ウォークマン"（1979年）を発売するなど，新たな市場を生み出すような製品を開発・発売してきた。ソニーの大きな特徴の1つであり，海外からの技術導入に多くを依存していた他社とは著しく対照的であった。ソニーが「モルモット」と評された所以であった。

　ソニーのもう1つの特徴として，技術担当の井深ともう1人卓越したマネジメント能力を有する盛田昭夫の存在があげられる。盛田は1960年にソニー・コーポレーション・オブ・アメリカを設立したのを皮切りに，日本初のADR（アメリカ預託証券）の発行，ニューヨークでのショールームの開設，そして香港やイギリスなどにも現地法人を設立するなど，ソニーの国際企業化を推進してきた。盛田は井深の後を受けて社長も務めた。2人の強力なリーダーシップのもとで，ソニーは急成長を遂げた。ソニーは戦後を代表するベンチャー企業であり，国際企業であった。

(2) VTR での失敗

　しかしながら，新製品開発で新しい市場を開拓していこうとするソニーの

戦略は，消費者のニーズを把握してそれに対応していくよりも，自社製品の良さをアピールするという，「プロダクト・アウト」の発想であったといえる。また，製品開発が優先されているので，生産技術については量産化技術よりは新製品の製品化技術が重視されがちであった。それゆえソニーの生産効率は他社と比べて低かった。

　こうしたマーケティングと生産の軽視により，ソニーの内部には環境変化への認識と対応を遅らせる組織風土が醸成されていった。それでもソニーは独創的な新製品を出し続けることによって成長してきたが，家電技術は次第に成熟化に向かい，他社の追い上げによって技術的優位が次第に失われていった。例えば，1979年に発売され大ヒット商品となったウォークマンも発売から数カ月後には他社に追随され，また音質という当初のコンセプトにこだわって再生機能に限定したため，録音などの追加機能の面では他社に遅れをとってしまった。

　このようなソニーの体質を最もよく表しているのが家庭用VTRを巡る競争（第1次ビデオ戦争）でのベータの敗北であった。

　家庭用VTRは，1970年代初頭から「ポストカラーテレビ」として，家電メーカー各社が開発に全力を注いでいた製品であった。各社試行錯誤の末，まず1975年にソニーからベータマックス方式のVTR，次いで76年に日本ビクターからVHS方式のVTRがそれぞれ発売された。業界各社が追随する動きをみせると，日本ビクターは技術供与やOEM（相手先ブランド生産）供給を行い，積極的にファミリー企業作りを進めていった。これに対し，ソニーは日立製作所などから要請があったにもかかわらず，他社にOEM供給をすることを断った。

　そして家庭用VTRの普及が急速に進むなか，家電のリーダー企業である松下電器がVHSに本格的に力を入れ始めてからVHS陣営の営業力が強くなっていった。加えてベータ陣営に名を連ねていた東芝や三洋電機も1983年にVHSを販売することを表明し，ベータ側はかなり不利な立場に立たされてしまった。VTRテープの互換性を考えると，強力なファミリー企業を形成した方が販売網の大きい分だけ有利になることはあきらかであった。この当時ソニー商品を扱っている販売店は全国約2万2000店であったのに対し，

松下のそれは5万店を超えていた。

　加えて，機能面で大きな違いがあった。録画時間がベータ1時間に対し，VHSが2時間であった。画質はソニーの方がいいとされていたが，消費者は長時間録画できるVHS方式を好んだのである。さらに1983年にはビデオレンタルが急速に普及し始め，レンタルビデオ店では圧倒的にVHSの扱いが多くなっていき，ベータの劣勢に拍車がかけられていった。

　このような状況を背景に，ソニーは1984年1月に4日間連続で全国紙に「ベータマックスはなくなるの？」などといったネガティブ広告を出した。こうした広告を出すことによって，逆にベータは健在であることを訴えようとした。だがこれが裏目に出て，かえってベータの敗北を決定づけた。またこの時期，ソニーは1982年から2期連続の大幅赤字を記録した。

　そのため1984年1月の株主総会で，経営陣は株主からの厳しい追及を受けた。13時間半に及ぶ記録的な長さとなり，「マラソン株主総会」といわれた。オーディオ不況への対策に遅れがあったのではないか，VTRの敗北の原因は技術やブランドへの過信ではないのか，などと責められたのであった。これに中心となって応対したのが，1982年からソニー社長を務めている大賀典雄であった。

2．ソニーの経営革新

(1) 大賀典雄社長の出自・キャリア

　大賀典雄は，1930（昭和5）年，静岡県沼津市で生まれた。生家は材木業を営んでいた。少年時代から音楽と機械いじりが好きだったという。大賀がソニーと縁を持つようになったのは，東京芸術大学（以下，芸大）音楽学科在学時であった。ソニーは1950年に製品化したテープレコーダーを，まず教育現場で使用してもらい，世間の認知度を高めようとした。芸大にも売り込んだが，このとき学長から任命されて芸大側の窓口になったのが大賀だった。大学はあまりにもテープレコーダーが高価（当時1台16万円）だったので，購入を躊躇していた。しかし大賀は，「音楽家もバレリーナの鏡のようにテープレコーダーを使って練習する必要がある」と大学側を説得して購入

許可を取り付け,同時にソニーに対して厳しい注文をつけた。芸大の大賀とソニーとでテープレコーダーに関してやりとりをしていくうちに,大賀は井深や盛田と親しく話をするようになり,嘱託として協力を要請されることになった。

芸大卒業後,大賀は声楽家を志して,ドイツに留学した。ただソニーとの関係は継続しており,製品分析やアドバイスのレポートを送っていた。ドイツから帰国した大賀は,二期会に所属してオーケストラのソリストとして出演したり,オペラでもメインキャストを務めたりしていた。しかしながら,大賀は芸大在学中から盛田に「あなたは生まれながらの経営者だ。うちの会社に入社しなさい」などと熱心に誘いを受けていた。悩んだ末大賀はそれを承諾,1959年にソニーに入社した。最初は音楽家とサラリーマンの「二足のわらじ」であったが,多忙を理由に,音楽の方をだんだん縮小していき,1960年代半ばには完全にビジネスの方に専念するようになった。

ソニーでは,まず放送用テープレコーダーを扱うノンコンシューマーグループの第二製造部長に就任し,2年後にはデザイン室長と宣伝部長も兼任した。1964年には34歳の若さで本社取締役となり,同時に製造企画部長として商品企画,デザイン,宣伝の中枢部門を統括した。1968年にはアメリカ最大の放送会社CBSとの合弁で設立されたCBSソニーの専務取締役に就任,2年後の70年には社長となった。大賀は経営能力を発揮し,同社を10年も経たないうちに,売上,利益などすべての部門で業界トップの地位にまで成長させた。

そして1972年に本社常務取締役に抜擢され,その後専務,副社長を経て,1982年9月に岩間和夫社長急逝の後を受けて社長に就任した。岩間社長時の名誉会長井深大,会長盛田昭夫という体制はそのまま継続された。なお,大賀が副社長時代に最も力を注いだのはCDの商品化であった。CDの音楽収録時間を決める際,大賀の要望でベートーベンの交響曲第9番を1枚に収めるため74分にしたという逸話もある。

前述のように,ソニーはこの時減益に陥っており,またベータの敗北も重なって業態は悪化していた。大賀は社長就任後,在庫整理や借入金の削減などの減量経営策を講じた。またアメリカの景気回復もあって業績は回復しつ

つあった。ただ成果はすぐに上がらず，マラソン株主総会に追い込まれていた。

しかしながら，大賀はこの間，より本質的かつ長期的な対策を打ち出していた。すなわち，ソニーの組織改革と戦略の見直しである。

(2) 事業本部制の導入

1983（昭和58）年5月に大賀の指揮のもとで事業本部制の導入を中心とする組織改革が行われた。ソニーの組織は，大きくVTR，カラーテレビ，CDなどの「コンシューマー（民生用機器）グループ」，業務用VTR，OA・ニューメディア関連機器などの「ノンコンシューマー（業務用機器）グループ」とに分けられていた。大賀はこれを解消し，本格的な事業本部制に移行し，テレビ，オーディオ，ビデオ，情報機器，磁気製品，半導体，MIPS（Media Information Products & System）の7つの事業本部とメカトロ事業部を新設して，それぞれ新任の事業本部長に大幅な権限の委譲を行った（図2）。

ソニーでは事業部制を以前から採用していたがあまり機能せず，事業部の収益責任と権限の所在が不明確だったのである。事業部長は生産計画に従って製品を作り，出荷すればその先の責任はなかった。各事業部はソニー単体の売上，在庫を担当するだけで，販売や流通在庫は販社や現地法人に任せるというやり方だったのである。それゆえ今回の組織改革では，販売部門をこれまでソニー製品の販売を担当していたソニー商事から事業本部に移し，事業本部長の統轄のもとに，工場は製造，販社は販売の責任を負うものにしたのである。同時に事業本部は利益最大化を主要任務とし，損益計算書と貸借対照表の作成を義務づけられ，より厳しい採算責任を負うことになった。そして各事業本部は主体的かつ積極的に事業展開できるように，事業本部長には予算とは別枠に5億円の自由裁量権と，本部内での組織変更や人事異動の権限が与えられた。

これに伴い，大賀は「モノを作って出荷し，ソニー本社に利益をもたらしても販売会社に在庫を増やし，赤字にしたら意味がない。世界中の販売の出先まで神経をゆきわたらせ，生産もバランスをとらないと大変なことにな

図2 ソニーの事業本部制（1983年5月）

井深大名誉会長
盛田昭夫会長
大賀典雄社長

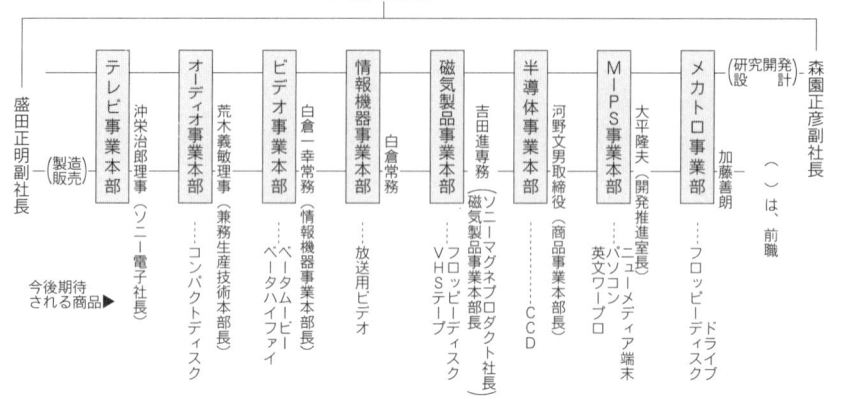

盛田正明副社長 ……（製造・販売）今後期待される商品▶

テレビ事業本部　沖栄治郎理事（ソニー電子社長）……コンパクトディスク

オーディオ事業本部　荒木義敏理事（兼務生産技術本部長）……ベータムービーベータハイファイ

ビデオ事業本部　白倉一幸常務（情報機器事業部長）……ベータムービーベータハイファイ

情報機器事業本部　白倉常務……放送用ビデオ

磁気製品事業本部　吉田進専務（ソニーマグネプロダクト社長・磁気製品事業部長）……フロッピーディスクVHSテープ

半導体事業本部　河野文男取締役（商品事業部長）……CCD

MIPS事業本部　大平隆夫（開発推進室長）……ニューメディア端末パソコン英文ワープロ

メカトロ事業部　加藤善明……フロッピーディスクドライブ

（研究開発）（設）

森園正彦副社長

（　）は、前職

出所：『週間ダイヤモンド』1983年7月9日号，85頁。

る」（ソニー［1996］）と考え，開発・技術主導だったソニーの体質を改めようとした。それゆえ大賀は，事業本部間の調整を図るため，2人の副社長にそれぞれ「商品開発・技術」分野と「生産・販売」分野を任せ，事業本部を横断的に管理する体制にしたのである。

大賀は，これまでは井深や盛田などカリスマ性のある創業者たちの求心力や強い技術力で会社の成長を支えてきたが，もはやそれが限界に達し，大企業の仲間入りを果たしたソニーには，その企業規模にふさわしい組織が整えられていないと感じていた。大賀の狙いは，会社の中にいくつも事業単位をつくって権限を委譲して責任を明確にするとともに，主体的に事業を展開させることで従業員の意欲をかき立て，組織を活性化させることにあった。大賀は以下のように語っている。

「今までのソニーは井深，盛田といった天才的な経営者がすべてのデシジョンをしていた時期がありました。しかし，彼等といつまでもいる訳ではないし，現代のような変化の激しい時にはそれではいけません。」「会社が大きくなったのに組織がそれに対応できなかったということです。企業とい

うものは規模に応じた相応の体制をしっかりし，レイヤーというか，階層ですね，これが出来すぎると風通しが悪くなってしまう。やはり，クイック・デシジョンが可能でかつ放漫にならない組織をつくらなければなりません。そのうえで，各人のモラールを高めていけば，会社というものはうまく行くものです。それと絶えず緊張感をもつということも大事です」(『日経ビジネス』1985年11月25日号)。

(3) 外販・OEM の開始

　大賀は1983（昭和58）年に，既存商品の徹底強化，半導体分野の強化，テープメーカーとしての超一流化，MC（マイクロコンピューター），OA，CD，ニューメディアなどの新ビジネスの積極的展開などといった，新しい事業戦略を明らかにした。

　ソニーは1970年代，コンシューマー（民生用機器）メーカーとして成長を続けてきた。しかしながら，この分野における需要が成熟化し，ニーズは多様化していた。この変化に対処しつつ，新たな経営戦略の見直しが必要であると大賀は認識していた。それゆえ，コンシューマービジネス以外の分野であるノンコンシューマービジネスやコンポーネント（部品）ビジネスを積極的に展開する方針を打ち出した。具体的にはコンシューマーとそれ以外の売上ベースの比率をこれまでの70：30から50：50にするというものであった。

　特に半導体やコンポーネントについては，外販・OEM 供給を行うという方針を掲げた。前述のように，これまでソニーで生産するすべての部品は，自社製品を構成するためだけに生産されていた。部品の外販はタブーとされていたのである。この方式は，自社技術が突出している場合には技術の流出を防ぐという利点があった。しかし，優位性が失われた場合には，外部調達と比べてコスト的に不利になるだけでなく，競争にさらされないためにかえって技術進歩に立ち遅れる危険性があった。大賀は，コスト計算の厳しいOEM を開始することで，世間の荒波にもまれる必要があると指摘し，VHS方式の VTR テープやフロッピーディスクドライブなど，AV 系，コンピューター系，メカトロ・磁気記録系などで外販・OEM ビジネスを展開させた。そして1984年に外販の窓口となる専門の販売部隊「コンポーネント営

業本部」を新設し，外販の体制を整備した。特にその後はCD（ピックアップ部分）やコンピューター関連のデバイスでOEMビジネスを急拡大していった。

また，こうした外販・OEMへの姿勢は，カメラ一体型VTRを巡る競争（第2次ビデオ戦争）時に，キーコンポーネントの外販によるデファクト・スタンダード（事実上の業界標準）の形成で，グループ化を促進するという好結果をもたらした。

カメラ一体型VTRは，据置型VTRに自ら映像を撮影するという機能を加えた新たな市場であるとして，1980年頃から開発・商品化が進められていた。そうしたなか，日本ビクターと松下電器はVHSと互換性のあるVHS-C方式を採用した。

ソニーは新規格の8ミリで対抗し，1985年にカメラ一体型8ミリビデオ「CCD-V8」を発売した。ソニーは第1次ビデオ戦争の反省を生かし，8ミリビデオでは他社にOEM供給する戦略に転換した。また，CCD（電荷結合素子：「光」の情報を「電気」の情報に変える，カメラの「眼」となるもの）を外販し，ファミリー企業作りに注力した。その結果，パイオニア，富士フィルム，京セラ，アイワ，リコー，三洋などが8ミリビデオに参入した。またソニーはこれまでと異なり，販売促進部隊を結成して全国各地でキャンペーンを展開するなど，積極的に顧客にアピールしていった。

これに対し，1986年に日本ビクターはVHS-C方式の「GR-C7」を発売した。これに据置型VTRでVHS方式を採用していた日立，東芝，シャープなどが追随してきた。こうして両陣営は機能，価格，使いやすさ，そしてサイズ（小型化）や重量（軽量化）などの側面で激しい競争を展開していったのである（第2次ビデオ戦争）。

このようななか，ソニーでは「プロジェクト88」を発足し，ビデオ事業本部が，半導体事業本部などの協力を得て，これまでの製品を越えるような8ミリビデオの製品開発に乗り出していた。市場調査の結果，「旅行に持っていけるカメラ」というコンセプトを設定し，旅行かばんに入れられるような小型軽量化を中心に開発を進めた。これまでのVTRの用途は「子供の成長記録」が中心だったので，大きなコンセプトの転換であった。こうして1989

年に「CCD-TR55」を発売した。世界最小・最軽量を実現し、しかもあらゆる機能を備えたものであった。キャッチコピーとして、手のひらに収まる「パスポートサイズ」といったフレーズが採用された。「CCD-TR55」は当時海外旅行客が激増していたこともあって、ヒット商品となった。またビデオデッキがVHS方式でも、8ミリビデオをテレビのAV端子に接続すれば再生可能にしたのも消費者に受けた要因であった。

　これにより一気に8ミリビデオが優勢となり、1990年に入って日立、東芝、シャープなどが8ミリビデオに転換していった。ソニーのVTR事業は復活し、カメラ一体型VTRでの市場シェアは40％以上を確保するなど、業界他社を圧倒するようになった。

(4) ソフト企業の買収

　1987（昭和62）年から89年にかけて、ソニーは大賀と盛田の指揮のもと、ソフト企業2社を買収した。

　1つめは1987年末のCBS社傘下のCBSレコードの買収である。先述したようにソニーは1968年にCBSとの間で合弁会社CBSソニーを設立していた。CBSソニーはレコードをはじめ、音楽テープ、CD、ビデオソフトウェアなどを製造・販売していた。業績は好調で、売上高で業界1、2位を争っていた。一方CBSレコードの業績は振るわず、CBSは自らの業績の低下もあって売却を検討していた。そこへソニー・アメリカ副会長のシュルホフがソニー本社に働きかけて、この買収が実現したのである。買収金額は約20億ドル（約2700億円）で、日本企業のM&Aとしては戦後最大であった。ソニーの狙いはCBSレコードのもつ膨大なソフトウェア資産で、同社にはマイケル・ジャクソンなど世界的に有名な歌手が数名所属していた。なお、CBSソニーは1991年にソニー・ミュージックエンターテインメント（SME）に社名を変更し、大賀が会長に、シュルホフが社長にそれぞれ就任した。

　もう1つは1989年のハリウッドの8大メジャー映画会社の1つ、コロンビア・ピクチャーズの買収である。「音楽の次は映像である」という大賀の方針のもとに、ソニー側から積極的に働きかけて、コロンビアの所有者コカ・コーラ社から買収したのである。株式の公開買い付けの形で進み、約34億ド

ル（約4420億円）の大型買収で，CBS レコードの買収額を抜いて史上最高となった。この買収でソニーは約2700本の映画と 2 万3000本のテレビ番組のライブラリーを手に入れた。なお後に社名は「ソニー・ピクチャーズエンターテインメント（SPE）」と改められた。

CBS レコードとコロンビアの買収について，大賀と盛田は「これからは我々は AV ハードとソフトの両分野で発展を生むビジネスを推進していく必要がある。この 2 つは両立してこそ初めて長期的に発展しえるのだ」，「ハードとソフトはソニーグループのビジネスの両輪である」（ソニー [1996]）と説明している。買収金額が高すぎると社内での批判もあったが，2 人は，ソニーの技術が生かされたハードウェアの発展は，CBS レコードの音響やコロンビアの映像といったソフトウェアと一体となってこそ実現する，作った製品がいかに有効に使われるかというところまで視野に入れる必要があると訴えた。また大賀はソニーの売上高に占めるソフトの割合を20％弱から将来的に50％に引き上げると目標を設定した。

そして大賀は，中長期経営戦略として「AV&CCC」を基本コンセプトとして打ち出した。AV はオーディオ・ビジュアル分野を，3 つの C はそれぞれコンピューター，コミュニケーション，コンポーネントの分野を意味している。つまりソフト企業の買収を機にハードとソフトの総合 AV 企業へ脱皮すること，そしてコンピューターやコミュニケーション部門に進出して情報通信分野を積極的に拡大すること，さらにソニーのユニークな商品を支えている（例えば CD の光ピックアップといった基本部品の小型化などの）コンポーネントを今後も充実させて，「統合的なエレクトロニクス総合メーカー」を目指そうというものであった。

この「ハードウェアとソフトウェアの融合」の実践の場として，ソニーはゲーム分野に進出，1993年に家庭用ゲーム機及びそのソフトウェア開発・販売・ライセンス業務を行う「ソニー・コンピュータエンタテインメント（SCE）を設立した。そして1994（平成 6 ）年のゲーム機「プレイステーション」の発売に結びつくのである。

おわりに

　オイルショック後，多くの企業は消費需要の低迷に伴う業績低下に苦しんでいた。本章で取り上げたアサヒビールとソニーはそうした企業の1つであったが，1980年代に樋口廣太郎や大賀典雄の果敢な企業家活動もあって，そこから脱することに成功した。

　村井勉の社員意識改革を受けて社長に就任した樋口は，「アサヒ生ビール（コクキレビール）」発売時に3つの経営方針を打ち立て，これを実践した。そして消費者の嗜好を掴んだ「スーパードライ」の成功を通じて，現在のアサヒビールの市場シェアがトップになるきっかけを創出した。大賀は井深大や盛田昭夫の理念を受け継ぎつつ，企業体質の改善を目指した事業本部制の導入と経営方針の転換を行い，またハードとソフトを両輪としたビジネスを推進するという，ソニーの戦略の新たな方向性を示した。他の多くの企業でもそうであったように，その過程で「プロダクト・アウト」（よい商品をより安く提供していこうという生産者の発想：生産者志向）から「マーケット・イン」（消費者の視点で，ニーズに合った商品を開発・製造・販売していこうという発想：消費者志向）への発想の転換がポイントであった。

　ただ，もちろん企業パラダイムの変革は，企業がこれまで培ってきたパラダイムを全て否定し捨て去るということではない。そのパラダイムを強化・再認識するなかで，既成の枠を超えた行動を起していくことが重要なのである。アサヒは奏効こそしていなかったが，さまざまなアイデアを出してキリンの牙城を崩そうとしていた。ソニーはもともと技術志向の強い会社で絶えず画期的な新製品を市場に送り出してきた。両社がそれを生かす形で戦略の軌道修正を行い，組織の活性化を通じて，リストラクチャリングを断行したのである。

　そして樋口と大賀に特徴的だったのは，その出自・キャリアであった。樋口は村井同様，銀行家（バンカー）として第三者的にアサヒの問題点を分析・指摘し，これを解決していった。資金調達や投資など財務面に長けていたのも大きなプラスとなった。大賀は内部昇進型の経営者であったが，音楽

家としても活躍した経験を有していた。大賀とソニーを結びつけたのが音楽であったし，彼の音楽の才能がCBSソニーの経営再建とソニーのソフト事業への進出決定に大いに役立った。すなわち，2人は自らの経験，知識，能力をフルに生かして，組織を主導していくことに成功したのである。

そうした両者の企業家活動が結実し，アサヒビールとソニーの企業そのもののブランドイメージを高めることにも成功した。両社の企業フィロソフィーが今日わが国で高く評価されている所以である。

参考文献
○テーマについて
　加護野忠男［1988］『企業パラダイムの変革』講談社現代新書。
　高橋伸夫［1995］『経営の再生』有斐閣。
　河合忠彦［1996］『戦略的組織革新』有斐閣。
○樋口廣太郎について
　若林直樹［1998］「企業のカルチャーを変える―アサヒビールの組織活性化」東北大学経営学グループ『ケースに学ぶ経営学』有斐閣。
　奥村昭博［1998］「逆転の戦略と好循環化―キリンとアサヒの攻防」伊丹敬之・加護野忠男・宮本又郎・米倉誠一郎編『ケースブック日本の企業行動② 企業家精神と戦略』有斐閣。
　生島淳［2000］「ビール―差別化の継続」宇田川勝・橘川武郎・新宅純二郎編『日本の企業間競争』有斐閣。
　樋口廣太郎［1996］『前例がない。だからやる！』実業之日本社。
　アサヒビール㈱社史編纂室編・刊［1990］『Asahi 100』。
○大賀典雄について
　山田英夫［1998］「業界標準と規格戦略―ソニーと日本ビクターのVTR開発競争」伊丹敬之・加護野忠男・宮本又郎・米倉誠一郎編『ケースブック日本の企業行動② 企業家精神と戦略』有斐閣。
　ジョン・ネイスン著・山崎淳訳［2000］『ソニー　ドリームキッズの伝説』文藝春秋。
　立石泰則［2001］『ソニーと松下』講談社。
　ソニー・マガジンズ編・刊［1998］『大賀典雄語録』。
　大賀典雄［2003］『SONYの旋律―私の履歴書―』日本経済新聞社。
　ソニー㈱広報センター編・刊［1996］『ソニー創立50周年記念誌「GENRYU源流」』。

大企業経営の「失敗」 8

杉浦敏介／水島廣雄

はじめに

　1985（昭和60）年9月のプラザ合意に端を発するバブル景気は、企業にとってビジネスチャンスでもあり、企業規模を拡大する絶好の機会となった。そして銀行や生保をはじめとする金融機関もそれに呼応して融資を拡大していった。しかしながら、バブルが加熱していくにつれて、多くの企業は不動産や株式への投資に走り、あるいは実態を無視した拡大を行うようになった。こうした企業の無謀な拡大戦略に対して、企業内部にもその危険性に気付くものはなく、たとえ気付いていたとしても「成功」しているがゆえになかなかこれに対処できずにいた。一方、金融機関も融資競争を加熱させて、モニタリング機能を発揮できない状況になってしまっていたのである。

　そして1991（平成3）年にバブルは崩壊し、日本経済に深刻な後遺症を残す結果となった。まず多くの不動産業者が倒産し、ついで不動産や株式に手を染めた企業が破綻していった。金融機関はバブルの遺産ともいうべき巨額の不良債権の処理に苦しめられるようになった。その結果金融機関に貸し出し余力がなくなり、貸し渋りが表面化し、融資を打ち切られた企業（とくに中小企業）の倒産が増加した。また財務状況が悪化した金融機関の破綻も続出し、金融不安が深刻化していった。

　こうした状況を背景に、1990年代後半には、経営基盤が脆弱な中小企業だけでなく、大企業でも破綻するものが相次いだ。1990年代後半から今日にかけて、大企業の破綻は金融業の他にも、製造業（建設業を含む）、流通業などさまざまな業種に及んでいる。

　ただこのような企業の破綻要因はバブルの崩壊がすべてではなかった。その大半は組織、戦略、そしてトップ・マネジメントに多くの問題を内在していたことに起因するものであった。破綻とまではいかないまでも、現在、それを象徴するかのように、企業モラルを欠いた大企業の不祥事が頻発している。本章では、1990年代に破綻した大企業の中から、日本長期信用銀行の杉浦敏介とそごうの水島廣雄を取り上げ、彼らの企業家活動の検討を通じて、大企業の「失敗」について論じることを課題とする。

杉 浦 敏 介
—— 長銀の長期政権者 ——

杉浦敏介 略年譜

1911(明治44)年	0歳	東京市下谷区下根岸町に生まれる
1935(昭和10)年	23歳	東京帝国大学法学部卒業
		日本勧業銀行に入行
1952(昭和27)年	40歳	日本長期信用銀行設立
		日本勧業銀行から長銀に移籍
1958(昭和33)年	46歳	日本長期信用銀行取締役に就任
1971(昭和46)年	59歳	日本長期信用銀行頭取に就任
1978(昭和53)年	66歳	日本長期信用銀行会長に就任
1982(昭和57)年	70歳	勲一等瑞宝章を受章
1985(昭和60)年	73歳	第5次長期経営計画を実施
1989(平成元)年	77歳	日本長期信用銀行取締役相談役最高顧問に就任
		第6次長期経営計画を実施
1992(平成4)年	80歳	日本長期信用銀行相談役最高顧問に就任
1996(平成8)年	84歳	日本長期信用銀行特別顧問に就任
1998(平成10)年	86歳	日本長期信用銀行特別顧問退任,全役職から退く
		日本長期信用銀行特別公的管理下に置かれ国有化となる

(年齢=満年齢)

1. 長銀移籍まで

(1) 日本長期信用銀行の設立

　日本長期信用銀行（以下，長銀）は1952（昭和27）年の長期信用銀行法の制定に伴い，同年12月1日に設立された。同法は1952年2月に衆議院予算委員会に提出された池田勇人大蔵大臣の投資銀行構想に基づくもので，戦後復興期の資金不足状態における重化学工業化推進への長期資金の供給，この担い手であった復興金融金庫の業務停止に伴う新たな金融機関の確立，普通銀行のオーバーローン（貸し過ぎ）の是正を目的としていた。

　議論が進展するなか，都市銀行は短期融資，長期信用銀行は長期融資という，長短金融の分離が企図された。すなわち「債券発行の専門銀行をつくり，その金融債を都市銀行が購入すれば，それによって，第1に，都市銀行の設備資金融資分を債券発行銀行に移し，第2に，都市銀行ではそれだけ資産内容が流動化するという効果がある。また公社債市場が未発達で，一般大衆には公社債を購入する習慣がなかった当時の日本で，まず大衆が信用力のある金融債を持てば金融資産選好の気運も生まれ，長期資金の本源的な供給力がつくという長期的な期待」（日本長期信用銀行［1977］）を狙ったのである。

　これに基づき，戦前からの特殊銀行である日本興業銀行（以下，興銀）が長期信用銀行に移行し，また1957年に旧朝鮮銀行の残余財産により日本不動産銀行（1977年に日本債券信用銀行と改称）が設立され，長銀を含めて3社体制となった。一方，興銀と同じく特殊銀行であった日本勧業銀行（以下，勧銀）や北海道拓殖銀行（以下，拓銀）は普通銀行へ転換した。

　長銀は設立時に，長期金融機能を円滑に進められるよう資金や人材の面で政府などから優遇措置を受けた。資本金は普通株式と優先株式それぞれ150万株7億5000万円，合計15億円で発足した。普通株式は大手銀行・地方銀行・勧銀・拓銀などが，優先株式は米国対日援助見返資金により政府が引き受けた。

　また行員は230人ほどで，勧銀・拓銀・日本銀行・大蔵省・地方銀行・旧

朝鮮銀行等の出身者で構成されていた。なかでも勧銀出身者が過半数を占めていた。当時勧銀副頭取であった浜口巌根が長銀に移籍すると聞いた，彼を慕う多くの勧銀エリート達が共に移ったとされる。そのなかには後に「長銀のドン」といわれ，長銀内で長年にわたって大きな影響力を保持していく杉浦敏介もいた。

(2) 杉浦の勧銀時代

杉浦敏介は1911（明治44）年11月，東京市下谷区下根岸町で生まれた。父倹一は大蔵省（専売局）官僚で，その後満州鉄道理事や日本勧業銀行理事を務めた人物である。なお勧銀理事就任は大蔵省時代に上役であった浜口雄幸の推薦によるものであった。彼は上述した巌根の父でもある。

杉浦は学習院初等科，東京高等学校を経て，東京帝国大学法学部に入学した。東大では官僚や弁護士を志したが，腎臓病を患って思うように勉強できず断念せざるを得なかった。結局父の縁故で1935（昭和10）年に勧銀に入行した（父は前年に同行を退官している）。

勧銀では債券課や主計課に配属され，1941年から2年間は名古屋支店の貸付係に勤務した。杉浦の長い銀行生活の中で唯一の地方勤務であった。戦局が厳しくなると，1943年に本店に戻り戦時債券部で貯蓄債券，報国債券など種々の債券発行に携わった。そして1944年からは軍需省の要請で関東軍需管理官として派遣され，また横須賀の海兵団に入隊するなど戦争に翻弄された行員生活を送った。

終戦直後の1945年9月，杉浦は勧銀に復帰し，総務部総務課に勤務した。翌年1月の人事で総務課長に就任し，このとき後に長銀3代目頭取になる宮崎一雄総務部長のもとで働くことになった。1950年には日本橋支店次長を務め，その後本店審査第一部審査課長となった。

1952年に「長期信用銀行法」が制定され，長銀設立準備が進められるなか，杉浦は副頭取浜口巌根に長銀移籍の誘いを受けた。巌根は，勧銀の普通銀行転換に反対したこともあって，勧銀を辞めて長銀副頭取に就任することが決まっていた。杉浦は新銀行ゆえの不安から移籍をためらっていた。しかしながら，父倹一が雄幸の世話になったこと，彼自身も巌根を慕っているこ

と，そして何よりも長期金融を主とする特殊銀行に務めたこれまでの業務経験を大いに生かせる場であると考え，長銀への移籍を決意した。

2．長銀の拡大戦略

(1) 長銀頭取に就任

　長銀は1952（昭和27）年12月5日に営業を開始した。杉浦は営業部次長に就任し，貸付を担当した。先述のように当時は設備投資を中心に企業の資金需要が旺盛であった。しかも市中銀行はオーバーローンの状態で金融は逼迫していた。それゆえ長銀に対する期待は大きく，設立準備期間中から借入申込が殺到していた。杉浦は初日から多忙を極めたという。当初，長銀は政府の方針に沿って，鉄鋼，石炭，電力，海運を4重点産業として融資を展開し，業績を伸ばしていった。

　長期信用銀行制度が，当時の日本産業の復興に大きな役割を果たすことができたのは，その仕組みにあった。すなわち普通銀行が企業融資を行う際のリスクの分散である。長銀の発行する金融債は，普通銀行が日銀借入を行うときの主要担保でもあった。普通銀行にとって，設備や新分野に対する融資はリスクが大きいが，金融債は回収の不安がなく，これを担保に日銀借入から新たな貸出資金を調達できた。そして企業に対して多額の資金が投入された。一方，長銀もその金融債によって調達した資金を企業に対して融資した。つまり実質的に協調融資が行われたのである。このように復興を支援する国策銀行として設立された長銀は，戦後金融行政の大きな柱の1つを担ったのである。長銀は開業2年目で黒字に転換した。

　1955年，長銀の経営が完全に軌道に乗ると，政府による長銀の金融債の新規引き受けは中止された。1957年に長銀は政府が所有する優先株を買い取り，消却した。長銀は発足後5年で民間銀行として自立したのである。それゆえ，資金の原資である金融債の販売力を強化することが必要となった。機構改革や要員再配置が実施され，貸付も4重点産業に加え，石油化学，合成繊維，電気，自動車など日本経済の成長を担う新産業にも積極的に行われるようになった。日本の高度成長は「投資が投資を呼ぶ」の言葉に象徴される

ように，重工業を中心とした設備投資主導型であったので，長銀の金融債はよく売れた。

しかしながら1965年以降の国債発行により長銀の地位が脅かされた。金融債が日銀の買いオペの対象から外されたため，都市銀行は金融債より国債を選好するようになったのである。長銀はこれに対し，小規模な店舗を各地に設置するなど，個人や事業法人（とくに中堅企業）への金融債の消化体制を強化していった。1970年には将来の資本補強を意識し，株式を上場した。

この間杉浦は浜口らの信用を得て行内での立場を確実なものにしていった。1957年から債券部長を務め，翌年に取締役，61年には常務取締役に就任した。そこで外国部長と業務部長を委嘱され，資金の調達から運用まで営業全般の企画・総合調整を担当した。そして宮崎一雄頭取の推薦で，1969年に副頭取，71年5月に第4代目頭取に就任したのである。

杉浦は頭取就任後，業務部の新設，企業調査部の新設（融資業務部にあった機能を独立），中堅企業部の拡充など組織の改革に着手した。それとともに，優秀な人材を次々に関連会社や取引先に派遣しつつ，強固なリーダーシップを確立していった。長銀自体も大企業への融資拡大に加えて，個人からの資金調達部門や中堅企業への融資の推進が奏効し，業績は急上昇していった。

(2) **生き残りへの模索**

1973年秋の第1次オイルショックを契機に，日本経済は低成長期に移行した。産業構造は「重厚長大型」から「軽薄短小型」へ転換し，大企業はこれまでのように大量の設備資金を必要としなくなった。設備投資の大半を内部資金で賄えるようになった。また資本市場の整備につれて，主要取引先の間接金融から直接金融への流れが大きくなっていった。それゆえ長期設備資金融資機関である長銀の存在意義が問われる状況になったのである。

また国債残高は増加を続け，国債は引受シンジケート団の銀行から市場にあふれ出て流通市場が形成され，国債金利は市場で決定されるという「金利の自由化」が進んだ。さらに国際化の進展が長銀の存立を脅かしていった。

そこで長銀は，長期資金を必要とする成長産業やプロジェクトの発見・育成，投資銀行の分野への参入，海外の金融業の拡大などの戦略を採用するようになった。

特に新しい融資分野の開拓において，杉浦はプロジェクトファイナンスという手法を大々的に導入していった。プロジェクトファイナンスは，石油や天然ガスなどエネルギー開発関連事業に対して行われており，事業の持つ資産と事業から発生する収益を担保にして融資する方法であった。とはいえ既に興銀が第二次大戦前から重厚長大型産業を中心にプロジェクトファイナンスを展開していた。興銀は重化学工業についての調査能力と巨大企業の合併の仲介者としての能力は突出していた。「後発銀行」である長銀は，新たなプロジェクトファイナンスとなりうる融資対象を発見し，育成していく必要があった。

そこで杉浦は調査部門を拡充し，大規模な調査を開始させた。そして原子力産業，情報産業，住宅・都市関連産業，公害防止産業，流通産業，ベンチャー・ビジネス，レジャー産業，海洋開発産業，海外資源開発産業などへの融資を拡大していった。なかには1960年代後半から既に融資を開始している産業もあったが，それらについてはさらなる融資を行う方針を採ったのである。また支店網を拡大することで信用力が低く社債が発行できないような中小企業や地方企業，そして社会開発事業者との取引拡大も図っていった。

プロジェクトファイナンスは，従来のように経営者や会社にではなく事業

表1　長期信用銀行の業種別設備資金貸出残高構成　　（単位：％）

年　末	1960	1965	1970	1975	1980	1985	1990
製造業	54.9	59.9	58.3	53.8	41.2	27.1	16.3
建設業	0.6	2.0	1.6	2.7	1.6	1.1	1.3
卸売・小売	1.7	4.8	7.7	6.9	5.4	4.0	4.9
不動産業	0.9	3.1	4.4	6.0	5.4	7.2	12.9
運輸通信業	13.0	10.0	11.1	10.2	8.6	8.6	8.9
電気・ガス・水道	20.1	11.8	7.8	9.3	18.1	22.2	16.6
サービス	1.7	3.4	5.5	5.9	7.5	14.6	27.1
その他	7.1	5.0	3.6	5.2	12.2	15.2	12.0
合　計	100	100	100	100	100	100	100

出所：服部［2001］41頁。

そのものに融資をすることを目的としていた。銀行側には事業の可能性を判断する能力が一層求められたが，長銀には融資判断能力が不足していた。調査部のメンバーには，マクロ分析中心のエコノミストが大半を占めていた。それゆえマクロ経済的な調査能力を有していたが，企業の経営内容を適切に判断する審査能力は欠けていたのである。このような状況，そして長銀内では調査部の派手な活動に対する批判があったにもかかわらず，杉浦が調査部の重要性を強調し，活動を拡大させた。ときには杉浦自ら先頭に立って，政財官界の人脈を生かして融資拡大に努めていった。

　1978年に杉浦は会長に退き，後任には勧銀時代から行動を共にした吉村勘兵衛を指名した。以後3代にわたる頭取の指名は杉浦が行った。同時に杉浦は経営会議を新設した。従来は取締役会と常務会の2本立てで，常務会が経営の重要事項を審議・決定する最高意思決定機関であったが，あえて経営会議を新設したのである。経営会議は，取締役会が決議した事項のうち特に重要な経営計画・業務計画や組織改革など経営の根幹をなすものについて審議・決定するものとし，常務会では日常業務のうちでの重要事項を扱うようになった。また経営会議の議長は会長が務めるようにした。杉浦は会長に退いても引き続き経営の実権を掌握できたのである。

　さらに，長銀の人事は組織上頭取が最終的に決定することになっていたが，異動や昇格など事務的なものは担当部署が作成し，それをうけた人事部長が頭取だけでなく会長の承諾を受ける必要があった。また新役員を選任する際もその候補者リストをもって会長に説明する決まりになっていた。杉浦は意思決定のみならず，人事の上でも大きな影響力を保持していたのである。長銀といえば杉浦，杉浦といえば長銀といわれた所以である。

(3) バブルへの対応

　1985（昭和60）年9月22日，ニューヨークのプラザホテルで先進5カ国蔵相・中央銀行総裁会議（G5）が開かれた。会議ではドル高是正のために各国が協調介入することが合意された。このプラザ合意後に，日本，アメリカ，西ドイツなどの通貨当局が協調介入を実施し大きな効果をあげ円高へ向かっていった。日銀は1986年1月から87年2月までに7回も公定歩合を引き

下げるという金融緩和策をとった。バブル時代の到来である。

　長銀ではプラザ合意の1年前に杉浦が勧銀時代の部下である酒井守を頭取に指名し、自らは会長に留まった。そして1985年に「自由市場への挑戦」と題した第5次長期経営計画を発表した。立案者は企画部長から常務取締役に昇格した水上万里夫で、彼は秘書室長時代以来杉浦から厚い信頼を受けていた。新計画で打ち出したのは、低成長に対応すべく経営の効率化と旧来型業務からの脱皮だった。具体的には人員の大幅削減による本部の縮小と中小企業への融資開拓であった。また同時に、国内部門を縮小し、海外部門を拡大して国際的な投資銀行を目指そうとした。

　このときに全ての重要案件を企画部がチェックするというこれまでの体制を改め、チェックの権限を大幅に現場に委譲した。また融資案件を審査する業務部を縮小し、数人で全案件を審査する体制も採用した。しかしながら、調査部門も長銀総研の設立とも相俟ってチェック機能は弱体化していった。さらに現場に権限を委譲したものの、1取引グループの年間貸出純増額の限度額や1業種への貸出シェアアップの限度割合などを設定することを怠った。

　1980年代後半になると、中小企業を開拓して融資力を強化するという第5次計画に成果が出始めた。しかしながらバブル経済が進行しており、転換社債やワラント債を発行できる大企業を主たる取引先としていた大手銀行は、膨大な資金過剰の状態になり、不動産貸付に活路を求めた。いつしか大銀行は担保の土地さえあれば融資するようになっていたのである。杉浦は不動産関連融資のほうが、中小企業融資よりもはるかに大規模でかつ効率性があると感じ、戦略の転換を図り、これに追随しようとした。

　そこで杉浦らは、1989年に組織改革を行い、審査部門を融資部門に組み込んだ。融資の効率化を企図していた。だが不動産関連融資が加熱すると、審査業務が大きく後退し、融資を実行する現場の方針が優先され、チェック機能がほとんど利かない体制になってしまった。社内の一部に批判があったものの、融資の拡大とともにシステムがうまく作用しているという空気が行内に拡がっていた。

　加えて「世界のトップクオリティーバンクを目指して」と名づけられた第

6次長期経営計画が，1年前倒しして1989年から実施された。不動産関連融資などで収益を上げ，一方で世界的な投資銀行に飛躍しようと企図したものであった。第6次計画を指揮実行した頭取は，杉浦が指名した長銀1期生の堀江鉄弥で，堀江は杉浦の母方の親戚でもあった。そして杉浦自身は取締役相談役最高顧問に就任した。

長銀はますます不動産業や流通業を含むサービス業への融資に傾斜していき，審査部門の弱体化がこれを促進した。1984年度は8087億円だった不動産融資が，85年度に1兆196億円，89年度には1兆7755億円に拡大した。サービス業へも1984年度の1兆1261億円が89年度には3兆152億円になった。それに伴い，有価証券や不動産担保の割合も増えていった。

長銀は内部規約では担保不足で融資が出来ないような企業に対して，子会社であるノンバンクなどに資金を融通し，そこを通して企業に資金を流通させて，利益を手に入れるという金融形態を取り始めていた。代表的な長銀系ノンバンクには，日本リース（1963年設立），エヌ・イー・ディ（1972年設立），日本ランディック（1974年設立）などがあった。これらはバブル時に長銀のチェック体制の甘さを背景に不動産関連融資に邁進していった。

3．破綻への道程

(1) 不良債権問題

1991（平成3）年のバブル崩壊により，不動産の価格は下落に転じ，担保としての価値も下がった。企業の収益性も平成不況といわれるなか，大幅に悪化した。それに伴い，銀行の貸出は次々と不良債権化していった。長銀は本体の不良債権もさることながら，関連会社・子会社，とくにノンバンク会社の破綻によって経営は悪化の一途をたどり，破綻への道程を突き進むことになる。

バブル崩壊直後，他行が不良債権処理に着手するなかで，杉浦や堀江の決断は「先送り」であった。この時点では株式の含み益があるし，地価の下落も一時的でいずれ回復するだろうと楽観視していた。何より拡大路線による成功体験ゆえに，すぐにはその路線を否定できなかったのである。不良債権

を処理するために「事業推進部」(不良債権の事業化を推進するという意味)が発足したのは1992年6月であった。

　しかしながら、長銀の不良債権処理は先送りされた。というより他行が見切りをつけて撤退したにもかかわらず支え続けた。融資先が破綻して不良債権が表面化するのを恐れたのである。長銀は主として設備資金等の長期資金を供給してきたので、企業の日常の資金繰りを支える短期資金取引の経験が浅かった。ほとんどの場合、短期資金取引の中核銀行がメインバンクであり、長銀はメインバンクとして行動する機会が少なかった。そこで、借り手の事情に合わせ、撤退の時期を逸していった。金融機関は融資先企業の経営内容を熟知していなければならないが、長銀は審査部門のチェック機能の低下により、適正な融資判断ができなくなってしまっていたのである。また、国策銀行だったことで培われた組織風土から、不良債権を思い切って売却し赤字決算にした時の監督官庁の反応を恐れた。それゆえノンバンクの処理も遅れた。結局不良債権は膨らみ続け、さらには組織ぐるみでそれを「隠ぺい」した。

　1995年6月、東京地検特捜部は、前年に経営破綻した東京協和組合、安全信用組合のそれぞれの元理事長を背任容疑で逮捕した。理由は、長銀の元役員たちが代表を務めたリゾートグループ会社への不正融資であった。バブル時代に海外のホテルなどを積極的に買収したものの、バブル崩壊と共に業績が悪化し破綻に追いこまれていた。グループ会社に巨額の融資を行っていたのが長銀であり、その融資額は、ピーク時で3800億円、出資比率は49.2%であった。そして、それらの破綻によって生じた不良債権が長銀自体を揺るがすきっかけとなった。

(2) 長銀の国有化

　1995年4月、堀江頭取が東京二信組合問題の責任を取って辞任し、後任には大野木克信が就いた。杉浦もこの頃には経営の第一線を完全に退いていた。長銀が生き残るには投資銀行へと転換するしかなかった。それゆえ大野木は1997年7月にスイス銀行との業務・資本提携契約を結んだ。しかしながら、この提携も失敗に終わり、その後も政府の要請による住友信託銀行との

合併問題などで翻弄され続けた。

　結局長銀は1998年10月23日，同行の破綻処理のために成立が急がれた「金融機能再生法」によって特別公的管理下（一時国有化）に置かれ，終焉をむかえた。破綻処理には3兆6000億円もの公的資金が導入された。そして1999年9月にアメリカの投資会社リップルウッド・ホールディングスを中核とする「ニュー・LTCB・パートナーズ」という欧米の金融機関グループが，国から長銀の営業権を買い取り，翌年6月から「新生銀行」として営業が開始された。

水 島 廣 雄
—— そごうのワンマン経営者 ——

水島廣雄 略年譜

1912(明治45)年	0歳	京都府舞鶴市に生まれる
1936(昭和11)年	24歳	中央大学法学部英法科卒業 日本興業銀行入行
1953(昭和28)年	41歳	論文「浮動担保の研究」で法学博士号を取得
1958(昭和33)年	46歳	日本興業銀行を辞め，そごう入社 代表取締役副社長に就任
1962(昭和37)年	50歳	そごう代表取締役社長に就任
1967(昭和42)年	55歳	千葉そごう開店
1969(昭和44)年	57歳	商号を「十合」から「そごう」に変更
1971(昭和46)年	59歳	「ジャパンライン株買占め事件」の調停役を引受け，解決
1979(昭和54)年	67歳	「グレーターそごう」達成（国内10店）
1985(昭和60)年	73歳	横浜そごうを開店
1987(昭和62)年	75歳	「ダブルそごう」達成（国内16店，海外4店）
1991(平成3)年	79歳	「トリプルそごう」達成（国内23店，海外7店）
1994(平成6)年	82歳	取締役社長を辞任し，会長に就任
2000(平成12)年	88歳	会長他，そごうグループすべての役職を辞任 千葉そごうの全株を㈱そごうに譲渡 そごう22社，東京地裁に民事再生法の適用を申請

（年齢＝満年齢）

1．そごう入社まで

⑴ そごう小史

　そごうの歴史は，1830（天保元）年，大和（現在の奈良県）出身の商人十合伊兵衛が大阪で古着屋「大和屋」を開業したことに始まる。大和屋は幕末・維新期の動乱を実直経営で乗り切り，1877（明治10）年に心斎橋筋に進出し，古着屋から呉服店「十合呉服店」へ転身した。1885年に京都に仕入店を開業，1899年には神戸支店を開設して規模を拡大した。そして1908年に大阪本店で洋品，雑貨類を扱うようになり，また食堂を設置するなど百貨店としての形態を整えていった。

　その後順調に発展し，1937（昭和12）年には地下3階，地上8階の本店ビルを完成させた。ただこのときの巨額の資金が十合一族だけで賄い切れず，所有株式の大半を新役員に譲渡した。同時に貴族院議員の板谷宮吉が取締役会長に就任し，十合の同族経営に終止符が打たれている。

　第二次大戦中，そごうの大阪，神戸両店は戦禍を逃れた。だが終戦後，大阪本店は進駐軍の接収を受け，軍人，軍属向けの物品販売所やキャバレー，ダンスホールなどの慰安施設が置かれた。1952年に接収が解除されたが，そごうは他の百貨店に比して経営が立ち遅れてしまった。そこで，そごうの経営陣は東京進出を決定し，有楽町にある読売會舘を賃借して，1957年5月に東京店を開店した。大阪でそごうと隣接する大丸が東京進出に成功したのに触発されたからであった。

　しかしながら，東京店は開店直後こそ活況を呈したが，店舗の狭さ，品揃えの悪さなどの理由で来客数が激減していった。加えて東京店の最大の悩みは家賃であった。東京店の家賃は坪当たり4000円で売上高の約10％を占めていた。同じく東京にある大丸のそれが約3％であるからかなり高額であった。また大阪店も接収解除後にリニューアルしたものの，他店との激しい競争にさらされて売上げが減少し，1957年には前年実績を下回った。そごう全体でも1957年下期決算で赤字無配へと転落した。

　このような状況のなか，1954年から社長を務めていた板谷宮吉が58年3月

に業績不振の責任を取って辞任し，翌月の取締役会で後任に坂内義雄（元日本繊維工業社長）が選出された。そしてこのときに当時のメインバンク大和銀行から派遣された若菜三良とともに副社長に迎えられたのが水島廣雄であった。

(2) 水島の興銀時代

水島廣雄は，1912（明治45）年4月，現在の京都府舞鶴市に，漁業を営む水島家の長男として生まれた。1936（昭和11）年に中央大学法学部英法科を卒業し，日本興業銀行（以下，興銀）に入行した。興銀では融資課長，証券部次長，中小工業部次長などを歴任し，1954年からは部長待遇考査役になった。また，学業成績優秀だった水島は，興銀入行後も中央大学法学部の講師として英法の教鞭をとった。1954年からは東洋大学の法学部の設立に携わった関係で，同大学でも教壇に立つようになった。

この間水島は企業の担保を専門に研究を続け，1953年に論文「浮動担保の研究」で法学博士号を取得した。この論文は，従来，企業が機械など所有財産一つ一つを担保にして銀行から融資を受けていたのに対し，経営者の意欲をはじめ企業の能力全体を大きな担保として多額の融資を受けられるようにすべきであると主張したものであった。水島は，1953年度毎日学術奨励賞を受賞した。そして法務省や最高裁判所の委嘱で，浮動担保の調査のためイギリスに渡航し，研究に専念するようになった（部長待遇考査役とされているのもこのためであった）。帰国後水島は法制審議会委員として立法化に注力し，その成果は1958年に「企業担保法」として法制化された。

このように水島は，銀行員，研究者，そして法律家として活躍していた。しかし，彼は1958年3月に興銀を辞め，翌月そごうに入社して副社長に就任したのであった。水島はそごうの大株主板谷家と縁戚であった（水島の妻静の実兄康男が板谷家の養子で板谷商船取締役）。当時のそごうの経営は危機的状況に陥っており，この責任を取って板谷宮吉社長が辞任した。このとき水島は板谷家に請われて株主側を代表する形で，そごう再建のために経営陣に加わったのである。

2．そごうの拡大戦略

(1) そごう社長に就任

　そごう副社長に就任した水島廣雄は，東京店再建の責任者となった。東京店は高い家賃に悩まされていたので，水島はまず家賃引き下げ交渉に取り組んだ。読売會舘のオーナーは正力松太郎であった。正力は官僚から転身した読売新聞社でその経営手腕を発揮して新聞の拡販に成功し，さらに日本テレビを設立した人物であった。

　交渉の開始時には，水島の他に坂内と若菜も加わった。しかしながら，正力は3人を怒鳴りつけ，まともに話を聞こうともせず，交渉は困難を極めた。正力に圧倒され坂内と若菜は交渉を断念し，水島が一手に引き受ける形になった。水島は読売本社だけでなく，逗子にある正力の自宅にまで何度も出かけていった。粘り強い交渉の結果，水島は1959（昭和34）年7月に家賃を売上げの5％まで引き下げることに成功したのである。

　東京店最大の悩みも解消され，そごうの経営も回復の兆しを見せるようになったが，1960年11月に坂内社長が急死した。後任については大株主で構成された5者会（大和銀行，山一證券，住友正雄，野村證券，板谷宮吉）の推薦に委ねられたが，実際には大和銀行の強い意向で若菜が選任された。しかし水島を推す他の大株主の反発がおこり，財界を巻き込む抗争に発展した。結局，朝日麦酒社長山本為三郎の斡旋で，若菜は辞任し，水島が1962年4月にそごう社長に就任した。

(2) 千葉そごうの成功

　そごう社長に就任した水島は，経営発展の方途を模索していた。日本経済は高度成長期にあったが，そごう自体はそれに乗ることが出来ず，同業他社に業績を引き離されていた。水島は，既存店の合理化に加え，店舗数を増やして規模の拡大を図ろうと考え，その候補地を探した。

　そのような折，水島のもとに千葉駅前に新設された塚本ビルへの誘致の話が持ち込まれた。しかしながら，塚本ビルは元々オフィスビルとして建てら

れたもので，天井が低く，柱が多くてフロアの見通しが悪いなど，百貨店には不向きだったのである。実際，三越などの百貨店も誘致したが，すべて断られていた。また当時の千葉駅周辺はまだ空地ばかりで人通りも少なかった。そごう内部でも反対の声があがっていた。

　それでも水島は出店することを選んだ。今は何もない場所かもしれないが，京葉工業地帯の造成も進んでいるから，今後発展するに違いないと確信したからであった。そして社内の反対に対して水島は，新店舗を㈱そごう（大阪店，神戸店，東京店）とは別法人にすることを決定した。もし失敗したとしてもそごう本体に多大な影響が及ばないからであった。加えて，地域住民の雇用も増えるし，税収も期待できるから地元も歓迎すると考えたのである。また水島は大株主に翻弄されずに経営を行うため，自ら千葉そごうのオーナーになることを決意した。水島は家族や友人に融資を募り38％を所有するのに成功，のちに友人から株式を譲り受け，51％にしたのである。資金についてはこれまでのメインバンク大和銀行でなく，日本長期信用銀行（以下長銀）に融通してもらうことになった。千葉そごうは1967年3月に開店した。

　千葉そごうは経営陣の危惧をよそに大成功を収めた。3年目には累積で黒字に転換した。水島の予想したように千葉周辺の人口が急増したのに加えて，ちょうど日本経済が大衆消費時代を迎えて，消費活動が活発化したことも大きかった。さらに「都会風の百貨店」に縁のなかった地元の人々も気軽に買い物を楽しめるということで人気を博したのである。

(3)　「トリプルそごう」へ

　千葉そごうの成功で意を強くした水島は，このとき3つの方針を打ち出した。

　まず1つめは地域一番店主義で，「駅前など顧客のアクセスに好都合な場所に出店し，かつその地域で最もスペースの広い店舗を持つこと」であった。2つめはレインボー作戦，つまり「大都市から一定の距離をおいて虹のように囲んで出店する」というもので，積極的に多店舗展開を推進していった。また水島は出店を予定している周辺の土地も購入し，開店して地価が上

昇するとそれを担保に新たに出店するというサイクルを繰り返していった。とくに地方都市の再開発事業に着目し，立地条件の良い土地を比較的安価に購入していったのである。

そごうは1970年代に入ってから，いよてつそごう（71年），柏そごう（73年），広島そごう（74年）と立て続けに開店した。これらはすべて成功し，水島は「グレーターそごう」をスローガンに掲げた。そごうの店舗数を屋号である十合にかけて10店舗に増やすというものであった。出店は1970年代後半からいっそう拍車がかかり，79年には10店舗目の黒崎そごう（北九州市）を開店させ，「グレーターそごう」を達成した。

水島の方針の3つめは，現地法人主義で，「新しく出店するたびにその店を別会社にすること」であった。そごうグループのなかで，経営内容を開示しなければならない上場会社は㈱そごうだけで，千葉そごう以降の店は上場しなかったのである。前述のように千葉そごうの場合，水島とその親族は51％を所有することになり，千葉そごうはほぼ水島のオーナー会社となったのである。そして店舗を増やすたびに，株式を千葉そごうが所有するようにした。例えば，千葉そごうは柏そごうの83.3％を，広島そごうの100％を所有した。1981年に開店した船橋そごうについては柏そごう（45％），千葉そご

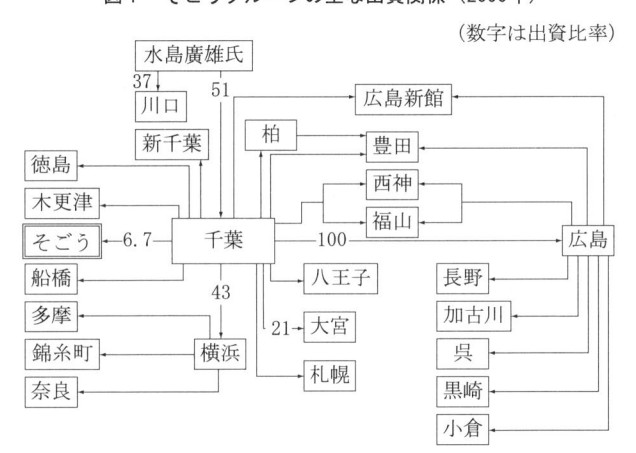

図1　そごうグループの主な出資関係（2000年）

（数字は出資比率）

出所：日本経済新聞社［2001］34頁。

う（30％），広島そごう（20％）がそれぞれ所有している。その後もすべての新規店舗は似たような資本関係を持つことになり，結局，その中心となる千葉そごうのオーナーである水島は，それらの店を自分の意のままに経営できる体制を整えたのである。

別法人にすることは，経営上，大きなメリットをもたらした。現地の責任者に権限が委譲されることで，その分モティベーションの増加につながった。加えて地元本位の経営が可能になったのである。またいくつかの店舗が出資するという網の目のような多店舗展開は，新規に開店する場合に資金負担を分散できるため，それぞれの負担が小さくなった。

グレーターそごうを達成した水島の拡大意欲はますます高まり，ダブルそごう（20店の開店）をスローガンとして掲げるようになった。1981年の船橋そごうに続き，83年には長野，徳島，八王子と三店舗を開店させた。そして1985年にはグループ17店舗目の横浜そごうが開店した。横浜そごうは世界最大規模の売り場面積を誇っていた。横浜では三越や高島屋が先行していたが，それにもかかわらず初年度の売上高は目標を大きく上回る約800億円を達成した。翌年も大幅に売上高を伸ばして大成功を収めた。

水島の拡大戦略を支えていたものは，興銀，長銀，そして多くの都市銀行や地方銀行からの融資であった。国策銀行として設立された興銀や長銀は，戦後復興期から高度成長期にかけて，日本経済の基礎となる重厚長大型産業を中心に融資し，育成してきた。しかし，1970年代に入ると，日本経済の構造変化とともにメーカーから流通，サービスなどに融資の比重が傾いていった。長銀は1967年の千葉そごう，興銀は73年の柏そごうの開店時からそごうへの融資を開始した。なお，このとき長銀側の融資担当責任者が杉浦敏介であった。水島と杉浦はともにキワニスクラブという社会奉仕団体に所属していたこともあり，これ以降，個人的にも親しく付き合っていくことになった。

そごうがつぎつぎに店舗を増やしていくと，長銀も興銀もそごうのメインバンクを争うかのように融資を急速に拡大していった。また都銀や地銀にとって，そごうの出店計画が「地域一番店主義」を掲げ，再開発事業と結びついていることもあって，融資しやすい対象だった。加えてそごうのメイン

バンクが興銀と長銀であることが大きな信用となった。

　日本経済がバブル期に入って、金融機関は規模の拡大に奔走していた。彼らにとってそごうは絶好の融資先であったといえる。バブル経済は水島をさらに強気にさせた。そごうの拡大路線はいっそう拍車がかかり、1987年の台北店でダブルそごうを達成した水島はトリプルそごう（30店開店）のスローガンを掲げた。なお海外については1984年のタイを皮切りに、85年に香港、86年にシンガポール、87年に台北、89年にペナン（マレーシア）に開店させている。そして海外事業展開の統括を目的として、1989年にそごうインターナショナルデベロップメント（社長山田恭一）を設立した。同社は千葉そごうの子会社なので、結局海外についてもオーナーである水島がその全権を握った。

　そごうは拡大を続けており、1990年に呉店など4店を開き、91年の川口そごう開店でトリプルそごうを達成した。わずか4年で10店舗も開店したのである。売上高ではグループ全体で1兆2000億円まで伸張し、三越を抜いて「日本一の百貨店」となった。店舗数でも三越の14店舗、高島屋の10店舗を大きく凌駕していた。このような積極的な多店舗展開により、水島はいつしか「百貨店の盟主」と社内や業界でもてはやされる存在になっていたのである。

3．没落への道程

(1) 拡大路線の破綻

　1991（平成3）年に株価大暴落や不動産関連融資の総量規制によりバブルがはじけた。だが、「トリプルそごう」を達成したそごうは、さらに1992年に新茂原店、バルセロナ店、93年に小倉店、新千葉店など続々と出店予定があった。水島は国民の多くと同様、短期間に景気が回復することを期待しており、彼の拡大意欲は一向に収まっていなかった。

　しかしながら、そごうは大量に出店したにもかかわらず、どの店も期待に反して業績は不振であった。バブル崩壊以降、百貨店業界はゼネコン業界と並んで不況産業と位置づけられており、そごうも例外ではなかったのであ

る。水島の拡大戦略に危機感を抱いた興銀や長銀を始めとする金融機関は、これまでの貸出攻勢に急ブレーキをかける方針を打ち出した。そごうは両行以外にも100を超える金融機関と取引があった。興銀と長銀はもはや水島の希望通りに融資をしている場合ではないとし、そごうグループの経営を見直そうとした。

とはいえ、そごうの海外店についてはそごうインターナショナルデベロップメントが一手に握っていてブラックボックスとなっていたし、国内各店も地元の金融機関から多額の融資を受けていた関係で、経営を把握するのは困難を極めた。それでもようやくグループ全体の総借り入れ状況、総売上高などを大まかに算出すると、1985年で融資残高が売上高を追い越していたことがわかった。つまり、債務超過になっている状態でバブル景気をむかえて、それを加速させてしまっていたのである。興銀や長銀はそごうの出店計画をすべて中止、あるいは先送りするよう要請したが、もはや手遅れの状態にあった。1995年の錦糸町出店の過程でそれが浮きぼりとなった。

1990年、JR錦糸町駅（東京墨田区）北口の再開発事業に参加したそごうは、247億円を負担し、これを分割払いする契約を地元の再開発組合と結んだ。この247億円で商業棟の38％を買い取り、そこへ出店する計画であった。契約時に、そごうは1回目の負担金5億円弱を支払った。2回目の支払いは1993年であったが、この間にそごうの資金事情は激変していた。

そごうグループ各店は、深刻な消費不況によりほとんどの店が赤字で、資金の余裕などなかった。またこれまで新規出店した土地の含み益で累損を一掃するという方式も、地価の下落で不発になるケースが続いた。それぞれの店が巨額な負債を抱え込むようになると、グループの中枢である千葉そごうの負債額も膨らむばかりであった。1994年2月期の決算は、国内28店だけで500億円弱の経常赤字を示した。そごうグループの累積借入金は1兆3800億円であったという。それゆえ、そごうは2回目の負担金を滞納していたのである。これに地元の組合が反発し、訴訟を辞さない構えをみせた。結局興銀と長銀が230億円を融資し、1995年に錦糸町店を開店させた。ただこのとき両行は水島に200億円の個人負担を要求した。すなわち、これまでのそごうは水島の学説である「企業担保法」のように、「企業」を担保に融資を受け

て拡大をしてきたが, そのメカニズムが崩壊したのである。

　1994年5月, 水島は経営不振の責任を取る形で自ら社長を退き, 会長になった。しかしながら人事など大きな権限はオーナーでもある水島が有していた。後継には岩村栄一 (そごう専務・横浜そごう代表取締役店長) が就いた。同時に, 興銀から名取正, 長銀から阿部泰治が副社長として派遣された。そして彼らによる「そごう再建計画」が立てられ, 実施されることになった。

(2)　そごう, 民事再生法の適用を申請

　「そごう再建計画」は効果を現した。1995年1月の阪神大震災で神戸店が大きな被害を受けたが, 日本経済が回復の兆しをみせた時期と重なっていたこともあって, 1996年末までに合計500億円もの収益改善がみられた。早速岩村らは第2次再建計画を立てた。しかしこの計画がスタートして間もなく, 1997年4月の消費税率引き上げや医療保険負担の増加などで消費の低迷を招き, 日本経済はさらなる不況へと引き戻されてしまった。同年秋には北海道拓殖銀行の倒産, 山一證券の破綻など金融恐慌が勃発した。そして翌年10月には長銀が破綻し, 特別公的管理となった。

　長銀の破綻はそごうにとって大きな痛手となった。再建を進めていく上での大きな柱を失ったからである。同年11月に急遽「事業改革委員会」が設けられ, 対策が検討された。しかしながら, 経費や人件費圧縮などによる再建策ではもはや効果はない, すなわち, 「債権放棄を要請する」との結論に達した。

　債権放棄要請を軸とした再建案は, 2000年4月6日に発表された。73の金融機関に対する要請額は6390億円であった。そして大阪, 多摩, 木更津など7店を閉鎖し, 1600人を削減するという大胆なリストラ策を打ち出した。同時に水島はそごうグループのすべての役職を辞任し, 千葉そごうの全株をそごうに譲渡することを同意させられた。水島は抵抗したが, 債権放棄を金融機関に納得させるには, 水島に経営責任を取らせる必要があった。

　しかしながら, 債権放棄を求められた金融機関の中に, 長銀から改組された「新生銀行」も含まれていた。同行はアメリカの投資会社リップルウッ

ド・ホールディングスを中核とする欧米の金融機関グループが，国家から長銀の営業権を買い取ってできた銀行であった。同行は政府との間に「瑕疵担保責任条項」と呼ばれる契約を結んでいた。これには貸し出し債権が2割以上減価した場合は，国家が買い戻すということが明記されており，そごう向け債権約2000億円はこれに該当していた。それゆえ，6月30日に国の金融再生委員会が預金保険機構にその債権の買い取りを承認した。ところが「新生銀行が債権を放棄すると1000億円ほどの税金が投入されることになる」という形に読み替えられて報道されてしまったので，国民のそごうに対する反発が起こり，売上げが急落するという事態を招いた。抗議の電話に加えて，インターネットを通じて不買運動も起こった。

　世論の沈静化を図るためにそごうは水島の責任を問う策を次々と打ち出した。7月4日には水島に対して私財提供を申し入れ，10日には旧経営陣の法的責任を問うため，経営責任調査委員会を設置すると発表した。

　そのような折，岩村に代わってそごう社長に就任した山田恭一は，7月11日に自民党政調会長・亀井静香から「債権放棄の要請をそごうの方から取り下げてもらえないか」と連絡を受けた。世論の攻撃はそごうだけでなく，政府にも向けられていた。それゆえ政府は何らかの策を講じなければならないと判断したのであった。そごうはついに債権放棄要請を諦めて，12日に民事再生法の適用を申請したのである。そごうグループ22社の負債総額は1兆8700億円にのぼった。

　水島の社長就任時にわずか3店舗だったそごうが，高度成長期，安定成長期，そしてバブル期を経て40店舗まで拡大していた。それは水島の法律学者としての理論と仮説を実行に移す場であるかのように成長を続けていた。しかし，そうした成功体験もあって，いつしか彼は無謀な拡大路線を突き進むことになってしまっていた。そんな水島の行動を止めるものは社内にも，そして金融機関にもいなかったのである。

おわりに

　現在，日本経済はバブル崩壊以降の閉塞状況からなかなか抜け出せないでいる。そうしたなかで，企業の経営破綻が相次いでいる。本章の目的は，そのケースとして日本長期信用銀行の杉浦敏介とそごうの水島廣雄を取り上げ，大企業の失敗について考察することであった。

　杉浦と水島の企業家活動に特徴的なことは，そのワンマン経営者ぶりである。両者は高度成長期から安定成長期に拡大戦略を展開し，長銀あるいはそごうの経営発展の立役者となった。社内でも確固たる地位を築き，いつしか経営を思うままに動かすようになっていた。さらなる事業拡大を求めつつ人事権を掌握して長期政権を敷いたのである。そして1980年代後半のバブル景気は彼らをいっそう強気にさせた。長銀は不動産融資をさらに拡大し，そごうは多店舗展開を急ピッチに進めてトリプルそごうを達成したのである。

　1991年にバブルが崩壊しても，両者は成功体験が足枷となり，自らの戦略を否定することができず，拡大路線を継続した。それゆえ，経営危機が顕在化したときには手遅れの状態になっていたのである。確かに金融業と百貨店は不況業種であったが，同業他社と比較しても，両社の経営環境変化への対応は明らかに遅れていた。

　失敗の原因は経営環境の変化に求めるだけでなく，企業の内部にも求めなければならない。企業にとって不適合な環境でも，主体的な努力によって回避できる場合があるからである。今回のケースは，長銀（融資する側）とそごう（融資される側）がマネジメントに種々の問題，とくにコーポレート・ガバナンスのあり方と金融機関のモニタリングについての問題を抱え，破綻を招いたことを示唆している。

　ただ長銀の破綻に関しては，金融規制の制度化によって政府から保護を受けているなど，金融業界の持つ独特な護送船団的なシステムが関係していた側面も否定できない。戦後の日本は，適切な資金配分を行うために専門金融機関制度を置き，これが有効に機能するような金融行政をとった。各金融機関はその制限のなかで規模の拡大を最優先する，「歪んだ競争」を展開して

いったのである。そして1980年代後半になると，銀行は資金需要に対して貸出するのではなく，資金需要を生み出す環境そのものを創り出すことに専念した。そして自らが不動産，流通・サービス，ノンバンク等への融資競争の渦中に巻き込まれていったのである。国策銀行である長銀も，政府の政策に甘んじ，かつそれを利用して自ら墓穴を掘っていったといえる。

　また水島の場合は，複雑な事情もからんでいる。水島は興銀出身であり，長銀の杉浦とも個人的に親しい間柄であった。加えて水島は法律学者として企業担保法の第一人者であった。水島は百貨店と金融機関の両方とも精通していたのである。それゆえモニタリングそのものは水島の顔があるゆえに必要ないとみなされ，ある種フリーパス的であったことは想像に難くない。あるいは水島がモニタリング機能を働かなくなるように仕向けていたのかもしれない。いずれにせよ，そごうの破綻は，水島自身と金融機関の双方が同時に生んだ失敗といってもいい。

参考文献
○テーマについて
　　森川英正［1996］『トップ・マネジメントの経営史』有斐閣。
　　吉川　洋［1999］『転換期の日本経済』岩波書店。
　　宇田川勝・橘川武郎・新宅純二郎編［2000］『日本の企業間競争』有斐閣。
○杉浦敏介について
　　服部泰彦［2001］「長銀の経営破綻とコーポレート・ガバナンス」『立命館経営学』第40巻第4号所収。
　　竹内　宏［2001］『長銀はなぜ敗れたか』PHP研究所。
　　箭内　昇［1999］『元役員が見た長銀破綻』文藝春秋。
　　共同通信社社会部［1999］『崩壊連鎖―長銀・日債銀粉飾決算事件』共同通信社。
　　杉浦敏介［1989］『私の履歴書』日本経済新聞社。
　　㈱日本長期信用銀行編・刊［1977］『日本長期信用銀行25年史』。
○水島廣雄について
　　山森俊彦［1992］『そごう　さらに壮大なる未来へ』ストアーズ社。
　　日本経済新聞社編・刊［2001］『ドキュメント　そごう解体』。
　　産経新聞取材班［2001］『ブランドはなぜ墜ちたか―雪印，そごう，三菱自動車　事件の深層』角川書店。
　　そごう社長室広報室編・刊［1969］『そごう社史』。

新しいサービス産業の開拓者

小倉昌男／飯田　亮

はじめに

　イノベーション（革新）を起こす原動力は技術の変化，経済の変化，市場の変化と社会的変化である。我が国において，戦後これらの変化をうまく捉えて多くの新しい製品・サービスが開発された。その新しいサービスの代表例として「宅配便サービス」と「セキュリティサービス」がある。

　1960～70年代に登場した宅配便やセキュリティサービス産業はその発達の初期段階では技術的水準も低く，参入障壁も高くなかった。しかし今日，この2つの分野において圧倒的シェアをもつヤマト運輸株式会社とセコム株式会社は，リーダーの優れた事業構想力でこれらの新しいサービスを開発・企業化し，各々の分野において"パイオニア"となり，さらに絶え間ないイノベーション活動によって"一番手企業"として成長してきた。

　ヤマト運輸において宅配便という新しい物流サービスを開発したのは小倉昌男である。当時，成長経済により商業貨物輸送市場は拡大していたが競争が激しく，同社は苦戦していた。そこで，社長に就任した昌男は国鉄の小荷物や郵便小包として取り扱われていた非商業貨物輸送に注目し，利用者により高い価値を与える宅配便サービスを商品化することで業績を回復させるとともに，差別化戦略によって事業を拡大させた。一方，セコムにおいてセキュリティサービスを開発したのは創業者でもある飯田　亮である。亮は戦後の高度経済成長により労働市場がタイトになって行く中で産業発展にともなうビルや工場の管理の潜在需要に注目し，新しいセキュリティサービスという商品を日本に根づかせるとともに，新しいシステムの開発や新商品の開発によって事業を拡大させた。

　本章では，高度成長期から安定成長期にかけて誕生し，発展を遂げた宅配便サービスとセキュリティサービスという2つの新しい産業を開発したヤマト運輸とセコムのイノベーション活動から，2人の企業家の事業構想の構築と実施の過程における特徴を見る。

小倉　昌　男
——宅配便サービス産業の開拓者——

小倉昌男　略年譜

1924(大正13)年	0歳	東京に生まれる
1947(昭和22)年	23歳	東京大学経済学部卒業
1948(昭和23)年	24歳	大和運輸（現ヤマト運輸)に入社
1957(昭和32)年	33歳	小田原―大阪間の東海道路線免許申請
1959(昭和34)年	35歳	営業部長に就任
1960(昭和35)年	36歳	東京―大阪間の運行開始
1961(昭和36)年	37歳	取締役に就任
1965(昭和40)年	41歳	専務取締役に就任
1971(昭和46)年	47歳	社長に就任
1975(昭和50)年	51歳	「宅急便開発要綱」を役員会に提案
1976(昭和51)年	52歳	「宅急便」営業開始
1982(昭和57)年	58歳	社名を「ヤマト運輸」に改称
1983(昭和58)年	59歳	「スキー宅急便」の取扱い開始
1984(昭和59)年	60歳	「ゴルフ宅急便」の取扱い開始
1986(昭和61)年	62歳	宅急便のコレクトサービス営業開始
1987(昭和62)年	63歳	会長に就任　「クール宅急便」の取扱い開始
1991(平成3)年	67歳	取締役相談役に就任
1993(平成5)年	69歳	再び会長に復帰
1995(平成7)年	71歳	再び会長を退く

(年齢＝満年齢)

1. ヤマト運輸の設立

(1) トラック事業に進出

　今日，我が国で定着している「宅配便」という新しい物流サービスはヤマト運輸の3代目社長・小倉昌男によって開発された。（なお，「宅急便」は「宅配便」に対するヤマト運輸の商品名である。）

　昌男は1924（大正13）年東京に生まれ，43年東京高等学校から東京帝国大学経済学部に進む。大戦中は学徒出陣で九州・久留米の陸軍予備士官学校に配属された後，愛知県蒲郡で終戦を迎える。その後再び大学に戻り1947年9月に卒業し，翌48年9月に父康臣の経営する大和運輸に入社する。

　大和運輸は1919（大正8）年，小倉康臣（当時は「八三郎」，30年に「康臣」と改名）によって設立された。当時の我が国の交通機関は牛馬車輸送の時代で，新しい交通機関である自動車が次第にその数を増やし始めていたが，トラックの数は全国でまだわずか204台，東京には75台しかなかった。

　1918年9月，我が国で初めて交通整理が行われ，銀座通りの牛馬車の通行が禁止される。"これからはスピードの時代だ"と確信した康臣は自動車を対象にした事業を生涯の仕事と考え，その研究を始めた。そして康臣30歳の誕生日の1919年11月29日，資本金10万円でトラック運送会社，ヤマト運輸株式会社を設立する。（なお設立時の名称は「大和運輸株式会社」，1982年に「ヤマト運輸株式会社」と改称する。以下，「ヤマト運輸」と記載する。）初代社長には康臣の義兄の谷村端四郎が就いたが，実質的には康臣が指揮をとっていた（康臣の社長就任は1947年）。

(2) 長距離輸送化に乗り遅れ

　トラック4台で創業されたヤマト運輸は，翌1920（大正9）年3月に起こった第一次大戦後の反動恐慌に襲われるが，三越呉服店（現三越百貨店）との市内配送契約や鮮魚の輸送などによって事業は順調に成長していた。特に，1923年の関東大地震の後の復興輸送で自動車に対する一般の認識が高まり，ヤマト運輸も繁栄を極める。そして，1926年末には所有車両数が23台に

まで増え，経営の基礎が固まる。

　1927年，英国を視察した康臣はカーター・パターソン社がロンドンを中心にトラックの定期便を運行していることを知る。同社は集荷―輸送―配達の一貫システムによってドア・ツー・ドアのサービスを提供していた。康臣はそれを参考にして1929年，東京―小田原間にさまざまな会社から出る小口貨物を積み合わせる定期便のトラック運送を開始する。定期便は貸切りに比べて業務が複雑になるため，数々の仕組みが必要であった。このとき実施されたものとして，定期便専用の伝票の作成や基準運賃の制定，また取次店の開拓などがある。そして，1935年には関東一円の定期路線ネットワークを確立する。この新しい事業で1945年には売上げ392万円，経常利益49万円，利益率12.5％の業績を上げ，自他ともに"日本一のトラック会社"になる。

　第二次大戦中のヤマト運輸は主に井の頭公園を基地にしての軍需物資の輸送を主業務にしていたが，終戦と共に平和復興のための輸送へ業務内容の転換を図る。その後，1950年に起こった朝鮮戦争は我が国に特需ブームをもたらした。路線事業は短期間に急激に拡大し，路線業者の数や免許キロ数も大きく伸び，また輸送車両の大型化やスピード化も進んだ結果，輸送量は大幅に増加する。そして，国鉄の輸送力不足が表面化する中でトラック輸送は鉄道の補助輸送的機関から，これと競合するまでになる。

　1960年代に入り，日本経済の高度成長が一段と加速すると，貨物輸送量はさらに大幅に増大する。とりわけ，路線トラックは急激に発展し，鉄道に代わり国内貨物輸送の主役となる。その第1の理由は道路の改良，第2はトラックの質の向上，そして第3は輸送に対する需要の変化である。特に第3の理由としては家電などの工業製品が生産拠点の関西から消費地の関東に向かって大量に流れた。そのため，地方に本拠地を持つ路線業者が物量の多い関東に向けて営業路線を伸ばしていった。なかでも東京―大阪を結ぶ東海道は"ゴールデン・ルート"と呼ばれ，大手路線会社は激しい競争を繰り広げた。

　しかし，この路線トラック事業のためには，ターミナルの建設，荷役の機械化，車両の大型化など，従来の労働集約産業から設備産業への転換を必要とした。そのため，大手路線業者による系列化と全国網の形成が進んでいっ

た。これに対して、ヤマト運輸は関東という大きな市場を抱えていたこともあって、長距離化よりも関東一円の定期路線網拡充と通運事業、航空取扱い業、港湾運送事業、梱包業務、美術品輸送業務、トラベルサービス等々の事業の多角化に力を注ぎ、総合物流企業をめざした。そのため、市場の変化を強く感じていた小倉昌男や若手社員が長距離輸送への進出を社長康臣に提言するも、受け入れてもらえなかった。その理由は、康臣がトラックの守備範囲は100km 以内で、それ以上の距離の輸送は鉄道の分野だと固く信じていたことによる。その後、ヤマト運輸も長距離輸送に進出することを決め、1957年に小田原―大阪間の東海道路線免許を申請、60年より東京―大坂間の運行を開始した。しかし、進出時期が他社に比べて大きく遅れたことで、長距離路線事業は日に日に苦戦を強いられる。

　1961年、昌男は取締役営業部長に就任すると大阪の顧客開拓を精力的に行った。しかし、荷主はすでに他社に押さえられていた。それでも、日本経済の成長に支えられ、売り上げは少しずつ伸びていったが、経常利益は逆に低下するという問題が生じていた。そこで、昌男は手間がかかりコストが割高だと思われた小口貨物を断るように営業の現場を指導する。しかし、利益率は改善しなかった。ところが、西濃運輸などの関西勢は高い利益率を出してますます成長していた。

　昌男はその原因を探し求めた。しかし、東京に本社をもつヤマト運輸と地方の業者との人件費の違いは直ぐに分かったが、それだけでは説明がつかなかった。そして、考えあぐねているうちにトラック運賃の仕組みに気がつく。トラック運賃は原則的に長距離逓減と重量逓減になっている。前者はヤマト運輸も他社と同じ条件であったが、後者については、他社は大口貨物と同時に小口貨物も大量に運んでいることがわかった。昌男が自ら出した営業方針が間違っていたのである。そこで、急いで小口貨物を集めるように方針変更をする。しかし、荷主の多くは"いまさら"と相手にしてくれなかった。そして1970年頃から業績はさらに悪くなり、特に73年のオイルショックで我が国の輸送需要が極度に減少したことで一気に悪化する。

2．新事業開発

(1) 小口雑貨輸送の事業化

1971（昭和46）年，病に倒れた康臣に代わり，専務から社長に就任した小倉昌男は業績を回復させるために自ら陸運本部長として陣頭指揮をとる。しかし，その後もヤマト運輸の業績は回復せず，根本的な改革が求められていた。

ところで，物流市場には商取引に基づいて動く「商業貨物」と個人の日常生活で発生する「非商業貨物」がある。ヤマト運輸は商業貨物市場での競争に負けた。しかし，商業貨物が大量で反復的であるのに対して，非商業貨物の特徴は偶発的・散発的で出荷の単位も1個である。非商業貨物は，国鉄の小荷物扱いと郵政省の郵便小包で取り扱われていたが，民間のトラック運送会社はほとんど行っていなかった。すなわち，各運送会社は小口近距離から大口大量・長距離輸送へと営業の重点を移していた。それは運賃体系の問題のほか，集荷・配達に手間がかかるためである。また当時の許可運賃も大口長距離輸送の方が有利となっていた。そのため，小口貨物は採算上取り扱えないというのが業界の常識となっていた。

昌男が危機を乗り切るための方策を必死に考えているとき，彼は「牛丼」一本のメニューでヒットした「吉野屋」の記事が日本経済新聞に載っていたことを思い出す。そして，ヤマト運輸も商業貨物から非商業貨物の小口雑貨への切り替え，さらに多角化路線から単一事業に絞ってはと，考え巡らしていた。もともと彼は，公益事業である路線業者が小口雑貨は採算が取れないとして事実上荷受けを拒否していることに，かねてより疑問を抱いていた。しかも，自社が百貨店の配送業務で市民生活に密着した仕事を得意としてきた伝統とノウハウがあり，いつか小口雑貨輸送を事業にしたいと考えていた。

そのような折り，1974年5月に運賃制度が改正され，それまで低額に抑えられていた小口近距離運賃が大幅に是正される。そこで，昌男はきちんとした体制を確立し優れたサービスを行えば，相当の需要が見込まれると考え，

検討を始める。そして同年10月, 都内および近郊を対象に20kg以内の小荷物を翌日中に配達する「小口便」と名づけたサービスを百貨店配送網を利用して試みる。

　個人が個人へ送る小荷物を対象にして, 不特定多数の人に利用してもらうサービスは広く国民に利用されると考えられたが, 事業として成功するかどうかは不確実であった。しかし, 昌男はこの新しいサービスの事業化を検討するにつれて, 新しいサービスのための新しいシステムを作ることができれば成功すると確信し, 役員たちに対して熱心に根回しを行った。しかし, 新しいサービスは効率が悪いために採算の見込みがないとして全員から反対される。そのような状況の中で, 社長がそこまで云うのなら考えてみようという声が上がった。それは意外にも労働組合の幹部からであった。彼らは会社の厳しい状況を認識していた。実際, 業績は日に日に悪化していた。いつまでも根回しをしている余裕はなかった。そこで, 彼は1975年8月の役員会に正式に提案する。

(2)　宅急便の「開発要綱」と「商品化計画」

　事業化に当たっての課題は採算性にある。宅急便を立ち上げるためには荷物を円滑に流すための集配ネットワークを作ることが必要となる。ネットワークの基本はベース, センター, デポで構成されている。顧客の荷物はまずデポ (または取扱店) で受取り, センターに集められる。さらにベースに横持ちされて, そこで全国の方面別に仕分けされる。仕分けされた荷物は目的地をカバーするベースに向けて運ばれる。しかし, ネットワークができても, その上を採算が取れるだけの荷物が毎日流れるようにしなければならない。一定地域からいかに多くの荷物が集められるか, すなわちポイントはいかに"密度"の高いシステムを構築できるかであった。小倉昌男はこの密度を高めるには不特定多数の顧客が進んで利用してくれることが必要で, そのためには新しいサービスは利用者の立場で考えることが必要と考えた。そして, このような考え方に基づいて新事業のコンセプトを自ら「宅急便開発要綱」としてまとめる。その要綱は, ①不特定多数の荷主または貨物を対象とする, ②利用者の立場に立ってものを考える, ③他よりも優れ, かつ均一的

なサービスを行う，④永続的・発展的なシステムとして捉える，⑤徹底した合理化を図る，という内容であった。

役員会の承認を得て，昌男は直ちにワーキング・グループを編成する。"密度"を上げるためには，家庭の主婦がより多くこのサービスを利用してくれるようにすることであった。そのとき，彼は自社が手がけていた旅行代理店の「パッケージ・ツアー」を思い出す。すなわち，パッケージ・ツアーの顧客は，料金を払って空港に行けば，後は添乗員がすべて面倒を見てくれる。そこで，旅行のように小荷物の輸送を家庭の主婦に気楽に利用してもらう方法を考えればよいと考えた。輸送サービスの「商品化」である。そして2カ月間の議論の末に，「宅急便商品化計画」を作成する。その要旨は，①名称は『宅急便』，②対象貨物は1個口に限り，少量物品（重量10kg以下，縦・横・高さの合計1m以内），③サービス区域は太平洋側の市制の敷かれている地域を対象とするが，当面は首都圏に重点を置く，④サービスレベルはブロック内（首都圏内等）および東京—大阪・名古屋・仙台間は翌日配達，その他は翌々日配達，⑤運賃は1個500円の均一料金（但し，遠距離ブロックは100円加算，取次店に持ち込んだ場合は運賃を100円割り引く）とし，運賃はすべて現金で徴収，⑥集荷は1個でも集荷，⑦取次店のために米屋・酒屋などと契約を結ぶと共に宅急便取次店の看板を出す，⑥作業の密度を設定し，そのために適切なデポを設けて手荷物をセンターに集約，⑦宅急便専用伝票を作成し荷物に貼付る，等である。

そして1976（昭和51）年1月20日，関東支社に宅急便の組織を新設し営業を開始する。この新しいサービスは国鉄や郵便局の不便さを当たり前に思っていた消費者に大きな反響を呼ぶ。そして，翌年には早くも月間取扱い個数が100万個を突破する。

昌男は宅急便事業開始以来，ことあるごとにロット貨物からの撤退と小口化の促進を訴える。しかし，路線各店所にとっては，収支面や顧客との長年の関係から，新しい事業への転換が進まなかった。しかし，宅急便が事業の柱になると確信した彼は，ついに1979年の新春，大口貨物からの完全撤退を指示する。その中には50年以上取引のあった三越との契約解除も含まれていた。

だが，新事業への転換は逆に業績悪化を起こし，かつてないほどの赤字になる。そのため，社内はもちろんのこと，業界でさえこの方針転換を危惧する声が出る。しかし，背水の陣が逆に社内の危機意識を強め，1980年度には宅急便取扱い個数が3340万個，対前年比150％を記録し，損益分岐点を越えるまでになる。宅急便事業を開始して5年目である。

3．事業の拡大

(1) 新商品の開発

1976（昭和51）年のスタート以来，宅急便の取扱い個数は年を追うごとに増え，79年度は2200万個を記録，全社収入の30％までに成長する。しかし，宅急便の増加によりヤマト運輸の業績が伸長したことは，当然のことながら同業他社の注目を集め，1981年以降次々と参入してくる。そこで，小倉昌男はより高い競争優位を獲得・維持するために，1981年には「ダントツ3カ年計画」を策定する。この計画の特徴は売上げなどの達成を目標にするのでなく，宅急便を「ネットワークシステム」として完成し，他の追随を許さない"スピード重視"の高度なサービスを実現しようというものである。具体的には翌日配達の完全実施である。さらにダントツ戦略として，新しいサービスを他社に先駆けて展開する。スキー宅急便（1983年），ゴルフ宅急便（1984年），コレクトサービス（1986年），ブックサービス（1986年），クール宅急便（1987年）等の新サービスを次々と開発し，宅配便市場で圧倒的シェアを持つまでに成長する。

宅配便市場はいずれ頭打ちになると言われながら，ヤマト運輸は新しい商品の開発によって新市場を創造すると共に圧倒的なシェアを獲得して行った（表1）。

(2) ネットワークの構築

ところで，「ダントツ経営3カ年計画」の実現のためには全国ネットワークが不可欠であった。宅急便を開始した当時の営業区域は関東地方に片寄っていたため，人口では日本全体の25％をカバーするも面積では3.4％にすぎ

なかった。

　当時，トラック運送は免許がなければ営業ができなかった。トラック運送事業は1989（昭和64）年12月まで，「道路運送法」という法律で規制されていた。道路運送法では貨物輸送を旅客輸送と同じように扱っていた。不特定多数の荷主の貨物を運ぶトラックも，利用する道路ごとに路線免許が必要とされた。だが，新規に路線免許を取得するのは同業者の反対などで容易に進まなかった。そのため，ヤマト運輸は営業区域を拡大するために免許申請をする一方で，同業者の持っている営業権の買収を進めた。しかし，それにも限界があった。たとえば，1981年当時，ヤマト運輸は東京―仙台間の路線免許を取得していたが，それ以北の免許がないために東北の北部に営業区域を伸ばすことができなかった。そこで，仙台―青森間の路線免許延長の申請を行うが，青森の同業者が反対したために申請書類は棚ざらしになったままであった。運輸省は「既存業者が反対を取り下げればいつでも免許を下ろしてやる」（小倉［1999］）と公言する有様であった。この運輸省の態度に義憤を

表1　小荷物輸送市場の推移　　　　　　　　（単位：万個）

年度	宅急便				郵便小包		国鉄小荷物		合計
	宅急便	その他宅配便	個数	構成比	個数	構成比	個数	構成比	個数
1975	3	—	—	—	15,649	—	7,935	—	—
76	170	—	—	—	17,880	—	9,199	—	—
77	539	—	—	—	18,778	—	6,294	—	—
78	1,087	—	—	—	19,122	—	5,471	—	—
79	2,226	—	—	—	19,925	—	4,936	—	—
80	3,340	—	—	—	18,392	—	4,152	—	—
81	5,140	5,542	10,682	35.9	15,603	52.4	3,492	11.7	29,777
82	7,666	9,729	17,395	51.0	13,854	40.7	2,843	8.3	34,092
83	11,033	16,749	27,782	64.4	13,266	30.8	2,090	4.8	43,138
84	15,132	23,358	38,490	71.1	14,064	26.0	1,572	2.9	54,126
85	19,214	30,089	49,303	75.1	15,098	23.0	1,230	1.9	65,631
86	24,065	37,183	61,248	78.3	16,305	20.8	688	0.9	78,241
87	29,611	46,633	76,244	79.6	19,561	20.4	—	—	95,805
88	35,270	55,855	91,125	79.5	23,500	20.5	—	—	114,625
89	41,556	61,298	102,854	77.6	29,759	22.4	—	—	132,613

出所：ヤマト運輸株式会社［1991］281頁より作成。

感じた小倉昌男は,申請後4年が経過した1985年末に,「行政不服審査法」に基づき,運輸大臣に「不作為の異議申し立て」をする。もちろん運輸大臣は違法でないという。そこで,1986年には運輸大臣を相手どり「不作為の違法確認の訴え」を行う。すなわち,監督官庁相手に行政訴訟を起こした。この訴訟に慌てた運輸省は1986年10月に公聴会を開き,同年12月2日には免許を与えた。同じような訴訟を九州や北海道地域でも起こして次々と免許を獲得していった。その結果,1990年3月末までに全国対比で面積99.5%,人口99.9%の地域にサービスエリアを拡大した。

さらにネットワークの構築が続けられ,1998年には国内の事業所数は約2300店,取扱店は約30万店に達する民間企業最大の拠点網が出来上がる。また,海外へもその輪を広げた。世界最大の宅配会社であるアメリカのUPS(ユナイテッド・パーセル・サービス)との提携により,今日世界200カ国以上の国と地域を結ぶグローバルネットワークを展開するまでになる。

飯田　亮
——セキュリティーサービスの産業の開拓者——

飯田　亮 略年譜

1933(昭和8)年	0歳	東京に生まれる
1956(昭和31)年	23歳	学習院大学政経学部経済学科を卒業
		家業の酒問屋「岡永」に入社
1962(昭和37)年	29歳	「日本警備保障株式会社」を設立
		代表取締役社長に就任
1964(昭和39)年	31歳	東京オリンピック開催の選手村などの警備を単独で担当
1966(昭和41)年	33歳	「SPアラーム」開発
1975(昭和50)年	42歳	コンピュータ・セキュリティ・システム「CSS」を確立
1976(昭和51)年	43歳	代表取締役会長に就任
1978(昭和53)年	45歳	台湾の中興保全と業務提携，本格的な海外進出を開始。
1981(昭和56)年	48歳	ホームセキュリティシステム「マイアラーム」を発売
1983(昭和58)年	50歳	社名を「セコム」に改称
1984(昭和59)年	51歳	第2電電の設立に参画
		「セコムネット」を完成
1989(平成元)年	56歳	「社会システム産業元年」を宣言
1997(平成9)年	64歳	会長を退き，取締役最高顧問に就任

(年齢＝満年齢)

1. 創　業

⑴　セキュリティサービスを事業に

　飯田　亮は1956（昭和31）年学習院大学を卒業すると，父紋次郎の強い勧めで家業の酒問屋の「岡永」に入る。岡永では4人の兄弟たち同様に紋次郎から商売の道を厳しく教えられた。亮の最初の仕事は倉庫番，それを終えると次は小さな問屋相手の営業担当であった。しかし，営業の仕事では売上げ成績を上げるが，売上金回収で焦げ付きを続発し，"貸し倒れキング"のニックネームを付けられるなど，うだつが上がらない存在であった。しかし，彼にとってこの経験は商売の難しさを実践で学ぶ貴重な機会であった。

　岡永での修業が3年を過ぎた頃，学習院の1年先輩の戸田寿一が訪ねて来て，彼も岡永で働くことになる。しかし，亮と寿一はともに日が経つにつれて現状に満足できず，いつの日か独立しようと考え，2人で独立したときのことを話し合っていた。そして，彼らは事業を起こすときの基本的方針として次の3点を決めた。（片岡・シマザキ［1992］）

　①前納制でやれる仕事であること。
　②社会的意義があり，将来において発展していく可能性のある仕事であること。
　③未踏分野の仕事であること。

　これらは，彼らの岡永での自らの体験と紋次郎の教えから考え出したものであった。

　そして，彼らはボウリングビジネスや通信販売等の新しい事業を検討したが，3条件を満たすものはなかなか見つからなかった。ところが，1961年の秋，浅草の鳥なべ屋でヨーロッパ旅行をした友人から"欧米にはセキュリティサービスがある"という話を聞き，直感的に"これだ！"と感じた2人は，その晩のうちにこの新しいサービスの事業を起こすことを決断する。なぜなら，それが3つの基本条件にピッタリあっていたからである。

　翌年の春，九段に小さい事務所を開く。2人は仕事をさぼっては毎日，何時間か事務所に行き，立ち上げの準備をする。当時，日本経済は池田内閣に

よる「所得倍増計画」に乗って高度経済成長の中にあった。そのため産業界では人手不足の問題が発生していた。彼らは「これからは産業の発達とともにビルや工場の管理や安全についても，欧米並みの安全度の高いものが求められるはずである」と考えた（永川［1996］）。だが，父紋次郎は2人が新しい事業を始めることに対して大反対をする。しかし，どうしてもやりたい2人は紋次郎の反対を押し切って，1962年7月に「セコム株式会社」を設立する。(なお，設立時の社名は「日本警備保障株式会社」，1983年に「セコム株式会社」に改称する。以下，「セコム」と記載する。）女子事務員1人と警備員2人の計5人での出発であった。しかも，仕事を始めようとすると，全く新しい事業のため，契約書1つを作るにも，用語が無く，用語作りから始めなければならないなど，全てが手探りであった。

　創業はしたものの，彼らの希望に反し事業はなかなか軌道に乗らなかった。それはその頃，わが国ではまだ"安全を金で買う"という考えがなかったからである。しかも，彼らは貸し倒れを防ぐために顧客との契約条件の中に「前納制」という事項を入れたことがより営業活動を難しくした。しかし，彼らは経営が厳しくなってもこの条件を変更しなかった。そして，スタートして3カ月目に彼らの情熱と信念でようやく旅行会社から契約をとることができた。それは，一晩に5回巡回する「パトロール警備サービス」であった。

　だが，その後も事業は決して順調ではなかった。料金の値下げや後払いなら契約をしてもよいという顧客もあったが，彼らは基本方針を変えなかった。それは自分たちの起こした事業に対する読みの自信であった。そしてその後，少しずつではあるが契約が取れ始めた。そのような折り，思いも寄らない商談が飛び込んで来る。それは1964年に行われた東京オリンピックの選手村や競技施設の警備の仕事である。この商談も前納制のために交渉の途中で契約成立が危ぶまれたが，オリンピック事務局側が他に警備会社がないために受け入れざるを得なかったことで成約となる。

　このオリンピックの警備を担当したことで，「警備」という仕事が世間に認知されると共に，セコムの名前を一気に全国に広めた。さらに，この頃，セコムの営業活動に大きく貢献したのが，1965年4月に同社をモデルにした

テレビドラマ、「ザ・ガードマン」の放映が始まったことである。この番組は人気になり、それと共に警備という仕事が一段と認知されるようになる。また、テレビドラマのおかげで社員の募集も容易になった。

2．機械警備への転換

(1) 遠隔通報監視装置

　オリンピックの仕事やテレビドラマの効果もあって、企業に常駐する警備の仕事を中心に契約が急速に伸びて行く。しかし、飯田　亮と戸田寿一は事業の拡大に対する問題点を早くも認識していた。それは、事業の拡大に比例して人員が増えることで、将来会社が人件費でパンクするのではという危険性であった。実際、オリンピックが終了するときには従業員数が300人にまで増えていたし、その後もさらに増えていった。

　そこで、2人はこの問題に対して考え続けた末に「機械警備」という新しいシステムを構想する。それは異常が発生すれば、人手に代わって顧客のところに取りつけたセンサーが感知し、そのことが通信回線を通してコントロールセンターに通報され、警備員が駆けつけるというものである。この新しいシステムに切り替えることができれば、警備員の削減と警備員個人の警備のバラツキをなくすことができ、サービスの均一化が期待できると考えられた。そして、1964（昭和39）年11月、2人はこの構想をもってセンサーや通信制御装置メーカーにかけあうが行く先々で断られる。最後に芝電気（現、日立電子）にようやく引き受けてもらった。

　そして、1966年5月に日本で最初のオンラインによる「遠隔通報監視装置」（セントラライズドシステム、通称「SPアラーム」）の試作品が完成する。なお、この方式ではセコムと顧客との間を専用回線で結ぶことになるが、当時、日本電信電話公社は他人間での専用線の使用を許可していなかった。「他人使用・共同使用」が公式に認められたのは15年後の1981年である。だが当時、「ガードマン会社」の将来性についての認識は低く、電電公社も将来も大した件数にならないと考えて、暗黙のうちに規約を無視して許可したのである。

だが，この装置を実際に導入するに当たって新しい問題が起きる。第1の問題は装置の代金をどう処理するかである。一番良いのは顧客に装置を買い上げてもらうことである。そうすれば1台当たり数十万円の先行投資が不要となる。「レンタル方式」では，もし全国の装置が年に1回でも故障を起こすと，その復旧のために出動しなければならない技術者の数と出動回数は膨大なものになる危険性があった。しかし，彼らは装置のメンテナンスを含む全システム機能の責任を自分たちが持つことがより安全であるとの考えからレンタル方式をとることに決めた。だが，レンタル方式での資金運用に対する解決策を見つけることが必要となった。そこで，亮は先例としてIBMやゼロックスなどのシステムを徹底的に分析研究し，どうしたら投資資金を早く回収できるか，どうしたら効率よく開発費や工事費の運用ができるかを考えた。そして，彼が考案したのは，「保証金プラスレンタル料の前払い」という，料金の前払い制であった。この方法でいけば資金回収は3年でできるという計画であった。

　次の問題は「機械警備」に対する社内外の反対である。社内では警備員たちが自分たちが不要になるのではという不安を持ち反対する。また，顧客も機械より人間の警備の方が安全と考え，機械警備に良い反応を示さなかった。しかし，彼は社内外の反対を押し切って自らの構想を実行する。

　このような状況の中で思わぬ事件が起こる。丁度この頃，契約先の伊勢丹百貨店で，こともあろうに警備員が盗みを働き，そのことが全国的に報道される。しかも同じような不祥事が続発し，セコムの信用は一気に落ちてしまう。だが，この不祥事続発が社内でのSPアラーム導入に対する否定的評価を変えることになる。しかし，顧客の中には，このときとばかりこれまでの前払い制等に対する不満まで噴き出る。だが，亮は機械警備への転換方針を変えなかった。また，料金前納制も守り続けた。

　顧客の反応が依然として悪く，営業活動は行きづまる中で，亮はマーケティング戦略の基本方針としてターゲットを金融機関に定める。それはもっとも困難な相手である。しかし，"銀行との契約をとれれば評価が定まる"という読みを変えずに精力的に動いた結果，ついに1966（昭和41）年6月に第1号として三菱銀行池袋支店と契約することができる。この契約成立の効

果は彼の読み通りに大きく，1967年には47件，68年には106件と契約件数を伸ばし，70年には1395件を記録する。また，パトロール警備も伸び，1970年には4000件にまで達する。

ところが，1971年突然，セコムは急拡大していたパトロール警備事業をやめて，全て機械警備に切り替えると発表し世間を驚かせる。このとき亮の考えの中には，近い将来，労働時間の短縮問題が必ず起こる。そうすると，労務費が上がり，それが料金アップにつながる。その前に切り替えた方がよいという判断であった。しかし，彼が幹部会議でパトロール事業から撤退すべきかどうかを問題提起したとき，激論となり，出席者全員が反対をする。しかし，彼は"全員一致か"といって，次の2つの理由を挙げて撤退を指示する。第1は，SPアラーム開発により機械で警備できるようになった。機械でできることを人間にさせることは社員への冒涜である。第2は，全員一致して反対したこと。全員一致というような常識的な考え方，すなわち，他の企業と同じ道を歩めば，セコムの将来はない。困難が伴おうとも誰もが考えつかない道を歩まなければいけない，との理由であった。

(2) システムの構築

機械警備への切り替えを社内全体に納得させるのに多くの時間を要したが，飯田　亮は自らの考えを押し進めた。

そして1975（昭和50）年には，SPアラームに必要な情報をすべてコンピュータで集中管理する世界で最初のCSS（コンピュータ・セキュリティ・システム）を確立し，併せて全国のネットワーク化もほぼ整い，SPアラームシステムが全国に普及することになる。

機械警備への転換は，システム全体の信頼性の確保という技術的基盤を作る必要性を生み，それが自社でシステム全体のソフト・ハードの開発・生産とメインテナンス等の一貫体制をとることに進展していった。そして，その技術力が新しいシステム開発の基盤となっていく。すなわち，その後，セコムはSPアラームに続く新しいシステム商品を次々と開発する。1973年には世界で最初に無人銀行システムを開発した米国のハンティントン・ナショナルバンクと共同で「無人銀行安全システム」を開発する。当初，このシステ

ムは日本の銀行には見向きもされなかったが，その後ATMとして普及していく。さらに，1981年にはホームセキュリティシステム「マイアラーム」，大型ビル管理の「トータクスT」などを開発する。これらのシステム開発によって，顧客数は順調に増加していく。

また，前納制のために毎月決められた日に月極めの警備料金が振り込まれることによって経営は安定し，年々増収増益を続けていった（表2）。

なお，1983年，新しい環境変化の中で新しい事業を行うには，それまでの「日本警備保証株式会社」では難しいと判断し，セキュリティ(Security)とコミュニケーション（Communication）のSEとCOMをとり「セコム株式会社」（SECOM）と改称する。

表2　業績推移
(単位：百万円)

年度	売上高	経常利益
1974	14,950	1,547
75	18,554	2,300
76	24,003	3,510
77	28,653	4,215
78	34,284	5,492
79	40,254	6,790
80	44,241	7,686
81	50,642	9,281
82	55,270	10,625
83	60,467	11,587

出所：永川［1996］163頁より作成。

3．新事業開発

(1) 医療関連事業に進出

飯田　亮は正義感が強い。この正義感が時に新しい事業の開発につながる。セコムは1980（昭和55）年後半から本格的に医療ビジネスに進出していく。このきっかけになったのは1つの新聞記事である。ひきつけを起こした赤ん坊が病院をたらい回しにされた挙句に死んでしまったという記事を読んだ亮は強い怒りと義憤を感じる。今日の我が国の医療システムはすべて病院やドクターサイドからの発想で，アメリカのように患者サイドに立ったものではないと考える彼は，この記事をきっかけに医療分野への進出を決断する。しかし，その具体化には長い構想と準備期間が必要であった。特に法律が壁になって参入は容易でなかった。だが，彼は負けていなかった。セコムの本業であるセキュリティサービスと医療を結びつける「メディカル事業」

の構想を練る。そして先ず、セキュリティサービスに最も近い距離にある在宅医療や救急医療への参入を考え、それらのノウハウを習得するために、1988〜89年にかけてアメリカの関連企業の買収を行う。そして、この分野の事業は1989年の「社会システム産業」へと展開して行った。

(2) 「社会システム産業構想」

　飯田　亮は常にセコムの新しい事業の幅を広げることを考えていた。1970（昭和45）年頃迄は、我が国においてネットワークビジネスといっても未だ具体的なものはなかった。だが、その頃すでにSPアラームを通じて専用回線を増やして行けば、それが必ず社会に役立ち、ビジネスになるときが来ると感じていた。セコムの機械警備方式は契約先を1件増やすごとに専用回線が1つ増えることになる。当時はまだマスコミや金融機関など一部の企業だけが専用回線を利用していた時代であった。セコムの専用回線の利用は1日に30秒程度で、後の時間は空いている。この回線を何とか利用できないかであった。

　1976年、事業拡大とともに増えていく専用回線を利用して何か新しい事業が可能になるときが来ると感じていた亮は、突然42歳で社長を退き、会長に就任する。日常の仕事に追われる社長をしていては時間が無く、新しい事業構想活動ができないという理由であった。そして、会長に就任したのち、次々と新しいサービスシステムを構想する。さらにセコムの将来構想にも着手する。

　彼はセコムの将来構想を描きながら、実現のための助走を始める。1984年の第2電電への設立参加を皮切りにNTTのキャプテンを意識したビデオテックスセンターを設立し、1988年には米国で前述の救急医療事業を開始する。そして、5年間の準備を経て、1989年には「社会システム産業構想」を打ち出す。社会システム産業とは「個人もしくは企業が社会で快適に生活・活動していく上で、必須のサービスを複合的に提供するシステムサービス事業」である。すなわち、セコムの専用回線を利用して、「困ったときのセコム」と、頼られる企業を目ざしたものである。

　この「社会システム産業構想」は10年の年月を経て、今日少しづつ具現化

されようとしている。すなわち，従来の各種セキュリティサービス事業以外に，在宅医療サービス，在宅介護，オンライン人間ドック，遠隔画像診断支援システム等の「メディカルサービス事業」，オンラインの在宅学習システムや小学校，中学校向けのLANシステム等の「教育サービス事業」，セコム水や保険サービス，CATV，衛星放送やインターネット関連事業等の「生活支援サービス事業」，危機管理システムやインターネット接続サービス等の「経営支援サービス事業」が立ち上げられた。これらの事業を支えるのがこれまで構築してきたネットワークである。

　1984年12月に全国の契約先を結ぶ我が国最大のコンピュータネットワーク「セコムネット」を完成させたセコムは，現在，国内で事業所数は940カ所，個人・企業合わせて55万件の顧客を持ち，専用回線としてほぼ同数の回線をもつ。これはNTTを除く企業の中では最大である。また海外でも，アメリカ，イギリス，オーストラリア，中国，韓国，台湾など，世界10カ国でセコム方式の事業展開を行っている。

おわりに

　小倉昌男（ヤマト運輸）と飯田　亮（セコム）は我が国において「宅配便サービス」と「セキュリティサービス」という新しいサービス産業を開拓した。彼らの新しい事業の創造と拡大のための事業構想の構築と実施の過程にはいくつかの共通する特徴がある。

　第1は高い自己革新意欲を常に持っていることである。彼らは常に企業の将来に対する危機感を持ち，企業が苦しいときはもちろんのこと，好調のときにも企業競争に勝ち抜くために，時に事業ドメインの変更を含む新しい事業構想を次々と創り，根本的イノベーションと漸進的イノベーションを繰り返した。すなわち，先手先手と事業構想を創り，その実施によって高い競争優位を獲得・維持して，"一番手企業"として市場で高いシェアを獲得した。

　第2は自ら創った革新的な事業構想を果敢に実行してきたことである。彼らの事業構想は高い革新性ゆえに社内外から様々な抵抗に遭う。しかも，事業構想の実施過程では経営が一時的に苦しくなることも生じた。しかし，彼らは自己責任のもとに構想の実現に邁進する。その行動を支えたのは高いアントレプレナーシップと自ら創った事業構想に対する自信である。

　第3は市場のニーズ・ウオンツをいち早く感知し，他社よりもいち早く新しい事業を構想し，それをもとに開発─事業（企業）化することで，その市場での"パイオニア"となっていることである。そこには優れた先見性と行動力がある。すなわち，彼らの開発した新しいサービスは社会環境の変化に沿ったものであり，顧客に高い価値を与えるものである。また，そのことが新しい市場の創造に繋がっている。

　第4は顧客重視を事業構想の基本にしながら自社の利益をも生む事業構造を考案している。すなわち，彼らは顧客の利益と自社の利益という二律背反する問題を解決するために，独創的なアイデアを創出し，それをもとに価値を生む事業構造を考えた。

　第5は自社の経営資源を利用して次々と新しい事業を展開している。すなわち，近年，両者は全国的に構築されたネットワークシステムを利用して，

市場のニーズ・ウオンツをとらえた新しいサービスを次々と開発することで，より高い競争優位を獲得・維持し，持続的成長をしている。

参考文献
○テーマについて
 安部悦生［1995］「革新の概念と経営史」由井常彦・橋本寿朗編『革新の経営史』有斐閣．
 日本能率協会・サービス産業研究委員会編［1983］「サービス産業―これからの10年」日本能率協会．
 A.D.チャンドラー著，安部悦生ほか訳［1993］『スケール・アンド・スコープ：経営力発展の国際比較』有斐閣．
 石田陽造［2002］「事業構想力の研究」『日本創造学会論文誌』Vol.6 日本創造学会．
○小倉昌男について
 権　奇哲［1998］「新しい事業の創造―ヤマト運輸の宅急便事業」東北大学経営学グループ『ケースに学ぶ経営学』有斐閣．
 山内弘隆［1998］「規制への挑戦―小倉昌男（ヤマト運輸）」伊丹敬之ほか編『日本企業の経営行動―④企業家の群像と時代の息吹き』有斐閣．
 小倉昌男［1999］『小倉昌男　経営学』日経BP出版センター．
 小倉昌男［2003］『経営はロマンだ！―私の履歴書』日本経済新聞社．
 ヤマト運輸株式会社編・刊［1991］『ヤマト運輸70年史』．
○飯田　亮について
 高井紳二［1998］「環境創造的市場戦略―セコムの成長と事業革新」伊丹敬之ほか編『日本企業の経営行動―②企業家精神と戦略』有斐閣．
 木村昌平［1999］「セコムにおける新規事業開発」『BUSINESS RESEARCH』1月号，企業研究会．
 飯田　亮［1996］「社長の読みと慧眼―飯田亮の提言」『経営者会報』12月号，日本実業出版社．
 飯田　亮・宮本惇夫編著［1999］『セコム　飯田亮の直球直言―むつかしく考えるな楽しくやれ』日本実業出版社．
 片山善治・H.I シマザキ［1992］『セコムの新連邦経営』毎日新聞社．
 永川幸樹［1996］『飯田　亮―グランドデザイン』文化創作出版．

破綻ベンチャーの企業家活動

須藤充夫／藤村靖之

はじめに

　高度成長期末期，大企業は公害や人間疎外など，成長のひずみを抱えていた。大企業体制に対する疑問は，大企業・中堅企業の技術者のスピン・アウトを引き起こした。彼らは自己の能力発揮と，社会の問題解決の場を求めて独立を遂げた。これら新規開業企業は，国民金融公庫「小零細企業新規開業実態調査」［1970］によって確認され，「能力発揮型新規開業企業」と名付けられた。なかでも，企業特性・収益性・将来性のとくにすぐれた企業が，清成忠男・中村秀一郎によって「ベンチャー・ビジネス」と名付けられた。清成らもまた，大企業体制へのアンチテーゼから，規模基準ではなく，質的基準によってベンチャー・ビジネスを規定したのである。こうして，ベンチャー・ビジネスは，企業家によってリードされた，知識集約的・革新的な新規企業として意義づけられた。

　ベンチャー・ビジネスの登場を機に，1970年代はじめ，第1次ベンチャー・ブームが始まった。しかし，第1次石油ショックによって，このブームは70年代半ばに終息した。1980年代には株式公開基準の緩和を契機に，ベンチャー・キャピタルが次々と設立され，第2次ベンチャー・ブームが生じた。ところが80年代半ば，過剰投融資によるベンチャー・ビジネスの破綻が相次ぎ，ブームは終わった。そして1990年代，「平成不況」のさなか，新産業育成の必要から政策的なベンチャー支援の気運が生じた。この第3次ベンチャー・ブームは，折からの「IT革命」によってピークを迎えた。しかし，このブームも2000年初頭の「ネット・バブル」崩壊によって終焉した。

　このようなブームという側面にみられるように，ベンチャー・ビジネスは著しい成長を遂げる反面，成功なかばで挫折していくものも多い。したがって，本章では成功物語は扱っていない。しかし，単なる失敗談でもなく，ベンチャー・ビジネスの成長から破綻に至るまでの軌跡をテーマにしている。以下，勧業電気機器の創業者・須藤充夫と，カンキョーの創業者・藤村靖之をとりあげ，両者の企業家活動を追ってゆく。

須 藤 充 夫
――勧業電気機器の創業者――

須藤充夫　略年譜

1944(昭和19)年	0歳	3月7日，栃木県足利市で生まれる
1962(昭和37)年	18歳	中野高等無線電信学校卒業
1965(昭和40)年	21歳	個人企業で勧業電気機器を創業
1967(昭和42)年	23歳	6月勧業電気機器を資本株式会社に改組。12月磁力計「ガウスメーター」を発明
1971(昭和46)年	27歳	旭化成とホール素子応用製品の共同開発はじまる
1976(昭和51)年	32歳	日立製作所がホール素子を採用
1978(昭和53)年	34歳	旭化成にホール素子の販売権を売却
1980(昭和55)年	36歳	精密シートコイルを発明
1983(昭和58)年	39歳	台湾の磁気ヘッドメーカー美亜電気を買収
1984(昭和59)年	40歳	日本長期信用銀行が幹事となって47億円を協調融資
1985(昭和60)年	41歳	板倉工場完成
1986(昭和61)年	42歳	7月10日会社更生法を東京地裁に申請。同月24日破産宣告

(年齢＝満年齢)

1. 勧業電気機器の創業

(1) 勧業電気機器の創業まで

　須藤充夫は1944（昭和19）年栃木県足利市に生まれた。中学卒業と同時に上京し，無線技術者養成学校である中野高等無線電信学校に入学した。1962年同校を卒業した須藤は，技術者になることを希望して，計測器メーカー東京電気精器に入社した。ところが，希望は叶わず，営業部に配属されてしまった。しかし，須藤は，持ち前の負けず嫌いの性格を発揮し，早く一人前になるため，製品カタログにあった１万5000点におよぶ商品の性能や仕様を全て暗記した。そのため，新入社員でありながら，１年目からトップセールスの仲間入りをしたのである。技術者になることを志望していた須藤は，技術との接点を持っていたいとの考えから，学校や研究機関を中心に営業活動を展開していた。あるとき，東京工業大学で，ホール素子の研究をしている大下正秀助教授（当時）に出会った。須藤はホール素子の将来性を高く評価する大下の言葉に新しい事業の可能性を直観し，大下の私設助手となって，毎晩研究を手伝うようになった。

　1964年，須藤は東京電気精器を退職した。その後，３番目の転職先である高周波通信工業に入ったときには，すでに個人企業として勧業電気機器を創業していた。それでいながら企業に属したのは，独立するための資本を蓄積するためであった。須藤は，歩合制セールスマンとして年間3000万円を売上げる代わりに，電話と机を自分の事業のために利用するという条件で入社したのだった。ところが１年後，高周波工業の社長が，須藤を自社の専属にしようとして，干渉を強めてきた。1967年６月，須藤は高周波工業を辞め，勧業電気機器を資本金70万円で株式会社に改組し，独立した。1968年，神田神保町に２坪の事務所を借り，電気部品商をしている東京電気精器の後輩と知人のタイピストを家賃など事務所経費を持つことを条件に，事務所へ引き入れた。３人の共同事務所のような形にしたのも，外出しがちな須藤が，人を雇わずに電話番を確保するための苦肉の策であった。

(2) ガウスメーターの開発

　独立した後も，須藤は東工大の大下の研究室に通いつめ，ホール素子の実験を手伝っていた。試作品を持っては帰り，実用化を考えるうちに，磁力計への応用を思いついた。ホール素子は，インジウムとアンチモンの半導体薄膜で，磁界を電圧に変える性質を持っている。ゆえに，磁石を近づけることで発生する電圧を増幅し，電圧計のメーターを振らせる仕組みをつくれば，磁力を計ることができた。当時，磁力計は300万円以上する輸入品しかなかったが，ホール素子を利用すれば5万円ほどの原価で製作できた。こうして，1967（昭和42）年12月，世界最初のホール素子応用製品，磁力計「ガウスメーター」が完成した。

　この製品はたちまち反響を呼び，1968年の第2回東京都中小企業輸出商品選定賞の受賞をはじめ，1969年に第10回全国中小企業輸出見本市で優秀賞を，1970年に東京発明展で特許庁長官奨励賞を受賞した。ガウスメーターは，専門紙誌にも大きくとり上げられ，それを見たNHK教育テレビ・理科講座担当の都立高校教諭から，実験用教材の製作依頼がきた。目に見えぬ磁界を教えるために都合のいい機械であったからだ。実験がテレビで放映されたことによって，ガウスメーターは，文部省から工業高校・高等学校の補助金付きの理科教材として指定された。また同時期，勧業電気機器は文部省宇宙開発事業団から，ホール素子を応用したペンシル・ロケットの姿勢制御検出器の開発を依頼され，開発に成功していた。勧業電気機器は学校教材分野で着実に売上げを伸ばすとともに，その技術力が航空宇宙分野でも認められたのである。

　ところが，ホール素子事業を本格化させようとした矢先，大下が静岡大学工業短期大学部へ転任することが決まった。大下がいなくなると東工大の設備が使えない。ホール素子をつくる真空蒸着装置の購入と，それを動かす技術者を確保することが必要になった。そこで，須藤は，事務所のタイピストに原稿を届けにくる青年を，技術者候補として雇った。ところが，その青年は中卒で，電気について全く知識がなかった。須藤は，彼をむりやり大下の研究室に預け，3カ月間で真空蒸着装置を動かせるまでに教育をしてもらった。その一方で，当時100万円の真空蒸着装置を，即金で50万円，残金は10

カ月の月賦払いにして手に入れた。最初は東京都三鷹市にあった知人の事務所に設置したが、機械の冷却水が十分に確保できなかったため、夏場の運転ができなかった。そこで、取引先の東京電子専門学校の地下室を無償で借りて、装置を設置した。学生の実習用機械として、助手付きで真空蒸着装置を無料貸与するといって理事長を説得したのだった。ところが、1年後、学生たちには難しすぎて扱えないことが判明し、理事長から撤去を命じられてしまった。1970年2月、仕方なく、須藤は神田小川町に10坪の事務所を借り、真空蒸着装置もそこへ移転した。

2．ホール素子事業の展開

(1) 旭化成との提携

1970（昭和45）年10月、旭化成延岡工場から勧業電気機器に、ホール素子の資料が欲しいという電話があった。それを契機として、旭化成と糸むら検知器の共同開発が始まった。糸むら検知器は、1971年12月に納品した第一号機を皮切りに、五号機まで製作された。つぎに、両社はホール素子を利用した、自動車用エアバックシステムの衝突センサー（流体式衝撃・振動検査器）の共同開発に取り組んだ。完成したセンサーは、旭化成のエンジニアの手によって、デトロイトで行われたSAE (Society of Automotive Engineers) の国際会議へと持ち込まれた。そこでゼネラルモーターズ（GM）の目にとまり、サンプル出荷が決まった。1973年7月から8月にかけて、旭化成は須藤を同行させ、GMとの正式な商談に臨んだ。製品テストは成功し、10万個の仮注文をうけて帰国した。ところが、運悪く11月に起きた第1次石油ショックのため、自動車関連の需要は大きく減退した。センサーの注文も露と消えたのである。

須藤がGMとの商談を終え帰国した2日後、突然、15人の従業員のうち12人が辞表を提出してきた。渡米中に仲間割れが起きたことが原因だった。さらに悪いことに、旭化成がホール素子事業からの一時撤退を通知してきた。1976年3月、撤退にあたって旭化成は、勧業電気機器電器とホール素子開発に関する実地権許諾契約を締結した。その内容は、①衝突センサーおよ

びホール素子の研究開発費を旭化成が負担するかわりに，開発された技術を共同特許とすること，②ホール素子売上の7％を支払うことで，旭化成所有の3000万円相当の生産設備を貸与するというものだった。須藤は，貸与された機械設備を設置するために，群馬県館林の農家から納屋を借り，仮工場を急造した。しかし，内外ともに問題を抱え，業績も低迷していた勧業電気機器にとって，宮崎県延岡から館林まで，貸与設備を移設する費用の調達さえ容易なことではなかった。須藤は，この時期のことを「これまでの人生で，どん底の時代だった」（須藤［1984］）といっている。

(2) 日立製作所との取引

「どん底」から抜け出す転機となったのは，日立製作所（以下，日立）向けホール素子の出荷が激増したことだった。時系列は前後するが，日立との取引は，1974（昭和49）年から始まった。日立製作所家電研究所（以下，家電研究所）からの「日立の要求する仕様どおりのホール素子が製造できるなら，それをレコードプレーヤーに使いたい」（長廣［1983］）という1本の電話が端緒だった。須藤は，日立の要求水準を満たすため，会社をあげて量産技術の開発に取り組んだ。その結果，不純物を含む真空蒸着半導体薄膜の製造技術を確立した。家電研究所は，このホール素子を使用し，新型のブラシレス・フラットモーターの開発に成功した。電流制御用に使われていたブラシがなくなったため，新型モーターの部品点数は5分の1に減り，従来よりも小型・扁平，高性能を実現した。

1976年1月，「ユニトルク・モーター」と名付けられた新型モーターは，ステレオ「ローディーシリーズ」のレコードプレーヤーに搭載された。この商品はダイレクトドライブを実現し，回転むらも少なかったことから，オーディオマニアから好評を博した。「ローディーシリーズ」の売上げも急上昇し，日立のオーディオ部門は，同業14社中13位から，3位にまで躍進した。勧業電気機器のホール素子出荷量も，月間3万5000個にまで達し，経営も軌道に乗った。1979年2月，勧業電気機器は，日立から品質管理上の問題を指摘されていた仮工場から，新たに建設した館林工場へと移転した。品質上の不安を払拭した日立は，ビデオテープレコーダー（VTR）にもブラシレ

ス・フラットモーターの採用を決定し，同年10月，ホール素子の生産量は月産100万個を突破した。

しかし，ホール素子の好調な販売実績を知った旭化成は，勧業電気機器に対して販売権を買い戻す意向を伝えてきた。2年前に旭化成が撤退した事業を引き継ぎ，市場開拓に努力をしてきた須藤にとって，納得のいくことではなかった。しかし，大企業と中小企業とでは力の差は歴然としていた。しかも，生産設備の貸与を受けている弱みもあり，従うほかなかった。1978年6月，両社の間で①勧業電気機器は旭化成に販売権，特許，ノウハウを3億円で譲渡する，②旭化成は勧業電気機器に資金，経営ノウハウなどの援助を行う，③契約期間は7年間とするという内容の，「ホール素子事業に関する基本契約」が締結された。須藤は，この契約を結んだとき，「手足をもぎ取られた格好になり，崖っぷちに立たされた心境になった」（須藤［1984］）といっている。その後も勧業電気機器への製造委託は続いたが，旭化成は宮崎電子（現，旭化成電子）を設立し，ホール素子の本格生産を始めることを予定していた。製造委託も，いずれなくなることは明白であった。須藤は，ホール素子に次ぐ自社製品を開発する必要に迫られた。

3．精密シートコイル事業の展開

(1) 精密シートコイルの開発

「あなたはホール素子を開発したほどの人だから，変わったコイルもつくれると思う。やってみてはどうか」（須藤［1984］）。1979（昭和54）年4月，家電研究所のエンジニアの一言から，精密シートコイル開発は始まった。最初に試作した「変わったコイル」は，銅箔を重ね巻き，それを輪切りにしたものだった。このコイルを家電研究所へ持ち込んだところ，モーターへの組み込みを依頼された。3カ月かけて試作品をつくってみたが，加工に手間がかかり，量産化は困難であることが判明した。家電研究所ではサンプルをみて大いに関心を示したが，須藤は製品化をあきらめざるを得なかった。

次に考えたのが，ホール素子の製造で蓄積した微細加工技術を応用し，エッチング（化学的食刻）でコイルパターンを一挙に形成する方法だった。

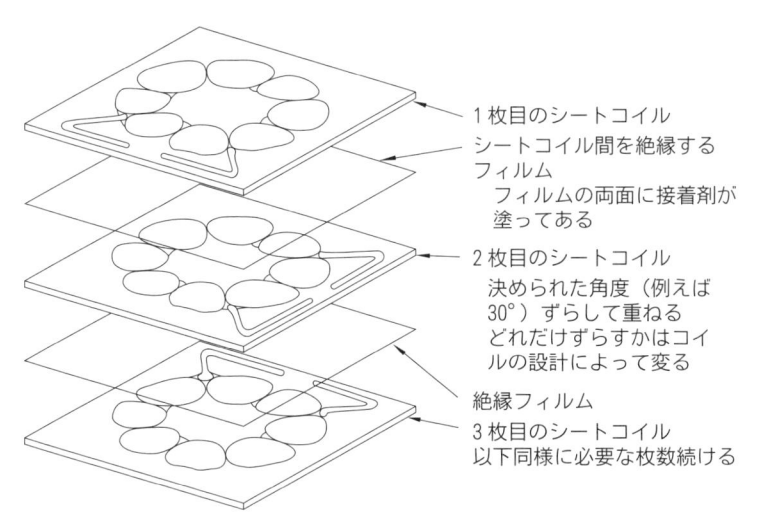

図1　精密シートコイルの積層図

1枚目のシートコイル
シートコイル間を絶縁するフィルム
　フィルムの両面に接着剤が塗ってある
2枚目のシートコイル
　決められた角度（例えば30°）ずらして重ねる
　どれだけずらすかはコイルの設計によって変る
絶縁フィルム
3枚目のシートコイル
以下同様に必要な枚数続ける

出所：須藤［1984］84頁。

　しかし，開発には3つの課題を解決しなくてはならなかった。1つ目は銅箔を鋭角にエッチングする方法だった。これはエッチング過程を2回に分けることで克服した。2つ目は，シートコイルの張り合わせ層を薄くすることだった。これは新開発の絶縁フィルムと接着剤によって解決した。3つ目には感光剤の問題があった。既存の感光剤では精密シートコイル製造には不向きであった。これも社外の専門家の力を借りながら，専用の感光剤を開発した。1980年10月，これらの課題を克服し，精密シートコイルは完成した。

　1981年5月，日立はローディーシリーズの最上位機種のカセットデッキ「D-2200MB」のモーターに，精密シートコイルを使用することを決定した。月産1000個から取引が始まったが，一個当たりの単価は巻線コイルとほぼ同じ300円と，勧業電気機器にとってコストに見合うような取引ではなかった。この単価は，月に30万個を生産して，やっと損益分岐点を超える価格だった。須藤は採算を度外視してでも，精密シートコイルの実用化を優先した。こうして迎えた第30回日本オーディオフェアでは，「D-2200MB」のユニトルク・モーターに精密シートコイルが使われていることが発表され，関心を

集めた。同時に，勧業電気機器も精密シートコイルの完成発表を新聞紙上でおこなった。1981年11月20日付の日経産業新聞は，一面トップで「モーター小型化へ新兵器，勧業電気機器。平面コイルを開発，大きさ3分の1，性能3倍」と，これを報じた。その結果，電気，機械，自動車部品メーカーなどから問い合わせが殺到した。勧業電気機器はベンチャー・ビジネスの寵児として一躍，注目される存在になった。

(2) 板倉工業団地の土地取得

1981（昭和56）年9月，勧業電気機器は，通産省の外郭団体である研究開発型企業育成センター（現，ベンチャーエンタープライズセンター：VEC）に精密シートコイル事業の債務保証を申し込んだ。書類審査を通り，面接審査の席で須藤は21名の審査員を前にして，事業について説明した。当時の審査委員長は本田宗一郎である。須藤が退席した後，本田は「若いのに立派な生き方をしている。精密シートコイルも五十年に一度でるかどうかの素晴らしい製品だ」（須藤［1984］）と評価したという。須藤はこの話を11月24日の債務保証決定の知らせを受けたときに初めて知った。しかし，本田はVECの鶴江嘉祝常務理事（当時）を通して「これから多くの会社がぜひ投資したいと言ってくるだろうが，だまされないように，また有頂天にならず，分相応の努力を続けるように」（同前）と釘を差すのも忘れなかった。

本田の言葉によって，精密シートコイルの将来性に確信を深めた須藤は，「年間売上高が1000億円に達するまでは，後を振り向かずに生産拡大対策を実施し続けることができる」（長廣［1983］）と考えた。須藤はただちに1988年に売上高230億円を目標にした「長期5カ年計画」を策定した。これは，1983年の売上高24億円のおよそ10倍弱という売上高であった。この計画を実現するためには，月産100万個規模の精密シートコイル量産工場が必要だった。既存の館林工場（月産30万個）の拡張は，物理的に不可能であったため，新工場の建設用地の取得を考えていた。そのようなとき，群馬銀行から，邑楽町にある鞍掛工業団地の3万4000坪，17億円の土地購入の話が持ち込まれた。しかし，須藤が買収の意向を明らかにしたところ，開発主体の群馬県企業局が企業規模と業績をみて，売却に難色を示してきた。その代わ

りに，提示されたのが板倉町の板倉工業団地にあった面積5300坪，価格2億8000万円の土地だった。こうして，1983年4月，群馬銀行からの融資によって，勧業電気機器は新工場の用地を取得した。

この用地取得のあいだも，勧業電気機器には，電器や機械などのメーカーから，精密シートコイルのサンプル出荷や，完成品モーターの設計依頼がきていた。完成品の需要もあると考えた須藤は，「モーター1個が2000円前後として，年間200億円から250億円，あるいは300億円。」(『WILL』1984年8月号）という強気の予測をもとに，工場の規模拡大を決断した。当初計画の精密シートコイル工場に加え，2期工事としてシートコイルモーターの組立工場をも建設する計画に変更したのである。それに伴って，新工場の建設資金も40億円から70億円へと増加した。

(3) 板倉工場建設資金の調達

70億円にのぼる板倉工場建設資金の調達は，第三者割当増資と融資でまかなわれた。融資は，日本開発銀行（現，日本政策投資銀行）から7億円，日本長期信用銀行を幹事銀行とする協調融資団からの47億円が主なものだった。

長銀は，1981（昭和56）年末から1年間かけて精密シートコイルの事業化調査をしていた。その結果，有望な事業ではあるが，リスクが大きいと判断し，中小企業では前例のない協調融資を行う考えにいたった。1983年11月，協調融資へ参画する7金融機関が決まり，11月9日付日経産業新聞で，この事実が公表された。ところが，突然，参加行である三和銀行が態度を急変させ，最終回答を保留してきた。そのため，年末になっても融資が決まらなかった。そこで須藤は，かねてから勧業電気機器との取引拡大をねらっていた富士銀行に肩代わりを依頼した。1984年1月21日，長銀10億円，第一勧業銀行8億円，富士銀行8億円，三菱銀行8億円，太陽信用金庫5億円，東洋信託銀行5億円，群馬銀行3億円の計47億円の協調融資契約が締結された。一方，開銀からの融資は，同行の技術振興融資枠が適用され，1984年4月に実行された。これは，開銀がベンチャー企業へ融資した最初の事例になった。

第三者割当増資は，板倉工場の土地取得に先立つ1983年2月，初めて実施された。このとき，ベンチャー・キャピタルの日本合同ファイナンス（現，ジャフコ：JAFCO）から，総額で6000万円の調達に成功した。この増資は，今後の設備投資をにらんだ自己資本の充実と，対外信用の強化をねらいとしていた。JAFCOは過去の実績に加えて，成長性と将来3年間の予想収益を折り込んだ，新しい株価算定方式によって株価を算定し，1株あたり5000円で1万2000株を引き受けたのである。そして，わずか10カ月後の12月に2回目の第三者割当増資が実施された。工場建設資金の全額を融資でまかなうのは，財務バランスを崩すという，須藤の判断によるものだった。このときの株価は，1株あたり6000円で評価され，ワラント債と合わせて11億4000万円の資金調達に成功した。引受先には，フランス最大の金融機関，パリバ・グループが含まれており，外資系金融機関が初めて日本のベンチャー企業に投資したケースとなった。さらに，1985年2月，新工場完成後の運転資金を確保するために，3回目の第三者割当増資が実施された。邦銀9行，外資系銀行1行，保険会社5社，証券会社6社，一般企業10社の合計31社がこれに応じた。増資規模は発行株式数19万1000株で，1株あたり発行価額は，将来の株式公開で主幹事の地位を狙う野村証券が1万1000円を提示し，それが基準になった。同時に2月28日付でワラント債を発行し，総額で27億1700万円の資金を調達し，資本金は14億430万円になった。

(4) 内部体制の充実と製品開発

　このような資金調達の一方で，内部組織の充実や製品開発も進められた。1983（昭和58）年12月，勧業電気機器は，三菱油化経営計画室課長・近藤隆雄の転職を受け入れた。入社後，社長室長となった近藤は，経営の中枢を担うとともに，人材獲得面でも大いに貢献した。須藤は近藤の入社を契機として，さらなる内部管理体制の確立を計るため，人材獲得に力を入れはじめた。1984年中に旭化成や日立製作所などから，幹部クラスの人材を8人採用し，そのなかから3名を役員に登用した。また，板倉工場の完成を控え，30名の中堅社員を中途採用するとともに，1985年4月には当時のベンチャー企業では異例の45名の新卒採用をおこなった。

また，製品開発では，1982年ホール素子の製造技術を応用した非接触式変異センサーの開発，1984年精密シートコイルを応用した超小型トランス，1985年精密シートコイル上にモーターの電気回路を組み込んだ「インテリジェント・モーター」などの開発に成功した。海外展開では，1983年6月，台湾の磁気ヘッドメーカー台湾美亜電気を買収し，さらに，三菱商事と販売提携することによって，製品や精密シートコイル製造プラント輸出に備えた。また，板倉工場の完成後の1985年6月，フレキシブル基盤の開発・販売にも進出した。

表1　売上高と資本金の推移　　　　（金額：百万円）

年	1974	1975	1976	1977	1978	1979	1980	1981	1982	1983	1984	1985
売上高(百万)	280	375	425	585	650	850	653	1,180	1,700	2,430	3,100	3,848
資本金(百万)	2.6	5.6	5.6	10	10	10	10	10	30	84	341	1404
従業員数(人)	35	35	45	48	62	73	123	123	90	177	205	210

出所：『帝国銀行會社要録』帝国興信所，『帝国銀行会社年鑑』帝国データバンク，各年版より作成。

4．板倉工場の完成と倒産

　1985（昭和60）年5月1日，板倉工場の完成式で，須藤は「今後，新工場で精密シートコイルを量産するとともに，電子機器関連の製品開発に全力を注ぎたい」（日経産業新聞1985年5月2日）と抱負を語った。新工場は徹底したファクトリー・オートメーション（FA）化が進められ，ここで生産される精密シートコイルの大半を，モーターとして出荷する計画だった。稼働が開始する6月に月産5万個から10万個で立ち上げ，1986年中には月産100万個の完全操業を目指していた。

　しかし，工場が稼働を始めた6月になっても，本格的な注文が入らなかった。須藤は「試作品をつくり，市場の反応をみてまとまった注文が来るまでは半年かかる」（『日経ビジネス』1986年8月19日号）といって慎重な姿勢をとっていたが，秋口になっても大口の注文はこなかった。最大の要因は，大口の取引先であった日立が，新規取引を打ち切ってきたことだった。1984年

上半期の取引額は1億円近くあったが，その後の発注は月間数百万円規模にまで急減していた。この原因は，まだ内示段階の取引情報を須藤が新聞記者に話し，その内容が「シートコイル，8ミリVTRのモーターに，日立，勧業電と組む，対ソニー小型化の切り札」（日経産業新聞1985年7月8日）と報じられたことだった。この一件で，須藤は日立からの信用を失ったのである。さらに，精密シートコイルに対する評価も，開発から5年を経た間に変わってきた。1984年に旭化成が平面コイル「ファインパターンコイル」の開発に成功し，競合品が出現するとともに，従来の巻き線コイルモーターも技術革新によって小型化が進んだ。小型モーターの型状も扁平であることよりも容積全体の小型化が求められるようになっていた。

　1985年末，勧業電気機器は一向に操業度の上昇しない板倉工場を抱え，莫大な借入金の返済のみならず，運転資金の手当てにも窮していた。皮肉なことに，『日経ベンチャー』（1985年12月号）では，勧業電気機器と須藤を，その年最も活躍したベンチャー企業およびベンチャー経営者として選んでいた。支援を依頼されたメインバンクの長銀は，自主再建をあきらめ，年が明けてから支援先を探し求めた。1984年3月，パーソナル・コンピューター事業のソードが，東芝に救済されたように，大企業の買収先を探した。しかし，板倉工場の汎用性のない大規模設備が足かせとなって，買収に名乗りを上げる企業はなかった。まもなく勧業電気機器は資金繰りに逼迫し，1986年4月10日，第1回目の不渡りを出した。須藤は自宅を担保に長銀から2億5000万円の緊急融資を受け，手形を買い戻したが，一時しのぎに過ぎなかった。1986年7月10日，ついに2回目の不渡りを出し，会社更生法の適用を申請した。結局，事業継続をとおした再建の可能性も薄いことから，破産申請に切り替え，同年7月24日東京地裁から破産を宣告された。負債総額は92億3500万円であった。

藤 村 靖 之
――カンキョーの創業者――

藤村靖之 略年譜

1944(昭和19)年	0歳	9月3日旧満州で生まれる
1973(昭和48)年	29歳	大阪大学大学院基礎工学研究科博士課程を修了（工学博士）小松製作所入社
1979(昭和54)年	35歳	小松製作所技術研究所熱工学研究室長に就任
1984(昭和59)年	40歳	ピーエス環境技研を創業
1985(昭和60)年	41歳	電子式空気清浄機「クリアベール」発売
1986(昭和61)年	42歳	社名を「カンキョー」に変更。山野楽器と販売提携
1988(昭和63)年	44歳	クリアベールがソウルオリンピック選手村に採用
1989(平成元)年	45歳	最初の販社カンキョー・システム・コントロール設立
1992(平成4)年	48歳	カンキョー技術センター設立
1993(平成5)年	49歳	「カンキョーの店」開店
1997(平成9)年	53歳	オーガニック・レストラン「ミッケリ」一号店開店
1998(平成10)年	54歳	カタログ販売「安心生活」事業開始。11月27日会社更生法申請

(年齢＝満年齢)

1. ピーエス環境技研の創業

(1) 小松製作所からのスピンオフ

藤村靖之は，1944（昭和19）年旧満州で生まれた。1973年，大阪大学大学院基礎工学研究科博士課程を修了し，小松製作所（現，コマツ）に入社した。配属された技術研究所では，初めての博士号を持つ社員として優遇された。藤村は自分でテーマを探し研究をするという仕事を与えられ，研究に没頭していた。1978年，それまでの研究実績が認められ，社長直属の新規事業企画委員会の委員に選ばれ，さらに翌年，35歳で熱工学研究室長に就任した。そこで，新規事業のコージェネレーション・システムを，開発から製品化まで手がけた。藤村は幅広い仕事を経験することで，やりがいと自信に満ちた研究員生活を送っていた。ところが，この自信の高まりが，かえって大企業体質に対して不満を抱かせる結果になった。大企業では，開発から製品化までの経過時間が，5年以上と長かった。そのため製品が発売される頃には陳腐化し，研究開発の努力が無駄になってしまうことがあった。また，地位が上がるにつれて，管理業務に時間をとられるようになった。研究者として「自分の才能と努力で世の中に貢献してみたいという欲望」（『発明』1989年10月号）を持っていた藤村にとって，管理職は耐えられなかった。

一方で，1983年から，藤村は中堅空調機メーカー，ピーエス工業のコンサルティングを手がけていた。同社は「"生態学的室内気候"を追求し健康的で快適な室内気候を創造」との理念を掲げ，独自技術による製品を展開していた。藤村は，同社を通じて，室内環境と健康の関連について知見を深めていた。やがて，住環境の改善に使命感を抱いた藤村は，この分野の事業化を会社に提案した。しかし，ここで大企業の体質が壁になった。短期間で利益を上げられる事業ではなかったため，採用されなかったのである。使命感を持って取り組もうとしていた事業が実らなかった藤村は，独立を決意した。

(2) クリアベールの開発

1984（昭和59）年3月，藤村はピーエス環境技研を創業した。資本金2000

万円のうち70%をピーエス工業からの出資を受け，研究開発子会社として出発した。スタートアップ当初から藤村は，自社のドメインを「室内環境」と定めていたが，具体的な事業の方向はまだ見えていなかった。それゆえに，親会社や公共機関からの委託研究の他に，70もの研究テーマを「わざと間口を広げ，しかも中途半端に取り組んだ」（日経産業新聞1985年12月16日）。その結果，創業から1年半を経た1985年8月から9月にかけて，3種類もの自社製品を発表した。製品第1号は，シート状の除湿剤「つゆとりシートQ」（後に「おまかせDRY」と名称変更）だった。この製品は『日経ベンチャー』（1985年12月号）「中堅・ベンチャー企業のハイテク新製品トップ10」の3位にランクされ，注目を集めた。また，神戸製鋼所が開発したハニカムシリカゲルを使った，厚さ5センチの薄型除湿器の共同開発にも成功した。そして，電子式（イオン式）空気清浄機「クリアベール」もこのときに生まれた。

のちに主力製品となるクリアベールの開発は，藤村の長男のぜんそくがきっかけだった。藤村は，ぜんそくのアレルゲンとなるハウスダストの捕集には，空気清浄機が効果的であると医者から聞いていた。しかし，実際に使ってみたところ効果は感じられなかった。当時，市販されていた空気清浄機は，ファンと目の粗いフィルターの組み合わせであった。そのため，塵埃の補集能力が低く，かえって排気風によって細かなハウスダストがまき散らしていることがわかった。そこで，藤村は微細な塵埃（じんあい）を確実に捕集できて，排気風も出さない空気清浄機の開発をはじめた。まず，従来型の空気清浄機で，比較的小さな粒子がとれる電気集塵方式（コットレル方式）に着目した。この方式は，①平行電極とワイヤー電極から構成された集塵ユニットへファンで空気を送り込む，②送り込まれた空気中の塵埃がワイヤー電極でプラスに帯電される，③プラス電荷を負荷された塵埃がマイナスに帯電した平行電極にクーロン力によって吸着される，という仕組みであった。

これを改良し，平行電極を平面に置き換えることによって，ファンを使わず，クーロン力のみで微細な塵埃を捕集する新たな方式を開発した。しかも，製品自体には，電子を放出する陰極線（イオン化線）と2枚の陽極板（集塵板）しかない単純な構造となった。そのため，厚さ5cm，重量も約2

図2 クリアベールの集塵原理

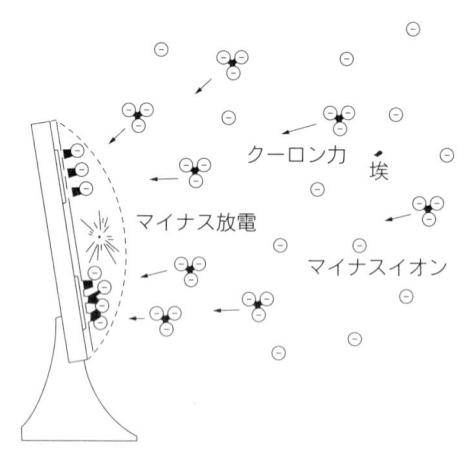

① コロナ放電を利用してマイナスイオンを発生させる。
② 空気中の塵埃をマイナスに帯電させる。
③ クーロン力によって塵埃が本体の集塵紙に吸着される。

出所：村尾［1998］159頁。

kgの薄型軽量で，低消費電力，無風，無騒音の製品に仕上がった。クリアベールは，従来品では不可能であった，0.005ミクロンまでもの塵埃の捕集や，マイナスイオンの放出による室内のイオンバランスの調整など，室内環境の改善に適した製品になった。

2．「クリアベール」の事業展開

(1) ピーエス工業子会社からの独立

　藤村は，クリアベールの製品化によって，自立の確信を得た。1985（昭和60）年12月，親会社ピーエス工業の保有する株式を買収し，子会社から離脱した。同時に，独立当初から取り組んできた，数々の研究テーマから導き出した室内環境事業を事業計画書にまとめ，それを都市銀行やベンチャー・キャピタルに持ち込み投資を求めた。その結果，1986年1月，日本エンタープライズ・デベロップメント，日本インベストメント・ファイナンス，富士

インベストメント，シードキャピタルジャパン，ジャミール・エス・アイといったベンチャー・キャピタル5社が，第三者割当増資による株式を引き受け，5000万円の資金調達に成功した。そして，2月には販売子会社の有限会社カンキョーを吸収合併し，社名を株式会社カンキョーへと変更するとともに，本社を横浜市へ移転した。

藤村は自社を少数精鋭の高付加価値頭脳集団として，ユニーク・高度・エレガントな製品・技術を提供し，高度成長を持続したいと考えていた（カンキョー「経営戦略のあらまし」）。しかし，大企業を上回るスピードで，室内環境分野の研究開発を行うためには，技術面，資金面で，自社資源のみでは不十分であった。そこで，藤村は，外部資源を積極的に活用した。研究のスピードを維持するために，自社で技術者を抱えるのではなく，外部の専門家を積極的に利用した。研究開発費は投資と補助金でまかない，製造設備を持たずにファブレスに徹した。さらに，販売も外部に委託する方針をとった。

(2) 山野楽器との販売提携

1986（昭和61）年6月，東京銀座の老舗企業，山野楽器との販売提携が実現した。同社は，クリアベールの販売総代理店になり，山野環境開発という新規事業部門を設立した。この提携によって，カンキョーは，山野楽器の持つ百貨店や通信販売といった販路を利用し，消費市場でクリアベールの販売が可能になった。

とはいえ，はじめからカンキョーの売上高が目に見えて増加するものではなかった。当時は，家電各社が家庭用空気清浄機市場に参入してから，3年程度しか経っておらず，市場自体が発展途上にあった。当然，クリアベールのように新しい方式で，効能も使い方もよくわからない製品を消費者に販売することは困難だった。そこで，カンキョーは，自社で用途開発をおこない，販売に責任を持つ方向へ営業戦略を転換した。まずは業務用市場を開拓し，そこから消費市場への波及効果を狙った。業種別に攻略方法を考案し，それをマニュアル化して，山野楽器などの販売店にフィードバックした。さらに，目に見えない効果を証明するために，東京工業大学や聖マリアンナ医科大学，大阪医科大学などの，公的な機関に実験を依頼し，高い集塵性能を

実証してもらった。その結果，百貨店や通信販売での取り扱いも増加し，1987年の売上高は，前年比の約3倍，7億円以上に急伸した。この年，カンキョーは，業容の急拡大に対応するため，はじめて新卒者を採用した。

こうした営業努力を続ける一方で，クリアベールにも改良が重ねられていった。発売当初のクリアベールは，ユーザーからパチパチ放電音がするとか，変なにおい（オゾン臭）がするとかいった苦情が相次いでいた。藤村は技術部長の寺澤義一とともに，およそ「300項目もの改良」（石原［1994］）を重ね，販売に自信が持てる製品に仕上げていった。その成果もあって，1988年に開催されたソウルオリンピックでは，クリアベールが選手村用の空気清浄機に選定された。静音性と高い集塵能力が評価されたのである。しかし，当時1000台規模の注文を一括で納入するだけの生産体制はなく，残念ながら辞退しなくてはならなかった。とはいえ，日本のベンチャー企業の製品が，オリンピックで採用された事実は，クリアベールの知名度を高めるのに大いに役立った。この年，カンキョーは，業務用空気清浄機分野で国内シェア第2位を獲得した（「日本経済新聞」1989年3月27日）。

3. 製品・販売体制の拡充

(1) 販社制度の確立

山野楽器との提携は，カンキョーの成長の礎となった。しかし，成長するにしたがって，この販売体制に限界が見えてきた。第1に，山野楽器の持つ販売店組織の階層化が問題になった。販売店網が2次店，3次店と下ってゆくにしたがって，販売上の統制が行き届かなくなってきた。流通在庫の増加や，値崩れなどの問題が生じたのである。第2に，山野楽器が，カンキョーの扱う製品を全て扱えなくなってきた。1988（昭和63）年以降，カンキョーは，製品の多様化を進めた。それまで，展開していた小型機から，中・大型機の分野へ進出した。中大型機は，機械の設置工事が必要であったため，山野楽器では取り扱いができなかった。そこで，カンキョーは全国的な販売網を展開するため，販社展開をはじめた。販社には，特定地域において，カンキョーの全製品を独占的に販売し，販売店を組織する権利が与えられた。こ

こで，第3の問題が起こった。1989年10月，初めての販社として，北関東3県（茨城，栃木，群馬）で営業を展開するカンキョー・システム・コントロールが設立された。そこで，クリアベールの全国販売権を持つ山野楽器と，地域独占販売権を持つ販社との間に，権利の相克が生じたのである。山野楽器は契約を変えることなく，伝票上で販社からクリアベールを仕入れたことにして，問題を解決しようとした。しかし，藤村はあくまでも，総代理店契約の更改を主張していた。

1990年9月，音響・映像機器製造大手のティアックによって，クリアベールの模倣品が発売される事件がおきた。ティアックは山野楽器の1次店として，クリアベールを取り扱っていた。当初，藤村は大企業によって製品が模倣されることを警戒し，ティアックによる取り扱いには難色を示していた。しかし，山野楽器からの強い要望もあって，取り扱いを許した経緯があった。ところが，ティアックは似たような電子式の空気清浄機「イオンクリスタ」を発売したのである。イオンクリスタは円筒形をしており，カンキョーの特許を回避していたが，藤村の目には明らかな模倣に写った。藤村は，ティアックの模倣行為に対して，山野楽器の監督責任を追求し，通常の代理店契約への更改に成功した。

こうして1990年以降，カンキョーの販社は全国に展開していった。1991年2月までに東北6県をエリアとするカンキョー東北をはじめ，長野県の名鉄カンキョー販売（親会社：信州名鉄運輸ほか），北海道のカンキョー北海道（北日本通信建設ほか），そのほか，カンキョー新潟，カンキョー九州（福岡地所ほか），カンキョーおきなわ（琉球リースほか），カンキョー中九州（レイメイ藤井），カンキョー鹿児島（同）などが設立された。

(2) 新分野への進出

1988（昭和63）年，カンキョーは中大型機市場に対応するため，カナダのエンジニアリング・ダイナミックス社からのOEM（相手先ブランドによる製品供給）で，空気清浄機「EFシリーズ」を，イスラエルのアムコール社からのOEMで，除湿器の販売を始めた。これら，中大型機は，主に遊技場（パチンコ店）を標的顧客としていた。遊技場はたばこ対策のため，当時か

ら空気清浄機の普及率が高かった。そのため，新装開店時の買い換え需要や新築時の新規需要をねらって，販売活動を展開した。また，除湿器はパチンコ玉への結露防止という用途をカンキョーが開発し，利用を普及させた。こうした遊技場の攻略は，一度に複数台の販売が見込めるだけでなく，その後の消耗品収入が得られるため，カンキョーや販社・代理店にとっても魅力的なものであった。事実，創立間もない販社の多くは，短期で実績をあげるため，遊技場に対する販売活動に注力していた。

1990年6月，カンキョーは3種類の新製品，レンタル専用空気清浄機「クリンボーイ」，空気清浄機「クリアベールⅡ」，トイレ用消臭器，を同時に発売した。なかでも「クリンボーイ」は，レンタル市場への進出を目的とした，戦略的な製品であった。さらに12月，カンキョーは建築設備市場へ進出することを意図して，全熱交換型換気装置「HRVシリーズ」を発売した。全熱型換気装置とは，熱交換素子を介して，室内の温度を保ちながら換気することができる装置である。心臓部となる熱交換素子は，米エア・エクスチェンジ社との技術提携によって提供された。そのほか，1991年6月，藤村はアレルギー対策商品のスペシャリティ・ショップ，「カンキョーの店」構想を社内発表し，開設準備を進めた。カンキョーは，販社制度と製品の拡充，新分野の進出によって，売上げの大半をクリアベール依存する体質からの脱却を目指した。

(3) 新規事業の不振

1991（平成3）年までに発売された製品，および「カンキョーの店」は，その後のカンキョーの事業展開を規定した。とくに，クリンボーイやHRVシリーズといった製品は，それぞれ標的市場や，販売方法，アフターサービスのありかたが全く異なり，専門的な知識やノウハウが必要とされた。そこで藤村は，カンキョーの営業組織を，西日本営業本部，東日本営業本部という地域別組織から，① HRVシリーズなど，建築設備向けの製品を扱う「IAQ (Indoor Air Quality) 事業部」，② クリンボーイのレンタル代理店を担当する「レンタルサービス事業部」，③ クリアベールなど，従来の売り切り型の小型製品を取り扱う「住環境機器事業部」，そのほか「カンキョー

の店事業部」,「海外事業部」という, 5つの事業別組織へと改編した。

　藤村は, 事業別に販売組織を再編することによって, 営業活動の効率化と業績の向上を目指していた。しかし, 新規事業は目論見どおりに立ち上がらなかった。レンタルサービス事業部は, 全くノウハウのない状態から出発したため, 予想に反して事業の立ち上がりに 2〜3 年を要した。IAQ 事業部の主力製品 HRV シリーズは, 当初 EF シリーズで開拓した遊技場市場において, 良好な成績をおさめていた。発売から僅か半年で13店舗118台もの納入に成功していた。ところが, 1993年にはいると, 出荷台数は大幅に落ちこんだ。遊技場業界にまで「平成不況」が及び, 新規出店や新装開店が減少したという外的要因もあったが, それ以上に, 内的要因である品質問題が大きく響いた。

　1991年以降, カンキョーでは, 急激な製品の拡大によって新製品の品質問題が相次いでいた。とくに HRV シリーズでは予期しない不具合が頻発した。実際に, 発売から1996年まで出荷された1877台中, 延べ854台が 1 年以内に故障していた（カンキョー「1977年度品質管理体系マニュアル」）。単純に計算すれば, およそ 2 台に 1 台の割合で故障が生じていたのである。しかし, 藤村は, 設計・製造段階にさかのぼって, 品質を作り込むことよりも, 製品の出荷を急いだ。そのため, 不具合対策は, 後追いで, 現場での応急対応に終始していた。販売店は, 販売活動に手間がかかる上に, 一向に故障の減らない HRV シリーズの取り扱いを敬遠するようになっていった。

4．「クリアベール」依存症

(1) 販売戦略の転換

　こうした新規事業の不振に対して, クリアベールの販売は安定していた。1993（平成 5 ）年, カンキョーは, 日立家電との販売提携を実現した。販社のカンキョー長崎が開発した販路, 九州日立家電ルートでの販売が好調だったので, 日立グループでの取り扱いが決まったのである。また, 1993年春以降, 花粉症対策用品として空気清浄機に対する消費者の認知が高まっていた。クリアベールの販売も, 毎年, 花粉症の時期にピークを迎えるように

なっていた。

　1995年春，過去10年来，無かったスギ花粉の大発生が起こった。花粉症が日本中で猛威を振るい，空気清浄機市場は急拡大した。総出荷量は1994年の35万9000台から，1995年には66万8000台へと，86％もの伸びを記録した（日本電機工業会調べ）。この年，カンキョーでは1994年9月に発売した「クリアベール 3」が大ヒットし，販売台数を大きくのばした。カンキョーは「クリアベール 3」の好調な売れ行きに乗じて，販売店の拡大を急いだ。特に，いままで限定的にしか利用していなかった，量販店ルートを積極的に開拓した。その結果，1995年12月期のカンキョーの売上高は，前年比30％以上の伸びを示し，50億円を突破した。

　1995年まで，カンキョーはクリアベールのほかに，「事業の中期的安定を図る為には第二，第三，第四の柱をはやく育て上げたい」（カンキョー「1995年度活動計画」）という方針のもと，「クリンボーイ」，「電子フィルター」，「HRVシリーズ」および「健康住宅事業」の育成強化を打ち出していた。しかし，どれも短期間でクリアベールに代わるだけの成長を見込める事業ではなかった。そのため，藤村は1995年の後半より，クリアベールの多品種化をすすめた。実際に，1996年度の活動計画では，「成長する住環境市場での売上倍増」が第一の課題とされ，クリアベールへの依存がより鮮明になっていた。

(2) クリアベールの販売減少

　順調に売上を伸ばしていたクリアベールだったが，それにも陰りが生じてきた。1995（平成7）年以降，カンキョーは量販店における販売を拡大したことから，1次卸に依存する販売体制となっていた。この1次卸への依存は，売上高の拡大には寄与したものの，流通経路に対する統制力を低下させた。量販店やディスカウント店での安売りが，目立って増えてきたのである。これが，希望小売価格で販売する訪問販売業者や小規模な販売店の志気を衰えさせた。さらに，空気清浄機市場の拡大によって，大手家電メーカーが本格的に市場参入してきた。構造上，急速な集塵が苦手であるクリアベールの弱点をついて，クリンルームで使われているHEPAフィルター（High

Efficiency Particulate Air Filter) を使った，高性能のファン式空気清浄機を市場投入してきた。量販店における販売依存度を高めていたカンキョーは，正面から大手メーカーとの競争を強いられた。知名度や店頭販促に劣るカンキョーは，苦しい立場に立たされた。しかも，1996年以降，スギ花粉の発生量が減少し，花粉症商戦も停滞し，クリアベールの出荷台数は，減少に転じた。

　1997年，藤村はクリアベールの不振という事態を打開するために，事業多角化と新製品の市場投入をおこなった。多角化では，まず，従来の「カンキョーの店」のフランチャイズ展開の拡大に取り組んだ。本部機能を強化し，さらに「Windy（ウィンディ）」という愛称で店舗イメージの統一をおこなった。つぎに，1997年12月，オーガニック・レストラン「ミッケリ」を開店した。1号店は横浜市港北区センター北駅に，2号店は僅か半年後の1998年5月，しかも隣駅のセンター南駅に開店した。そして，1998年3月，カンキョーの店の取扱商品，1428アイテムを全国販売することを目的として，カタログ販売「安心生活」事業を立ち上げた。

　しかし，相次いで展開した事業のどれもが，短期で収益が上がる事業ではなかった。かえって，これら事業への新規投資が，カンキョーの財務を悪化させた。新製品では，1996年中に浄水器「R・O・K・A（ロカ）」，やコンデンス式除湿機「ドライボーイ」，「クリアベールDX」などを市場投入したが，品質問題が頻発した。1996年度の総括にあるように「第1四半期の売上好調と生産品質パニックにより，営業は守りに浸ってしまい，後半の失速を招いた」（カンキョー「1997年度活動計画」）のである。相変わらず品質対策は後手に回っていた。

5．会社更生法の申請

　藤村は「1997年活動計画」の中で，年内の株式公開を明言していた。結果として，1997（平成9）年中の公開は実現しなかったが，事業多角化や新製品販売が不調であったにもかかわらず，決算では売上高100億円を超えた。しかし，その大半は，藤村が先頭に立っておこなった，「押し込み販売」に

よるものだった。押し込み販売は1996年に有力販売店に対しておこなわれていたが，1997年度末のそれは，中小の販売店までも対象として大規模に実施された。それは監査法人が，決算期末の売上急増に粉飾決算の疑惑を持ち，監査契約を破棄してきたほどであった。そして，押し込み販売によって過剰となった流通在庫は，より一層の安売りを招いた。さらに，1997年12月，厚生省（現，厚生労働省）の研究班が，「イオン式がファン・フィルター方式に比べ，著しく効果が劣る」（読売新聞，1997年12月10日）との結果を発表した。これらの影響によって，1998年にはいってからのクリアベールの出荷はほとんど止まり，メーカー在庫は膨張した。

こうした，在庫の増加に危機感を抱いたコマツ物流は，カンキョーとの契約に基づいて，在庫引き取りを要求してきた。これは，1994年1月，カンキョーが，コマツ物流に物流業務全般を委託したことが原因であった。コマツ物流に商社機能を持たせるため，完成在庫を製造原価で売り渡し，出荷がある度にカンキョーが買い戻すという契約であった。その契約書には不動在庫の買い取り請求権が明記されていたのである。カンキョーは，コマツ物流から約20億円分の在庫を買い戻したのだった。さらに，押しこみ販売をした販売店から約16億円分の在庫が返品され，カンキョーの資金繰りは悪化した。1998年11月27日カンキョーは会社更生法適用を申請し，事実上倒産した。負債総額は約85億円だった。

表2　業績と資本金の推移　　　　（金額：百万円）

年	1986	1987	1988	1989	1990	1991	1992	1993	1994	1995	1996	1997
売上高	281	709	1,257	1,967	2,816	3,134	3,304	3,645	3,966	5,267	9,561	10,239
経常利益		54	113	90	104	28	64	77	105	213	455	618
資本金	127	247	247	361	401	495	495	495	495	495	525	761

出所：『会社総鑑（未上場会社版）』日本経済新聞社，各年版より作成。

おわりに

　2003年現在,すでに勧業電気機器は解散し,存在していない。須藤充夫は,埼玉県久喜市の市会議員を務めるかたわら,事業に再挑戦している。カンキョーの再生計画は2001年7月1日に正式認可され,再建への道を歩んでいる。また,藤村靖之も発明工房や非電化工房を主宰し,発明をとおした後進の支援に取り組んでいる。2人のベンチャー企業家の身の処し方や会社の行く末は違うが,いまは再起の道を歩んでいる。

　両者の成長は,第一に革新的な製品を開発しただけにとどまらず,その用途の開発をも積極的に進めたことにある。須藤はホール素子をガウスメーターに応用し,藤村は使用目的にあったクリアベールの使い方を顧客に提案した。両者とも自社の製品が市場に受容されるだけの,新しいニーズを創造した。第二は,大企業と提携し販路を確保したことである。須藤はホール素子の開発・販売で,旭化成および日立製作所と提携し成長の基盤を得,藤村はクリアベールの販売で山野楽器や日立家電と提携することによって飛躍を得ている。販売組織や信用などといった資産が乏しい両者にとって,外部資源,とくに大企業の利用は有効な手段であった。

　しかし,これら成長の要因は両刃の剣でもあった。特に,須藤は取引を日立に依存するあまりに失敗した。しかも,ホール素子の開発では,精力的に用途開発を行っていたのにもかかわらず,精密シートコイルでは技術的優位性への慢心から,それをなおざりにして,ただ量産化の実現のみを優先して行動した。その結果,受け身の販売活動となって,試作の依頼はあっても注文がこない状況を生みだした。藤村の場合は須藤とは違って,大企業への依存はそれほど強くはなかった。それゆえに,空気清浄機市場が急拡大した1995年以降,クリアベールは大企業との同質的競争を強いられ,失敗へとつながっていった。さらに藤村の場合,新製品開発と用途開発が順調であっても,それ以前の問題で躓いたのも失敗の要因であった。品質問題である。全熱交換型換気装置やコンデンス式除湿機など,ほとんどの新製品が不具合の頻発によって顧客からの信頼を失い,クリアベールに代わる収益の源泉にま

で成長できなかった。

　ところが不思議なことに両者とも，このような失敗の兆候を感じていながらも，それを回避するような行動を取ることはなかった。むしろ，須藤は精密シートコイル事業の将来性を確信して板倉工場の建設を継続し，藤村は室内環境事業の将来性を確信して事業の拡大を図った。ときにベンチャー企業家の確信に基づく行動は，チャレンジングな行動を導き出す源泉になることは確かである。しかし，過剰になった企業家の確信は，環境変化に対する感受性を鈍化させてしまう。そのため，失敗が見えてきた段階でも，主体的に回避する行動を取らない，もしくは取ることができないといった結果を招く。ベンチャー企業家は成功と失敗の挟間で，自己欺瞞と確信との間を行き来しているのだろう。須藤や藤村の失敗は，自己の事業への過信から環境変化を「取るに足らないもの」と見過ごし，有効な対策を講じなかったことから生じたのである。

参考文献
○テーマについて
　清成忠男［1970］『日本中小企業の構造変動』新評論。
　国民金融公庫調査部［1970］「小零細企業新規開業実態調査報告」『調査月報』3月号。
　清成忠男・中村秀一郎・平尾光司［1971］『ベンチャー・ビジネス』日本経済新聞社。
　福原昌義・笠原英一・寺石雅英［2000］『ベンチャー創造のダイナミクス』文眞堂。
○須藤充夫について
　須藤充夫［1984］『須藤充夫の生きざま経営─公開・勧業電気機器』にっかん書房。
　長廣仁蔵［1983］「精密シートコイルの発明で飛躍する勧業電気機器」『工場管理』第29巻第4号。
　鈴木貞彦［1997］「勧業電気機器株式会社」慶應義塾大学ビジネススクール。
○藤村靖之について
　石原晋一［1994］『夢を追う経営者たち』TBS・ブリタニカ。
　村尾国士［1998］『「クリアベール」はなぜ売れるのか』現代書林。
　赤池　学・金谷年展［1998］『パパ，助けてくれ，助けてくれ』TBS・ブリタニカ。
　藤村靖之［1997］『企業家は未来に点を打つ』エイチアンドアイ。
　藤村靖之［1999］「敗軍の将，兵を語る」『日経ビジネス』1月11日号。

著者経歴
(執筆順)

宇田川　勝（うだがわ　まさる）〈第1章〉
　1944年　千葉県に生まれる
　法政大学経営学部卒業，同大学院社会科学研究科経済学専攻博士課程修了
　現在　法政大学経営学部教授，経済学博士（法政大学）

濱田　信夫（はまだ　のぶお）〈第2章〉
　1945年　長崎県に生まれる
　神戸大学経営学部卒業，法政大学大学院社会科学研究科経営学専攻修士課程修了
　現在　法政大学大学院社会科学研究科経営学専攻博士後期課程在学

四宮　正親（しのみや　まさちか）〈第3章〉
　1958年　熊本県に生まれる
　西南学院大学商学部卒業，同大学院経営学研究科経営学専攻博士後期課程単位取得退学
　現在　関東学院大学経済学部教授，経営学博士（法政大学）

長谷川直哉（はせがわ　なおや）〈第4章〉
　1958年　三重県に生まれる
　法政大学法学部卒業、法政大学大学院社会科学研究科経営学専攻修士課程修了
　早稲田大学大学院法学研究科民事法専攻修士課程修了
　高千穂大学大学院経営学専攻博士後期課程単位取得退学
　現在　横浜国立大学大学院国際社会科学研究科博士後期課程在学

山崎　泰央（やまざき　やすお）〈第5章，第10章〉
　1968年　神奈川県に生まれる
　玉川大学農学部卒業，法政大学大学院社会科学研究科経営学専攻修士課程修了
　現在　法政大学大学院社会科学研究科経営学専攻博士後期課程在学

河　明生（かわ　めいせい）〈第6章〉
　1963年　東京都に生まれる
　神奈川大学大学院経済学研究科博士後期課程修了
　現在　JTA代表，法政大学経営学部兼任講師，経済学博士（神奈川大学）

生島　淳（しょうじま　あつし）〈第7章，第8章〉
　1971年　千葉県に生まれる
　法政大学経営学部卒業，同大学院社会科学研究科経営学専攻修士課程修了
　現在　法政大学大学院社会科学研究科経営学専攻博士後期課程在学

石田　陽造（いしだ　ようぞう）〈第9章〉
　1943年　大阪府に生まれる
　立命館大学理工学部卒業，法政大学大学院社会科学研究科経営学専攻修士課程修了
　同大学院社会科学研究科経営学専攻博士後期課程単位取得退学
　現在　石田事務所所長

編者紹介

宇田川　勝（うだがわ　まさる）

1944年　千葉県に生まれる
1968年　法政大学経営学部卒業
1975年　法政大学大学院社会科学研究科
　　　　経済学専攻博士課程修了
現　在　法政大学経営学部教授，経済学博士
主　著　『新興財閥』日本経済新聞社，1984年
　　　　『日本経営史』有斐閣，1995年（共著）
　　　　『日本の企業間競争』有斐閣，2000年（共編著）
　　　　『ケース・スタディー日本の企業家史』文眞堂，2002年（共編著）

ケース・スタディー
戦後日本の企業家活動

2004年3月31日　第1版第1刷発行　　　　　　　検印省略

編　者		法政大学イノベーション・マネジメント研究センター 宇　田　川　　　勝
発行者		前　野　眞太郎
発行所		東京都新宿区早稲田鶴巻町533 株式会社 文　眞　堂 電　話　03 (3202) 8480 FAX　03 (3203) 2638 http://www.bunshin-do.co.jp 郵便番号 (162-0041) 振替00120-2-96437

印刷・モリモト印刷株式会社／製本・有限会社廣瀬製本所
©2004
定価はカバー裏に表示してあります
ISBN4-8309-4477-3　C3034